尺籍短書

秦 漢 魏 晉 史 論 集

韓樹峰 著

上海古籍出版社

目　　録

名籍、名數、民數與户籍

名籍、名數、民數等概念在漢魏傳世文獻中經常出現,學界一般將其解釋爲户籍,特别是後兩者,幾已成爲户籍的代名詞。實際上,迄今爲止可以確認爲漢魏户籍實物的資料尚未發現,户籍登録的具體項目也不清楚。在這種情況下,將名籍、名數、民數視爲户籍是不嚴謹的。毫無疑問,户籍肯定要登録户口,如果以這一最基本的標準來衡量,以上三個概念確實與户籍存在着一定的關係,但就其性質而言,仍然與户籍有别。

一、名籍與户籍

較早將户籍視爲名籍的,是陳直和田餘慶。陳直討論漢代名籍制度曰:"兩漢統治階級,最注重名籍,用之於服勞役,用之於出賦税,用之於充當士卒,因而形成爲重要統治工具之一,在兩漢時稱之爲名數。《漢書·高祖紀》五年詔略云:'民前或相聚保山澤,不書名數。'顏師古注:'名數,户籍也。'"並在下文依次列舉居延漢簡中的官吏、戍卒、騎士、弛刑徒四種名籍,以證明當時户籍的格式與内容。① 田餘慶敘述秦户籍,引徐幹《中論·民數篇》後云:"徐幹所説的名數即户籍,亦稱名籍。"②可見,在他們看來,名籍、名數、户籍三者並無本質區别。韓連琪、高敏也持有大致相同

---

① 陳直:《居延漢簡研究·居延漢簡綜論》"名籍制度"條,天津:天津古籍出版社,1986年,第47—51頁。

② 翦伯贊主編:《中國史綱要》(增訂本),北京:北京大學出版社,2006年,第65頁。所謂"名數"應該是"民數"之誤寫。在同書中作者論漢代農民又云:"西漢政權繼續用名籍制度控制民户。舉凡姓名、年紀、籍貫(郡、縣、里)、爵級、膚色、身長、家口、財産(田宅、奴婢、牛馬、車輛等及其所值),都要在名籍上一一載明。"(第83頁)顯然,這裏的名籍等同於户籍。不過,作者對此似乎又有所懷疑,在編寫《中國大百科全書·中國歷史》"漢"時,用"户籍"代替了"名籍"(《秦漢史》,北京:中國大百科全書出版社,1986年,第25頁)。兩相比較,户籍較名籍更爲準確。

的看法，前者云："户籍在漢代也被稱爲户版或名籍。……户籍也稱爲名數。"①後者言："以户口册的名稱來説，漢代稱爲'名籍'，如居延漢簡屢見'戍卒名籍''廩名籍''賜勞名籍'及'戍卒家屬名籍'等名目。但在史籍中，往往稱户籍爲'名數'。"②黄今言則將名籍視爲户籍："'名籍'，在史册中又稱爲'户版''户籍'或'名數'。"並在討論秦漢賦役和户籍制度時，始終以名籍代替户籍。③此後，史學界基本秉承了上述學者的看法，探討秦漢户籍制度時，多將其與名籍、名數相提並論，這種觀點一直延續到今天，甚至影響到了史學界以外的法學界。④

　　關於名數的性質和含義，將在下文討論，在此我們首先考察名籍與户籍的關係。與名數不同，在傳世文獻中，注釋家均未對名籍加以注釋，反而多以名籍解釋其他概念。第一，以名籍釋亡命。《史記·張耳列傳》"張耳嘗亡命"《索隱》引晉灼注："命者，名也。謂脱名籍而逃。"崔浩曰："亡，無也。命，名也。逃匿則削除名籍，故以逃爲亡命。"⑤《漢書》顔師古注亦同。⑥《後漢書》"亡命"李賢注："命者，名也。言背其名籍而逃亡也。""命，名也。謂脱其名籍而逃亡。"⑦第二，以名籍釋名數。《史記·倉公列傳》"移名數左右"《正義》注："以名籍屬左右之人。"⑧第三，以名籍釋

　　① 韓連琪：《漢代的户籍和上計制度》，《先秦兩漢史論叢》，濟南：齊魯書社，1986年，第379頁。
　　② 高敏：《秦漢的户籍制度》，《秦漢史探討》，鄭州：中州古籍出版社，1998年，第165—166頁。
　　③ 黄今言：《秦漢賦役制度研究》，南昌：江西教育出版社，1988年，第369—395頁。
　　④ 可參孫筱：《秦漢户籍制度考述》，《中國史研究》1992年第4期；袁延勝：《東漢人口問題研究》，鄭州大學博士學位論文，2003年，第86頁；尚新麗：《西漢人口研究》，鄭州大學博士學位論文，2003年，第99頁；楊際平：《秦漢户籍管理制度探究》，《中華文史論叢》2007年第1輯，第30頁；游相録：《秦户籍制度探究》，西北大學碩士學位論文，2008年，第5頁；趙久湘：《秦漢簡牘法律用語研究》，西南大學博士學位論文，2011年，第328頁。法學界相關論述可參楊立新：《人格權法》，北京：法律出版社，2011年，第40頁。
　　⑤ 〔漢〕司馬遷：《史記》卷八九《張耳列傳》，點校本，北京：中華書局，2011年，第2571頁。
　　⑥ 〔漢〕班固：《漢書》卷三二《張耳傳》，點校本，北京：中華書局，2011年，第1829頁。
　　⑦ 〔南朝·宋〕范曄：《後漢書》卷一五《王常傳》、卷一八《吳漢傳》，點校本，北京：中華書局，2011年，第578、675頁。
　　⑧ 〔漢〕司馬遷：《史記》卷一〇五《倉公列傳》，第2814頁。點校本"左右"斷於下句，與《正義》之意不合，點校本修訂本屬上讀，見《史記》卷一〇五《倉公列傳》，修訂本，北京：中華書局，2014年，第3400頁。

"傅"。《漢書·高帝紀》師古注:"傅,著也。言著名籍,給公家徭役也。"①第四,以名籍釋編户。《漢書·高帝紀》師古注:"編户者,言列次名籍也。"②第五,以名籍釋"占"。《漢書·宣帝紀》師古注:"占者,謂自隱度其户口而著名籍也。"同書《敘傳》注:"占,度也。自隱度家之口數而著名籍也。"③第六,以名籍解釋籍。《漢書·成帝紀》"籍内"師古注:"録其名籍而内之。"《哀帝紀》"舉籍"注:"舉其名籍也。"《漢書·儒林傳》"高第可以爲郎中,太常籍奏"注:"爲名籍而奏。"④第七,以名籍釋"版"。《周禮·天官》鄭衆注:"版,名籍也,以版爲之,今時鄉户籍謂之户版。"⑤

　　從以上史料可以看出,古代注釋家從未將名籍與户籍直接聯繫在一起。鄭衆以名籍釋"版",又云"鄉户籍謂之户版",似乎可以作爲名籍即户籍的佐證。但值得注意的是,鄭衆没有以户籍釋"版",只是説他那個時代的鄉户籍稱爲户版,可見,在他看來,作爲名籍的版具有多種形態,作爲户籍的户版只是其中之一。⑥版不同於"户版",名籍當然也不應視爲户籍,名籍的外延較户籍爲大,後者只是前者的組成部分。所以,在任何情況下,名籍代替户籍不會導致語意出現分歧,反之則否。在上舉史料中,第一、四、五種注釋實際是以"名籍"代替了"户籍",但名籍是一個較泛的概念,所以這些注釋比較籠統模糊,若還原爲"户籍",語意更爲準確明晰:"凡言亡命,謂脱其户籍而逃亡。""編户者,言列次户籍也。""占者,謂自隱度其户口而著户籍也。"

　　由於名籍可以代替户籍,從而造成了名籍即户籍的假象,這大概是學

<hr>

　　① ［漢］班固:《漢書》卷一(上)《高帝紀》,第 38 頁。
　　② ［漢］班固:《漢書》卷一(下)《高帝紀》,第 80 頁。
　　③ ［漢］班固:《漢書》卷八《宣帝紀》、卷一〇〇(上)《敘傳》,第 248、4198 頁。
　　④ ［漢］班固:《漢書》卷一〇《成帝紀》、卷一一《哀帝紀》、卷八八《儒林傳》,第 319、337、3595 頁。
　　⑤ ［清］孫詒讓:《周禮正義》卷六《天官冢宰·宮伯》,北京:中華書局,1987 年,第 229 頁。
　　⑥ 鄭衆有時將版直接解釋爲户籍:"版,户籍。"鄭玄的理解大同小異:"版,今户籍也。"(［清］孫詒讓:《周禮正義》卷五《天官冢宰·小宰》、卷六八《秋官·司民》,第 167、2833 頁)但這一解釋比較模糊,不如以名籍釋"版"精確。

界將二者等同的主要原因。實際上，在許多情況下，名籍與戶籍並非密切相關。在上舉史料中，以"著名籍，給公家徭役"釋"傅"，固然可以理解爲著於戶籍，爲政府服役，但是，漢代有專門的傅簿，用以記録達到役齡的百姓，這已爲紀南松柏漢墓出土的木牘所證明，①所以，漢代百姓所傅之名籍很有可能指傅簿而不是戶籍。如果説與傅相關的名籍還可以勉强解釋爲戶籍，那麽，第六種注釋中的"爲名籍而奏"之名籍無論如何不能解釋成戶籍，因爲舉爲郎中的儒生本有戶籍，無須太常另列戶籍上奏朝廷，而且太常也不具備編制戶籍的職權。所謂"爲名籍而奏"，只是要求太常列舉獲得高第的儒生名單上交朝廷，以備選舉之用。

　　戶籍不可取代名籍，並非僅有以上的單證孤例，兹再舉數例。《漢書·尹翁歸傳》載尹翁歸任右扶風太守，"治如在東海故迹，姦邪罪名亦縣縣有名籍"。②所謂"縣縣有名籍"，是指尹翁歸到任後，命令治下各縣將作姦犯科者的姓名、犯罪情况一一記録在案，編爲册書。這種名籍是爲打擊犯罪、穩定地方秩序建立的盜賊名册，性質完全不同於戶籍。同書《王莽傳》："姚、嬀、陳、田、王氏凡五姓者，皆黄、虞苗裔，予之同族也。《書》不云乎？'惇序九族'。其令天下上此五姓名籍于秩宗，皆以爲宗室。"③漢代戶籍藏於縣、鄉，中央的秩宗並不掌握戶籍，④上於秩宗的名籍是王莽爲尊崇五姓建立的宗室名册。又《後漢書·光武帝紀》建武二年（公元26年）《差録功臣詔》："其顯效未酬，名籍未立者，大鴻臚趣上，朕將差而録之。"⑤大鴻臚同樣不掌握戶籍，光武帝要求其奏上的名籍，是爲酬謝功臣而建立的功臣名册。《西京雜記》："匈奴入朝求美人爲閼氏，於是上按圖以昭君行。及去，召見，貌爲後宫第一。帝悔之，而名籍已定。"⑥這裏的

---

①　荆州博物館：《湖北荆州紀南松柏漢墓發掘簡報》，《文物》2008年第4期，第29頁。
②　[漢]班固：《漢書》卷七六《尹翁歸傳》，第3208頁。
③　[漢]班固：《漢書》卷九九（中）《王莽傳》，第4106頁。
④　韓樹峰：《論漢魏時期戶籍文書的典藏機構的變化》，《人文雜志》2014年第4期，第73—75頁。
⑤　[南朝·宋]范曄：《後漢書》卷一（上）《光武帝紀》，第26頁。
⑥　[漢]劉歆撰，[晉]葛洪集，向新陽、劉克任校注：《西京雜記校注》卷二"畫工棄市"條，上海：上海古籍出版社，1991年，第67頁。

名籍顯然也不是户籍,而是爲宫女建立的名册。

　　盗賊名籍、宗室名籍、宫女名籍爲官府所立,具有國家檔案的性質,除此之外,另有民間建立的名籍藏於私人之手。東漢末年,黨錮禍起,侍御史景毅之子景顧爲李膺門徒,因未録於名册,未被追究,景毅曰:"本謂膺賢,遣子師之,豈可以漏奪名籍,苟安而已!"遂上表自請免歸。① 景毅所說的名籍應該是李膺爲弟子建立的名册。弟子從師授業,建立名册是東漢一代比較普遍的現象,如儒生張興弟子"著録且萬人",牟長弟子"著録前後萬人",樓望弟子"著録九千餘人",蔡玄弟子"著録者萬六千人"。② 不僅經師爲弟子編制名册,同歲察舉孝廉者也會編制《同歲名》,上記孝廉姓名、籍貫、官資甚至包括家庭成員姓名,以便在官場上互相照顧。③ 既然李膺門徒名册可以稱爲名籍,那麽,經師、孝廉編制的弟子名册以及《同歲名》當然也在名籍的範疇内。上舉淳于意交與左右之人的名籍,顯然也是私人編制的名册,所以,早在西漢早期,已經有藏於私人之手的名籍了。以上所舉名籍無論從典藏的主體看,還是從内容及功用上看,顯然有别於由縣、鄉收藏,記録户主及其家庭成員基本狀況,爲國家徵賦派役提供基本依據的户籍。

　　孝廉編制的同歲孝廉名册稱爲《同歲名》,實際上也可以稱爲《同歲名籍》,我想,無論官府還是私人,其所編制的各種名册在當時應該都有具體的名稱,以上所列與户籍有别的名册似乎可以分别稱爲《盗賊名籍》《五姓宗室名籍》《差録功臣名籍》《宫女名籍》《弟子名籍》等等,而傳世文獻及考古資料中出現的傅籍、弟子籍、宗室籍、市籍等等,也未嘗不可以視爲名籍的省稱。由此,我們就不難理解,何以出土簡牘中存在名稱繁多的各類名籍了。④ 格式不一、内容有别的衆多名籍同時存在於漢代,說明名籍與户

---

① 〔南朝·宋〕范曄:《後漢書》卷六七《黨錮·李膺傳》,第2197頁。

② 〔南朝·宋〕范曄:《後漢書》卷七九《儒林傳》,第2553、2557、2580、2588頁。

③ 閻步克:《孝廉"同歲"與漢末選官》,《樂師與史官——傳統政治文化與政治制度論集》,北京:三聯書店,2001年,第214—215頁。

④ 關於簡牘中的名籍分類,可參李均明、劉軍:《簡牘文書學》,南寧:廣西教育出版社,1999年,第335—368頁。

籍的屬性存在着很大的區別。

就目前所見實物而言，名籍以人爲主要記載對象。《釋名》卷六《釋書契》稱：“籍，籍也，所以籍疏人名户口也。”永田英正將兩者結合在一起，認爲籍就是名籍，名籍就是以人名爲中心的名單。至於居延漢簡中出現的唯一例外——馬名籍，他解釋爲：“馬不是按物品，而是按人看待的。”①不過，這一結論還應該謹慎對待。出土名籍確實以人爲中心，但按傳世文獻，名籍記載的對象並非僅限於人，甚至不限於物。《晋書·苻堅載記》記前秦滅前燕：“堅入鄴宫，閲其名籍，凡郡百五十七，縣一千五百七十九，户二百四十五萬八千九百六十九，口九百九十八萬七千九百三十五。”②苻堅披覽的前燕名籍，包括了郡、縣名稱、數量及户口數額，據此推想，不唯記載人、户的簿籍稱爲名籍，記載郡、縣名稱和數量的簿籍同樣也稱爲名籍。

其實，劉熙將籍解爲“疏人名户口”，範圍未免過於狹窄。《二年律令》中有田租籍、田合籍、田比地籍，應該主要以土地和田租爲記載對象；而湖北江陵鳳凰山 8 號漢墓則出土有耦人籍、食器籍、瓦器籍、五穀小橐籃芥傷籍，分別記載隨葬木偶、飲食器具、制陶器具、五穀布帛蔬菜等。③籍書著録的對象既然不僅限於人，那麼，是否可以設想，凡在籍上著録名稱者，無論人、物，甚至行政區劃，均可以稱爲名籍？如果情況屬實，那麼，名籍與户籍之間的區別就更爲明顯了。

對於名籍與户籍的區別，杜正勝從記録對象的數量上進行探討：“單一個人的身分資料曰‘名籍’，合户多人的身分資料稱作‘户籍’。”④這一看法是存在問題的。首先，名籍並不一定只記録個人，如出土於居延的卒

① ［日］永田英正著，張學鋒譯：《居延漢簡研究》（上），桂林：廣西師範大學出版社，2007 年，第 256 頁。

② ［唐］房玄齡等：《晋書》卷一一三《苻堅載記》，點校本，北京：中華書局，2011 年，第 2893 頁。

③ 彭浩、陳偉、［日］工藤元男主編：《二年律令與奏讞書——張家山二四七號漢墓出土法律文獻釋讀》（後文簡稱彭浩等主編：《二年律令與奏讞書》），上海：上海古籍出版社，2007 年，第 223 頁；李均明、何雙全編：《散見簡牘合輯》，北京：文物出版社，1990 年，第 59—61、63 頁。

④ 杜正勝：《編户齊民——傳統政治社會結構之形成》，臺北：聯經出版事業有限公司，1990 年，第 1 頁。

家屬廩名籍,記載了卒家屬的全部成員;從者、私屬廩名籍記載了所有從者、私屬的資料。① 其次,如上所論,名籍的著録範圍不僅限於人,也包括物及行政區劃等。

根據以上所論,我們可以對名籍、户籍的區别做如下概括:名籍著録的對象幾乎無所不包,無論人、物、行政區劃,只要將姓名、名稱登録於簿籍之上即可稱爲名籍,而且其編制主體不僅限於政府,私人也可以根據需要自行編制。所以,名籍並非特稱,而是概稱,包括了《同歲名》《弟子籍》以及户籍在内的各種名籍,不同的名籍具有不同的功用。户籍則以户主及其家庭成員的基本狀況爲記載對象,由政府編制,藏於縣、鄉,主要爲政府賦役之徵提供相應的依據。由於户籍是名籍的組成部分,將名籍釋爲户籍是不成立的,而將户籍解爲名籍雖然不能説就是錯誤的,但這有類於將白馬視爲馬,是一種相當籠統、模糊的説法,不能反映户籍的基本特性,對了解户籍没有任何幫助。所以,對於名籍與户籍,應根據其所具有的屬性加以界定,而不應該將二者相提並論,或者以二者互釋。

二、名 數 與 户 籍

20 世紀 40 年代,翦伯贊、吕思勉就提出了名數即户籍的觀點:“西漢稱户籍曰‘名數’,故《漢書》上常有‘占名數’於某處的記載。”“漢世户籍,謂之名數。”②此後,學界無一例外地將名數與户籍等同,這在上文所舉學界的相關敍述中可見一斑。此外,王毓銓也持有同樣的觀點:“案比過後,該就是編造户口簿籍。漢文獻稱這户口簿籍爲‘民數’。……在漢代,户口名數(户籍)年年更造。”③張金光在探討秦户籍制度時亦云:“秦户籍的名稱叫‘數’‘籍’‘名數’或‘名籍’。”④

名數即户籍的看法並非始於今人,唐人顏師古注《漢書》,即將名數一

---

① 可參李均明、劉軍:《簡牘文書學》,第 341—344 頁。

② 翦伯贊:《秦漢史》,北京:北京大學出版社,1983 年,第 168 頁;吕思勉:《秦漢史》,上海:上海古籍出版社,2005 年,第 434 頁。

③ 王毓銓:《“民數”與漢代封建政權》,《萊蕪集》,北京:中華書局,1983 年,第 47 頁。

④ 張金光:《秦制研究》,上海:上海古籍出版社,2004 年,第 777 頁。

律釋爲户籍,如《高帝紀》注:"名數,謂户籍也。"《王子侯表》注:"脱亡名數,謂不占户籍也。"《石奮傳》注:"名數,若今户籍。"《孔光傳》注:"名數,户籍也。"①顏師古四次注"名數",均以"户籍"爲解,更主要的是,在這四條資料中,以户籍代替名數,語意上確實暢通無阻,兩者結合在一起,無疑給後人留下名數與户籍等同的深刻印象。學界將名數、户籍等同,並視爲定讞,應該是對顏師古觀點的沿襲,因爲迄今爲止,並没有專門的文章探討過這個問題。

顏師古注名數,可分爲兩種情況:一是以户籍爲解,没有時代限定;二是以"今户籍"即唐代户籍爲解。我推測,顏師古所説的第一種情況下的户籍,同樣是以唐户籍爲參照背景的。"户籍"一詞在漢代史料中從未出現,顏師古對其必定不甚了了,他腦海中的漢代户籍只能是唐代户籍的映射,所以,在面對與户籍有關係的名數這個概念時,以唐户籍來解釋。

不過,顏師古從唐人的角度理解漢制,未必可靠;以唐制釋漢制,出現偏差的可能性更大。同樣作爲唐人,李賢對名數的解釋就與顏師古有別:"無名數謂無文簿也。"②另一位唐人張守節對名數的理解也不同於顏師古,如上文所舉"移名數左右",《正義》謂:"以名籍屬左右之人。"文簿、名籍可以包含户籍,但不僅限於户籍。魏晉南北朝時期,名數也並非僅指户籍,《南齊書·百官志》載:"司徒府領天下州郡名數户口簿籍。"③司徒府所領"州郡名數",可以指州郡的名稱和數量,也可以指記載州郡的簿籍,但肯定不是户籍。漢人對名數的理解同樣超越了户籍的範疇,不像顏師古那樣狹隘。《三輔黄圖》卷四《苑囿》"上林苑"條引衛宏《舊儀》:"上林有令有尉,禽獸簿記其名數。"④禽獸簿記録的名數自然是禽獸的名稱和數量,與户簿没有任何關係。上林苑禽獸無數,所以

---

① 分見[漢]班固:《漢書》紀、表及各傳,第 55、438、2198、3353 頁。
② [南朝·宋]范曄:《後漢書》卷二《明帝紀》,第 97 頁。
③ [南朝·梁]蕭子顯:《南齊書》卷一六《百官志》,點校本,北京:中華書局,2011 年,第312 頁。
④ 何清谷校注:《三輔黄圖校注》,西安:三秦出版社,2006 年,第 279 頁。

建簿辨其名稱、數量,以便管理。其實,即以顏師古本人而論,對名數的理解也不僅限於户籍,如注秦"黄金以溢爲名":"改周一斤之制,更以溢爲金之名數也。"注雍地九臣、十四臣之星:"九臣、十四臣,不見名數所出。"注"六郡良家子"之"六郡":"此名數正與《地理志》同也。"①顯然,這三例注釋中的名數與《舊儀》中的名數含義相同,只是指事物的具體名稱和數量,而不是指户籍。

即使在顏師古以户籍爲解的四個"名數"中,其中兩例也未嘗不可以解釋爲名稱和數量。如《石奮傳》"無名數者四十萬",固然可以解釋爲"不著户籍者達四十萬人",但也可以解釋爲"不著姓名者達四十萬人"。至於《高帝紀》中的"不書名數",從語法分析,屬於典型的述賓結構,表達"書"與"名數"的支配與被支配關係。顯然,在這樣的語法結構中,只有"姓名和數量"才能構成"書"的施爲對象,"户籍"則不具備這一條件。如果"名數"是户籍,此句應以述補結構表達,即"不書於名數(户籍)","於名數"以介賓結構形式作"書"的補語,表達"書"的與事對象。其實,以"書"作謂語構成的述賓、述補結構在《史記》《漢書》中屢見不鮮,前者如:《史記·秦始皇本紀》張守節《正義》曰:"季,紀侯少弟,不書名,故曰紀季。"《諸侯年表》:"日食,不書日,官失之。"《梁孝王世家》張守節《正義》曰:"《漢書》……云'諸姬生代孝王參、梁懷王揖'。言諸姬者,衆妾卑賤,史不書姓,故云諸姬也。"《扁鵲列傳》"扁鵲至虢宮門下,問中庶子喜方者",《正義》曰:"喜方,好方術,不書姓名也。"②後者如:《史記·孝文本紀》"誹謗之木",《索隱》引韋昭注:"慮政有闕失,使書於木。"《漢書·五行志》:"不書於經,時不告魯也。"《司馬相如傳》師古注:"書於札而留之,故云遺札。"《薛宣傳》師古注:"牒書謂書於簡牒也。"《郅都傳》師古注:"刀,所以削治書也。古者書於簡牘,故必用刀焉。"③在以上諸例中,記録姓、名、日期,

① [漢]班固:《漢書》卷二四《食貨志》、卷二五《郊祀志》(上)、卷六九《趙充國傳》,第1152、1208、2971頁。
② [漢]司馬遷:《史記》,第294、563、2081、2789頁。
③ [漢]司馬遷:《史記》,第424頁;[漢]班固:《漢書》,第1327、2600、3388、3649頁。

均以“書姓/名/日期”表達，“書名數”與此相似；在木、經、札、簡牘上記録，均以“書於木/經/札/簡牘”表達，“書於户籍（名數）”與此相似。從這一角度分析，“不書名數”解爲“未登録姓名和數量”，較“不在户籍上登録”更爲妥帖。

在顔師古生活的唐代，名數表示名稱、數量的情況更爲普遍，兹僅舉《唐六典》數條材料以爲證明。禮部郎中、員外郎：“舉其儀制而辨其名數。”兵部郎中：“掌判簿，以總軍戎差遣之名數。”駕部郎中、員外郎：“掌邦國之興輦、車乘，及天下之傳、驛、廐、牧官私馬、牛、雜畜之簿籍，辨其出入闌逸之政令，司其名數。”殿中省尚衣奉御：“掌供天子衣服，詳其制度，辨其名數。”尚輦奉御：“掌興輦、繖扇之事，分其次序，而辨其名數。”内侍省内府令：“掌中宫藏寶貨給納名數。”太常寺太樂署：“樂人及音聲人應教習，皆著簿籍，覈其名數而分番上下。”廪犧署：“凡三祀之牲牢各有名數。”光禄寺太官署：“凡行幸從官應供膳食，亦有名數。”衛尉寺武庫令：“掌藏天下之兵仗器械，辨其名數。”宗正寺崇玄署令：“掌京、都諸觀之名數，道士之帳籍。”太僕寺乘黄令：“掌天子車輅，辨其名數與馴馭之法。”鴻臚寺典客令：“掌……東夷、西戎、南蠻、北狄歸化在蕃者之名數。”太府寺左藏令：“掌邦國庫藏之事……凡出給，先勘木契，然後録其名數及請人姓名。”少府監：“凡五署之所入於庫物，各以名數並其州土所生以籍之。”諸衛兵曹：“掌五府、外府之武官職員，凡番第上下，簿書名數，皆受而過大將軍以配焉。”太子家令寺：“凡食官、典倉、司藏之出納，籍其名數。”太子左右衛率府長史：“凡大朝會，行從應請戎仗者，則具其名數，受之于主司，既事而歸之。”①以上諸例中的名數，無一與户籍有關，而應釋爲人、事、物的名稱和數量，尤其是後面幾例，如左藏令“録其名數”、少府監所籍之“名數”、諸衛兵曹“簿書名數”、太子家令寺“籍其名數”、太子左右衛率府長史“具其名數”，不但不能釋爲户籍，即使以李賢、張守節所説的“文簿”“名籍”來理

① ［唐］李林甫等撰，陳仲夫點校：《唐六典》，北京：中華書局，1992年，第111、157、162—163、326、332、361、406、414、446、460、467、480、506、545、572、618、697、717頁。

解,也不符合文意,只能解釋爲名稱和數量。

類似例子在唐代史籍中不勝枚舉,僅據上引資料就可以知道,當時的省、寺、監等行政、事務機構在管理方面幾乎無不涉及名數,執掌名數成爲各機構的一項重要甚至是主要的職能。道理很簡單,人有名稱、數量,物亦有名稱、數量,管理機構要掌握人、物,必須辨其名稱和數量,也就是"名數"。這一工作需要通過建立相應的人、物簿籍來完成,如辨禽獸,要立禽獸簿;辨軍械器杖,要立軍械器杖簿;辨天子衣、食,要立衣、食簿;甚至辨禮儀,也要立禮儀簿;而辨户口,就要立户口名簿或户籍。上舉資料中"名數"經常與"簿""籍"共同出現,原因即在於此。正是在這個意義上,名數有了名籍、簿籍的含義,許多情況下,名數可以解釋成與其相對應的名籍,如居延漢簡中的各種名籍,實際也就是各種名數。由於《漢書》中涉及的名數多與人有關,所以,顏師古將其解爲户籍,語意自然順暢,並不給人以方柄圓鑿之感。不過,這一解釋仍然不夠準確,在名數是名籍的情況下,正確的説法應該是:户籍是名數的一個組成部分,但名數不是户籍,它涵蓋了以人、物、制度的名稱與數量爲内容建立的各種簿籍。從這個角度説,李賢釋名數爲文簿、張守節釋名數爲名籍,較顏師古釋爲户籍確切。

根據以上所論可以知道,名數有兩個含義:一指人、事、物的名稱和數量,這是名數的本義;一指簿籍、文簿,這是名數的引申義。前者固然與户籍没有關係,後者同樣不能以户籍來解釋,因爲在這種情況下,户籍只是名數的一個組成部分,用一個具體的概念注釋一個寬泛的概念,是不妥當的。

三、民數與户籍

"民數"這個概念在史籍中並不多見,東漢末年徐幹著《中論》,其中《民數篇》專論民數對國家徵賦派役的重要性。對於徐幹所説的民數,學界並無專門討論,但在相關敘述中,多以户籍視之,前引田餘慶謂"徐幹所説的名(當爲"民"之誤)數即户籍,亦稱名籍"爲較早之例。近來有人論秦漢户籍徵科派役的功能,亦以《民數篇》爲重要依據,並直言"'民數'就是户籍";①而游相録、俞江亦分別云:"魏人徐幹在《中論·民數》一書中也認爲官府掌握'民數'是'爲國之本',這裏的'民數',指的也是户籍文簿。""'數'即户籍文簿,秦漢時又稱'名數',曹魏時徐幹《中論》又稱'民數'。"②雖然民數與户籍存在着密切關係,但將其直接與户籍等同,是存在問題的。

《中論·民數篇》云:"治平在庶功興,庶功興在事役均,事役均在民數周。民數周,爲國之本也。故先王周知其萬民衆寡之數,乃分九職焉……《周禮》,孟冬,司寇獻民數於王,王拜而受之,登於天府,内史、司會、冢宰貳之,其重之如是也……迨及亂君之爲政也,户口漏於國版,夫家脱於聯伍,避役者有之,棄捐者有之,浮食者有之;于是姦心競生,僞端並作矣。……故民數者,庶事之所自出也,莫不取正焉。以分田里,以令貢賦,以造器用,以制禄食,以起田役,以作軍旅,國以之建典,家以之立度,五禮用修,九刑用措者,其惟審民數乎!"③除所引《周禮》涉及的民數外,徐幹四次提到民數。"民數者,庶事之所自出"及"其惟審民數乎"固然可以解釋爲户籍,但解釋爲"人數"即人口數量也毫無問題。至於前兩例"民數周",解爲"户籍周"則比較牽强。徐幹强調事役均和爲國之本在於"民數周",然後舉"先王周知其萬民衆寡之數",分職派役,所謂"周知其萬民衆寡之數",可以視爲對"民數周"的進一步説明。"周知其萬民衆寡之數"指徹底了解百姓數量多寡,那麽"民數周"顯然也是指周知百姓數量,而不可能指户籍。

實際上,在漢代人看來,民數即人口數量。《周禮·秋官》:"及大比,登民數,自生齒以上,登于天府。内史、司會、冢宰貳之,以制國用。"鄭玄注:"人數定而九賦可知,國用乃可制耳。""及大比,登民數"意即案驗人口

---

① 張榮强:《〈前秦建元二十年籍〉與漢唐間籍帳制度的變化》《〈二年律令〉與漢代課役身份》,《漢唐籍帳制度研究》,北京:商務印書館,2010 年,第 254、37 頁。

② 游相録:《秦户籍制度探究》,第 1 頁;俞江:《家産制視野下的遺囑》,《法學》2010 年第 7 期,第 101—102 頁。

③ 〔魏〕徐幹撰,孫啓治解詁:《中論解詁》,北京:中華書局,2014 年,第 364、366—367、370—371 頁。

之時,登記人口數量,鄭玄注民數爲人數,是對原文的正確理解,顯然,我們不能將"人數"釋爲户籍。《秋官》:"孟冬祀司民,獻民數於王,王拜受之,以圖國用而進退之。"鄭玄注:"國用,民衆則益,民寡則損。"①同樣將民數理解爲人口數量。《秋官》又謂鄉士"掌其鄉之民數"、遂士"掌其遂之民數"、縣士"掌其縣之民數"。② 漢代户籍僅藏於縣、鄉,郡及中央均無户籍,那麼,鄉士、遂士、縣士三種機構掌握的"民數"就不可能是户籍,而只能是各機構管轄下的人口數量。《地官》:"及三年,則大比,大比則受邦國之比要。"鄭玄注:"大比,謂使天下更簡閲民數及其財物也。"③鄭玄没有説明民數的含義,但與下文結合起來看,顯然是檢核百姓數量及其財物之意。《春官》:"若祭天之司民、司禄而獻民數、穀數,則受而藏之。"④民數與表示穀物數量的"穀數"並列,自然表示人口數量。《周禮》中的"民數"即"人數",尤其是鄭玄解釋"登民數"的重要性,謂"人數定而九賦可知,國用乃可制",强調人口數量是治國的根本,與徐幹的意思如出一轍。鄭玄不以户籍釋民數,那麼,將《中論》中的"民數"解爲户籍,是不是對徐幹之意的推演甚至誤解?

再向前追溯,還有兩條史料涉及"民數"。《國語·周語》:"宣王既喪南國之師,乃料民於太原。仲山父諫曰:'民不可料也! 夫古者不料民而知其多少,司民協孤終,司商協民姓,司徒協旅,司寇協姦,牧協職,工協革,場協入,廩協出,是則少多、死生、出入、往來者皆可知也。於是乎又審之以事,王治農於籍,蒐於農隙,獼於既烝,狩於畢時,耨穫亦於籍,是皆習民數者也,又何料焉?'"⑤仲山父反對周宣王料民,云古代不料民而知民衆數量多少,並舉出古代了解百姓數量多寡的數條途徑,那麼,他最後所説的民數顯然是指百姓數量而不是户籍。而且在周宣王時代,人口記録

① ［清］孫詒讓:《周禮正義》卷六六《秋官司寇·小司寇》,第 2777、2779 頁。
② ［清］孫詒讓:《周禮正義》卷六六《秋官司寇·鄉士》、《遂士》、《縣士》,第 2795、2803、2805 頁。
③ ［清］孫詒讓:《周禮正義》卷二〇《地官司徒·小司徒》,第 775 頁。
④ ［清］孫詒讓:《周禮正義》卷二〇《地官司徒·小司徒》,第 1570 頁。
⑤ 徐元誥撰,王樹民、沈長云點校:《國語集解·周語上》(修訂本)"宣王既喪南國之師"條,北京:中華書局,2002 年,第 23—25 頁。

尚停留在名籍階段,没有户籍,[①]所謂"習民數",也只能是"簡習人口數量"而不是"簡習户籍"。《管子·乘馬》云:"春曰書比,立夏曰月程,秋曰大稽,與民數得亡。""得亡"即得失,所謂"與民數得亡"即記録民數之得失,[②]在這樣的語境下,將民數視爲户籍顯然是不正確的。

　　民數作爲一個概念,主要出現於《中論》及《周禮》二書,史料的缺乏使相關探討難以深入進行,但爲數不多的資料仍然顯示,民數即人口數量之意,將民數解爲户籍恐怕是一種誤解,是對其本義的推演,在没有史料依據的情况下,如此推演是不妥當的。

　　——原載《田餘慶先生九十華誕頌壽論文集》,北京:中華書局,2014 年。

---

① 杜正勝:《編户齊民——傳統政治社會結構之形成》,第 23 頁。
② 黎翔鳳撰,梁運華整理:《管子校注》卷一《乘馬》,北京:中華書局,2004 年,第 90、99 頁。

里耶秦户籍簡二題

里耶秦户籍簡牘是迄今爲止發現的最早的户籍實物，對研究秦户籍制度，其價值和意義不言而喻。學界對秦户籍簡不乏關注，其中關於各欄著録的内容，已有研究貢獻了一些值得思考的意見，但細思之下，我認爲仍有再推敲的餘地。至於户籍簡著録家庭成員關係的書式與魏晋户籍的異同問題，似乎尚未引起足够的關注。本文擬就這兩個問題，談談自己粗略的看法。

一、各欄的著録内容

户籍簡出土時爲 51 個殘段，經整理、拼復、綴合，得整簡 10 枚、殘簡 14 枚(段)。完整簡長均爲 46 釐米，分五欄書寫，分欄符號多爲墨綫，僅 22 號簡二、三欄爲硬物刻劃。涵蓋五欄且内容完整的簡牘共 3 枚，分別爲 K27、K1/25/50、K2/23，兹録後兩枚簡文如下：

2 (K1/25/50)

第 1 欄：南陽户人荆不更黄得

第 2 欄：妻曰嗛

第 3 欄：子小上造台

　　　　子小上造

　　　　子小上造 定

第 4 欄：子小女虜

　　　　子小女移

　　　　子小女 平

　　　第5欄：五長

10（K2/23）

　　　第1欄：南陽户人荆不更宋午

　　　　　　弟不更熊

　　　　　　弟不更衛

　　　第2欄：熊妻曰□□

　　　　　　衛妻曰□

　　　第3欄：子小上造傳

　　　　　　子小上造逐

　　　　　　□子小上造□

　　　　　　熊子小上造□

　　　第4欄：衛子小女子□

　　　第5欄：臣曰襦①

户籍簡分欄書寫，每一欄自有其特定的内容。整理者張春龍對各欄内容
進行了概括：第一欄爲户主籍貫、爵位、姓名；第二欄爲户主或兄弟的妻妾
名；第三欄爲户主兒子之名，且其前多冠以"小上造"；第四欄爲户主女兒
之名，一概稱爲"子小女子"；第五欄爲有相關内容則録，無則留白，和今日
檔案的備注一欄相當。② 這一概括是在户籍簡出土之初進行的，難免有
疏漏之處，如以簡10（K2/23）而論，第一欄尚包括户主之弟，第三欄包括
户主兄弟之子。劉欣寧通過比對所有户籍簡，得出了如下認識：第一欄爲
大男；第二欄爲大女；第三欄爲小男；第四欄爲小女；第五欄爲奴婢。③ 但
按簡2（K1/25/50），第五欄除奴婢而外，尚著録伍長。因此有人認爲，第

---

　　　①　湖南省文物考古研究所編著：《里耶發掘報告》，長沙：嶽麓書社，2007 年，第 203、205 頁。
有文字可識的户籍簡共 22 枚，見同書第 203—207 頁，下文引用，不另出注。

　　　②　湖南省文物考古研究所編著：《里耶發掘報告》，第 208—209 頁。

　　　③　劉欣寧：《里耶户籍簡牘與"小上造"再探》，簡帛網（http://www.bsm.org.cn）2007 年 11 月
20 日。

五欄爲老男、老女及伍長之類的備注項目。①

　　以家庭成員的大、小作爲確定各欄内容的標準，較張春龍的説法前進了一步，但其中也不無可議之處。簡9(K4)第二欄的家庭成員爲大女，其餘諸簡第三、四欄内容較爲完整者均有"小"的記載，據此，第二、三、四欄分别著録大女、小男、小女的解釋是正確的。問題出在第一欄和第五欄。按上述看法，第一欄、第五欄分别著録大男和老男、老女，這意味着後者絶對不會出現在第一欄。現有22枚户籍簡均未記載家庭成員的年齡，論者據以判斷第一欄爲大男的依據是，這些男性均有爵位且未標注"小"，而且多已成婚。成婚者不能排除老男無須多論，以爵位而言，没有任何證據可以證明秦代老男無爵。《漢舊儀》記載："秦制二十爵。男子賜爵一級以上，有罪以减，年五十六免。無爵爲士伍，年六十乃免者，有罪，各盡其刑。"②漢初更是直接將爵位與免老年齡挂鈎："大夫以上年五十八，不更六十二，簪裏六十三，上造六十四，公士六十五，公卒以下六十六，皆爲免老。"③而在走馬樓吴簡中，有爵位的老人比比皆是，這顯然是對漢制的沿襲而非孫吴的獨創，因爲那時二十等爵制已經走向式微。所以，秦及漢初，老年男性不但擁有爵位，而且爵位是其免除力役的主要依據。如果説所有老年男性均没有爵位，那只能意味着，他們在步入老年後，此前通過驅馳疆場、出生入死而獲得的寶貴爵位被政府剥奪了，這在以軍功爵激勵百姓奮勇作戰的秦國，會導致災難性的後果。所以，依據爵位及婚姻狀況，判斷第一欄只有大男没有老男是不妥當的。

　　第一欄中的男性，其子女在第三、四欄多標注爲"小"，據此似乎可以推測他們應爲大男。但是，同樣不能否認的是，男性55歲以後可以生育者並非特例，而且古代老夫少妻的情況相當普遍，因此，子女尚小，父親已

────────────

　　① 張榮强：《湖南里耶所出"秦代遷陵縣南陽里户版"》，《漢唐籍帳制度研究》，第15頁。"老男""老女"是學界常用的稱謂，但秦及西漢早期，固然存在免除全役的老年人，卻没有"老男""老女"這種固定的稱謂。嚴謹的表述應爲：免除全役的老年男性、老年女性。爲免繁瑣，本節權以"老男""老女"稱之。

　　② ［清］孫星衍等輯，周天游點校：《漢官六種》，北京：中華書局，1990年，第85頁。

　　③ 彭浩等主編：《二年律令與奏讞書》，第231頁。

步入老年,是完全可能的。[①] 秦代類似資料比較缺乏,但吴簡中有不少這樣的例證。古代年少生子屢見不鮮,在這種情况下,以其子已經成年推斷其父爲老男,顯然過於武斷;基於同一道理,我們也没有理由根據小男、小女的記載,推測其父一定尚在壯年。

認爲第一欄僅著録大男,不僅證據不足,即使在邏輯上,也存在一定的問題。老男、老女登録於第五欄的説法雖不準確,但按現有户籍簡,可以肯定的是,他們必定列於小女之後的某欄,這是就一户之中大男、大女、小男、小女、老男、老女俱備的情况而言的。不過,一户缺少某一欄家庭成員是常態,在這種情况下,後一欄家庭成員自然上提,典型的例子如簡 7(K42/46),本來著録小女的第四欄著録了母親,這是該户没有小男或小女導致的,研究者對此已有討論。照此推演,如若某户不存在大男,第一欄著録的先後順序是:大女、小男、小女、老男、老女。就常理而言,户籍簡必定突出户主,這不僅指户主必須放在首位,而且必定有"户人"標識。22 枚户籍簡中,除簡 12、13、16、18、20 第一欄缺損,簡 14、19 第一欄内容殘缺不全外,其餘 15 枚簡無一例外在第一欄明確記録了户人,可以説,第一欄記録户主是户籍簡的基本要素。以此爲前提,如果前一欄成員不存,後一欄依次上提,秦代户主將按如下順序繼承:(1)大女;(2)小男;(3)小女;(4)老男;(5)老女。换而言之,老男、老女作爲尊長,在其他家庭成員存在的情况下,一律不得擔任户主,只能附籍於卑幼。

唐代户主一律以家長爲之,秦未必有類似的規定,但是,考慮到尊卑長幼有序的傳統觀念,秦禁止老年尊長特别是老年男性擔任户主的可能性相當之小。按漢代早期的代户法,户主去世後,户主繼承順位爲:(1)兒子;(2)父母;(3)寡妻;(4)女兒;(5)孫子;(6)曾孫;(7)祖父母;(8)同居的兄弟姐妹。[②] 如以一户三代爲標準,將漢代繼承順序與以上所

---

① 小男的終齡一般爲 15 歲,老男、老女的始齡有不同看法,但不會超過 70 歲。如 55 歲生育,在子女成人前,父親已進入老年。

② 關於漢代户主繼承順位的討論,可參韓樹峰:《漢唐承户制度的變遷》,《漢魏法律與社會》,北京:社會科學文獻出版社,2011 年,第 138—142 頁。

説的秦代繼承順序比較，可以發現，兩者存在着很大的差異：第一，漢代擔任户主可以直至去世，没有硬性規定在步入老年伊始，即將户主之位傳與他人。第二，漢代無論兒子長、幼，均優於妻子，秦代幼子位於妻子之後。第三，漢代無論父母壯、老，均優於妻子，秦代只有壯年父親優於妻子。第四，漢代無論父母壯、老，均優於女兒，秦代只有壯年父親優於女兒。

另外，按論者所説的著録格式，秦代作爲户主的丈夫進入老年後，必然卸去户主之位，轉而著録在小女之後的一欄，而此時著録在第二欄的妻子如處於壯年，也將上提至第一欄，成爲該户户主。但是，在漢代代户法中，繼承人不包括丈夫，這意味着丈夫在世，無論壯、老，妻子無論如何不會成爲户主，這在《二年律令·户律》中也有明確規定："爲人妻者不得爲户。"①我們也很難想像，秦政府會硬性規定，户主進入老年之後，必須把户主之位傳給弟弟、兒子特別是妻子和女兒。江陵鳳凰山 10 號漢墓出土有如下簡牘："郭乙二户，儋行，少一日。"②這類簡牘共 14 枚，是徵發市陽里徭役的文書，"二户"之上的文字，是户主之名，其後的"某行"，指每兩户中出一個人服徭役。③ 值得注意的是，14 枚竹簡中，服徭役者無一人是户主。我們知道，免老者是無須服役的，這可能暗示着户主大多數屬於老年人。

如上所論，按研究者確定的秦户籍著録格式推演，户主的身份及其繼承順序與漢初大相徑庭。漢律未必如某些學者所説，全盤照搬秦律，④但以秦律爲藍本應該没有問題。在大的歷史背景没有發生根本變動的情況下，漢政府没有必要將秦律修改得面目全非。兩者户主繼承順位差異如此之大，只能説明秦户籍第一欄的内容並非如研究者所説，僅著録大男。實際上，在可以識讀的 15 枚户籍簡的第一欄中，首位成

---

①　彭浩等主編：《二年律令與奏讞書》，第 227 頁。

②　李均明、何雙全編：《散見簡牘合輯》，第 72 頁。

③　裘錫圭：《湖北江陵鳳凰山十號漢墓出土簡牘考釋》，《裘錫圭學術文集》（第二卷），上海：復旦大學出版社，2012 年，第 14 頁。

④　關於漢初法律全部繼承秦律的論述，可參高敏：《漢初法律係全部繼承秦律説——讀張家山漢簡〈奏讞書〉札記》，《秦漢魏晉南北朝史論考》，北京：中國社會科學出版社，2004 年，第 76—84 頁。

員均爲户主。如果我們承認這是户籍文書的必備特徵，那麼就不得不承認，該欄除登録大男外，還必須登録户主，而且户主不分性別，也不分年齡大小，必定位於該户之首。也就是説，儘管張春龍推測的各欄内容不盡精確，但第一欄著録户主的説法是正確的。研究者判斷第一欄均爲大男，並沒有證據支撐，退而言之，即使現有户籍簡第一欄均爲大男，也不能證明大男是該欄的唯一内容。理由很簡單，因爲現有户籍簡中，作爲父親的老男均已去世，在這種情況下，即使按照慣例，户主之位也可能由其壯年兒子繼承，而其他大男按規定也必須著録在第一欄，從而給人以該欄僅著録大男的假像。

另外需要補正的，是第五欄的内容。户籍簡第五欄内容可以識別的簡牘有簡 1、2、7、12、10 五枚，前四枚著録“伍長”，後一枚爲“臣曰褍”。據此，第五欄除劉欣寧所説的著録奴婢外，還著録伍長。簡 7 第四欄著録“母睢”，研究者認爲這是因爲該户無小男或小女，“母睢”上提一欄的結果。無論“母睢”一欄是否上提，可以肯定的是，與第五欄的“伍長”係分欄書寫，而且也沒有理由認爲，老男、老女會與性質完全不同的伍長著録在同一欄，所以，第五欄著録老男、老女和伍長的説法是不正確的。嚴格説來，第五欄著録伍長、奴婢的説法也未必確切，因爲這牽涉到户籍簡的欄數問題。目前所見户籍簡最多只有五欄，但是，這些户籍簡只見老女，未見老男。除户主而外，大男、大女、小男、小女均按性別分欄書寫，因此，老男、老女分欄的可能性極大。這樣，在前四欄家庭成員齊備的情況下，老男、老女將依次登録在第五欄、第六欄，而伍長和奴婢則登録在第七欄，也就是最後一欄。

所以，在各類家庭成員齊備的情況下，秦户籍簡可能的架構如下：第一欄：户人、大男；第二欄：大女；第三欄：小男；第四欄：小女；第五欄：老男；第六欄：老女；第七欄：奴婢、伍長。由於目前所見户籍簡均爲五欄，這裏所説的這個架構就牽涉到一個問題，即一枚户籍簡的長度是否可以容納七欄？按里耶發掘報告，完整户籍簡長度均爲 46 釐米，《里耶秦簡博物館藏秦簡》所録簡 10 - 1170 即分七欄書寫，簡長 46.2 釐米，較户籍簡僅多出 0.2 釐米,但下方尚有近一欄的空白,①所以,一枚完整的户籍簡容納七欄内容沒有任何問題。現有户籍簡均爲五欄,應該是缺少大男、大女、小男、小女、老男、老女中的某一類或某幾類所致,並非制度規定如此,如果一户之中各類群體齊備,户籍簡可能至少分爲七欄。

二、家庭成員關係書式與魏晋的差異

以秦户籍與魏晋北朝比較,其中多有差異,在此僅就户主子女前標注的家庭關係略加討論。在 22 枚秦户籍簡中,記載户主子女時,一律標注與户主的關係,如"子不更""子小上造""子小女子"等。《封診式·封守》記某里士伍子女:"子大女子某,未有夫。子小男子某,高六尺五寸。"②這份虚擬的查封文書並非户籍,但對家庭關係的記載,應該是模仿户籍而來。

迄今爲止,兩漢未見可以肯定爲户籍的實物,我們不妨將居延漢簡記載戍卒與家屬關係的名籍作爲參照:

妻大女昭武萬歲里□□年卅二

永光四年正月己酉　　子大男輔年十九歲

橐佗吞胡隧長張彭祖符　子小男廣宗年十二歲

子小女女足年九歲

輔妻南來年十五歲　　皆黑色③

名籍登録戍卒家屬,表現其與戍卒的關係,而不是與上一行成員的關係,性質與秦户籍相同。可以説,自秦到漢元帝永光四年(前 45 年),這種著録方式一直没有發生根本性的變化。

這種書式的改變至遲發生在孫吴時期。走馬樓吴簡名籍簡記録户主子女時,除最年長的子女標注與户主的關係外,其他一律標注與前一行家

---

① 該簡彩版見里耶秦簡博物館、出土文獻與中國古代文明研究協同創新中心中國人民大學中心編著:《里耶秦簡博物館藏秦簡》,上海:中西書局,2016 年,第 56 頁。

② 睡虎地秦墓竹簡整理小組編:《睡虎地秦墓竹簡》,北京:文物出版社,1978 年,第 249 頁。

③ 謝桂華、李均明、朱國炤:《居延漢簡釋文合校》(上),北京:文物出版社,1987 年,第 44 頁。

庭成員的關係,具體形式如下:

　　　　萬歲里戶人大女菅妾年卅八　　　子男 難 年十一　　 難 男弟符年

九歲(柒・202)

　　　　 樂 安 里 戶 人 □□ 年 卅 四 　　　子女 鼠 年十七　　 鼠 女弟□年

十一(柒・231)

　　　　富貴里戶人陳取年七十五　　　子男莨年十八　　　莨女弟視年

十三(柒・288)①

這種與秦、西漢截然不同的戶籍書式被西晉繼承,並至少持續到西涼時

期,其間出土的如下三件文書構成了一條清晰可見的綫索。《晉[四世

紀?]樓蘭戶口簿稿》:

　　　　蒲(?)緣(?)□富年七十二　　物故

　　　　　　　　　　　　　息男奴□年卅五物故

　　　　　　　　　　　　　□男弟□得年卅物故

　　　　　　　　　　　　　得□□阿罔年□物故②

《前秦建元廿年(384年)籍》:

　　　　高昌郡高寧縣都鄉安邑里民崔喬 □

　　　　……

　　　　喬息女 顏 年廿一從夫 　□ 　　　得闚高桑蔺四畝半

─────────────

　　①　走馬樓簡牘整理組編著:《長沙走馬樓三國吳簡・竹簡》[柒],北京:文物出版社,2013年。括弧中“・”前的漢字代表竹簡卷數,後面的數字代表竹簡整理號,如“柒・202”,表示《竹簡》[柒]第202號簡。下文引用該卷及其他各卷竹簡,均照此方式處理,不再標注出版信息及頁碼。下文涉及的其他各卷分別爲:走馬樓簡牘整理組編著:《長沙走馬樓三國吳簡・竹簡》[壹],北京:文物出版社,2003年;《長沙走馬樓三國吳簡・竹簡》[貳],北京:文物出版社,2007年;《長沙走馬樓三國吳簡・竹簡》[叁],北京:文物出版社,2008年;《長沙走馬樓三國吳簡・竹簡》[肆],北京:文物出版社,2011年;《長沙走馬樓三國吳簡・竹簡》[捌],北京:文物出版社,2015年。走馬樓吳簡所録戶口簿籍以及本文所引四件文書未必是戶籍,但除首位成員外,其他成員的著録形式應係參照籍而來,以這些資料討論戶籍的書式,應該沒有問題。

　　②　[日]池田溫著,龔澤銑譯:《中國古代籍帳研究・録文》,北京:中華書局,2007年,第163頁。

```
顔男弟仕年十四          ☐          得江進鹵田二畝以一
                                    畝爲場地
仕女弟訓年十二                    得李廡(?)田地桑三畝
平息男生年三 新上              舍一區
生男弟鮫(?)年一新上        建☐☐①
```

《西涼建初十二年(416年)正月敦煌郡敦煌縣西宕鄉高昌里籍》：

```
敦煌郡敦煌縣西宕鄉高昌里兵吕德年卅五
    妻唐年卅一                  丁    男    二
    息男罞年十七                小    男    七
    罞男弟受年十                女    口    二
    受女妹媚年六                凡    口    六
    媚男弟興年二                居 趙 羽 塢
            建 初 十 二 年 正 月 籍 ②
```

秦、西漢户籍與魏晋户籍的這種書式差異原因何在呢？或許《西魏大統十三年(547年)計帳文書》可以爲這個問題提供間接的答案，因爲在這份文書中，反映子女和户主關係的書式再次發生變化，重新回到了與秦户籍相同的書式：

```
户主劉文成己丑生年叁拾究        蕩冠將軍
    妻任舍女甲午生年叁拾肆      台資妻
    息男子可乙卯生年拾叁        中男
    息男子義丁巳生年拾壹        中男
    息女黄口水亥生年件          小女
```

---

① 榮新江、李肖、孟憲實主編：《新獲吐魯番出土文獻》(下)，北京：中華書局，2008年，第177頁。其餘各户書式與此相同，見本書第177—179頁。爲免繁瑣，此件文書僅逐録與論題有關的家庭成員，其他成員省略。下引《計帳文書》亦省略了口數集計、租調及授田狀況。

② ［日］池田温著，龔澤銑譯：《中國古代籍帳研究·録文》，第4頁，其餘各户見本書第3—5頁。

息男子侯辛酉生年柒　　　　　　　小男

息男黄口甲子生年肆　　　　　　　小男①

本件文書中的子女按年齡排列,但五歲的"女黄口"却位於七歲的"男子侯"之前,或許是因爲抄寫有誤,不過這不影響户籍書式。本件文書和秦户籍一樣,記録子女與户主的關係,而且這種書式一直延續到唐代。

對《西涼籍》與唐籍的這種差異,池田温有一個富有啓發性的解釋:名籍以木簡爲書寫材料,繫紐有可能斷開導致木簡分散,名籍順序因此前後顛倒,記録子女時,表明與前一行登載者的關係容易恢復原狀,而書寫於紙張之上的名籍則不存在這一問題,作爲紙文書的西涼籍,是簡牘時代名籍書式的遺留,借此可以間接窺知漢晋木簡籍的面貌。② 孫吳仍處於簡牘文書的時代,而西晋、前秦儘管以紙爲文書載體,但和西涼一樣,屬於池田温所説的過渡期,這三個時代的户籍書式爲池田温的説法提供了很好的注脚。

池田温的觀點同樣有助於理解里耶户籍簡的書式。所謂木簡容易散亂,顯然是針對類似孫吳一户由數枚簡組成的名籍而言,而里耶户籍各户均書寫於一枚大木牘之上,不存在散亂問題,這一特點與紙文書相似,或許從這個角度可以解釋,秦、西漢儘管與魏晋時間更爲接近,書寫材料相同,與西魏以後相隔懸遠,書寫材料相異,但户籍書式反而與前者相異,與後者相同這一現象。

不過,秦户籍是否主要因爲寫於大木牘之上而采取了目前這種書式,仍有疑問。《商君書·去彊》:"彊國知十三數:竟内倉口之數、壯男壯女

————————

① [日]池田温著,龔澤銑譯:《中國古代籍帳研究·録文》,第13頁,其餘各户見本書第14—21頁。計帳文書中,黄口凡五見,應不是姓名,大概指三歲以下的嬰兒,例如,兩個兩歲的嬰兒均記爲黄口,户口集計按"黄"統計。令人不解的是,其他三例分別爲四歲、五歲,顯然已經超過"黄"的年齡,集計亦按"小"統計,但具體信息却標注爲"黄"。而另外一例兩歲者儘管在集計中爲"黄",具體信息却又未標注"黄口"。這些矛盾的記録是文書抄寫有誤所致還是另有原因,不得而知。

② [日]池田温著,龔澤銑譯:《中國古代籍帳研究》,第50—51頁。傅克輝也有同樣的認識,見氏著《魏晋南北朝籍賬研究》,濟南:齊魯書社,2001年,第24頁。

之數、老弱之數、官士之數、以言説取食者之數、利民之數、馬牛芻藁之數。"①商鞅强調掌握人口對治國的重要性，人口必須區分壯、老、弱。這一觀念是從力役角度出發的，如果落實在户籍上，必然將三類人口分別排列。子女大、小不同，分書於不同欄，這樣就無法登載家庭成員與上一行成員的關係，而只能登載其與户主的關係。如果商鞅的政策確實影響了秦户籍的書式，那麽，書寫材料就是一個次要因素，甚至有可能不成爲一個因素了。

事實上，從書寫材料角度解釋户籍中家庭成員關係的書式，確實還有再思考的餘地。我們知道，秦素以法家治國，追求制度的高度統一，因此，目前所見的里耶户籍書式應該是秦帝國唯一行用的書式。如果説作爲書寫材料的木牘決定了秦户籍的書式，那就意味着秦不分區域，規定所有户籍必須書寫於大木牘之上。目前所見里耶户籍確實如此，但恐怕很難排除在幅員廣袤的秦統治區内，户籍書寫在類似走馬樓竹簡那種較窄竹簡之上的可能性。按池田温的解釋，在這種情況下，户籍只能登録户主子女與上一行成員之間的關係。這樣，秦户籍就必然出現兩種截然不同的書式，而這又是秦帝國所不允許的。

退一步説，即使我們承認秦户籍確實均以大木牘爲書寫材料，秦户籍書式的問題固然可以得到解釋，但新的問題産生了：爲什麽孫吳甚至更早的東漢轉而以竹簡書寫户籍了呢？長沙東牌樓出土有漢靈帝時期的一枚名籍簡：

凡口五事　　☑

中　算三事　　訾五十

甲卒一人　　☑②

該簡第一、二行内容與走馬樓名籍簡十分相似，王素據此指出，孫吳户籍

---

①　蔣禮鴻：《商君書錐指》卷一《去彊》，北京：中華書局，1986年，第34頁。

②　長沙市文物考古研究所、中國文物研究所編：《長沙東牌樓東漢簡牘》，北京：文物出版社，2006年，第108頁。

有承襲東漢的成分。① 遺憾的是,此簡殘損、漫漶嚴重,記載家庭成員的上半部分内容無法識讀。但下半部分與吴簡如此相近,是否暗示着上半部分的書式與吴簡同樣相近呢? 如果確實相近,我們不得不思考,爲什麽東漢改變了西漢的書式? 如果不同,我們更需要思考,爲什麽在内容相近的情況下,孫吴改變了東漢的書式? 而且東牌樓漢簡與走馬樓吴簡時代一前一後,並且完全在同一個區域,難道果真是書寫材料導致了這一變化嗎? 這其中难道没有更深層次的原因嗎?

以書寫材料解釋西魏名籍與西晋、前秦、西凉名籍的不同,同樣存在疑問。《晋樓蘭户口簿稿》年代不明,但采用西晋制度是没有疑問的,這意味着自西晋以紙書寫户口簿籍開始,到西凉甚至更晚的時間,書式方始發生改變。當然,西晋時代户籍文書未必完全以紙張爲材料,但至遲在東晋初年,已經完全進入了紙文書時代。② 自那時到西凉也有一百年的時間,簡牘户籍書式在如此長的時間内仍被遵循,過渡期未免過於漫長,而在保留如此長的時間以後,到西魏却驟然發生了變化。面對這些問題,池田温的解釋無論如何也給人以理由不太充分的感覺。

自秦到唐代,記載家庭成員關係的户籍書式一再發生變化,目前的材料可以較清晰地描述這些變化的綫索,却很難解釋變化發生的原因。從迹象上看,僅從書寫材料角度立論,仍存在一些没有解決的問題,而更深層次的原因我們也暫時没有發現,也許只有在出現更多的秦漢户籍實物以後,這種户籍書式反復變化的原因才能得到較爲合理而深刻的闡釋。

——原載里耶秦簡博物館、出土文獻與中國古代文明研究協同創新中心中國人民大學中心編著:《里耶秦簡博物館藏秦簡》,上海:中西書局,2016 年。題名有改動。

---

① 王素:《長沙東牌樓東漢簡牘選釋》,《文物》2005 年第 12 期,第 69—70 頁。
② 韓樹峰:《從簡到紙: 東晋户籍制度的變革》,《中國人民大學學報》2020 年第 5 期,第 165—168 頁。

松柏漢墓 53 號木牘考

——以成年男女性別比例失調爲中心

2004 年底,荆州博物館對荆州區紀南鎮松柏村一號漢墓進行搶救性發掘,出土木牘 63 枚,其中 6 枚無字、31 枚單面墨書文字、26 枚雙面墨書文字,主要内容爲遣書、各種簿册牒書、文帝律令、武帝曆譜以及官員周偃個人功勞及升遷記録。35 號木牘是南郡各縣免老、新傅、罷癃的統計簿册,釋文已經公布。[①] 最近,該館又公布了 47、48、53、57 號等四枚木牘的照片,[②]其中 53 號木牘係南郡所轄七縣、三侯國使大男、大女、小男、小女等各種人口的統計數字,彭浩、胡平生分別對該木牘進行了釋讀。[③] 在個别字的釋讀上,兩家釋文有所不同,細思之下,均不無疑問。除此之外,該木牘的年代及其所反映的男女比例失調問題也有值得探討之處。本文以該木牘内容爲主,並結合其他資料,嘗試對這兩個問題作出解釋。

一、釋 文 之 疑

53 號木牘對江陵等七縣、三侯國的人口按性别、身份分類統計,並對復除人數加以記載。胡平生釋文如下:

> 江陵:使大男四千七百廿一人,大女六千七百六十一人,小男五千三百一十五人,小女二千九百卅八人。•凡口萬九千七百卅五人。死大男八百卅九人,死大女二百八十九人,死小(1)男四百卌三人,死

① 荆州博物館:《湖北荆州紀南松柏漢墓發掘簡報》,《文物》2008 年第 4 期,第 29—32 頁。
② 荆州博物館編著:《荆州重要考古發現》,北京:文物出版社,2009 年,第 210—211 頁。
③ 彭浩:《讀松柏出土的西漢木牘(三)》,簡帛網 2009 年 4 月 11 日;胡平生:《松柏漢簡五三號木牘釋解》,簡帛網 2009 年 4 月 12 日。

小女三百六十八人,死口千九百卅九人,其千五百卌七人死越。(2)

宜成:使大男四千六百七十二人,大女七千六百九十五人,小男六千四百五十四人,小女三千九百卅八人。【‧】凡口二萬二千七百五十九人,其廿九人復,二百卌四人泒中。(3)

臨沮:使大男二千三百六十人,大女四千廿六人,小男二千四百一十一人,小女千九百七人。死大男一人。【‧凡【……】(4)

安陸:使大男四百七十五人,大女八百一十八人,小男五百五十八人,小女三百六十九人。‧凡口二千二百廿人,其二百廿九人復。(5)

沙羡:使大男五百八十五人,大女九百五十九人,小男六百七十二人,小女四百卅五人。‧凡口二千六百六十一人,其八人復。(6)

州陵:使大男三百九十三人,大女六百卅四人,小男六百七十六人,小女三百八十八人。‧凡口二千九十一人,其卅九人復。(7)

顯陵:使大男三百卅二人,大女六百一十一人,小男三百九十五人,小女二百六十人。【‧】凡口千六百八人復。(8)

便侯國:使大男千七百八十一人,大女二千九百九十四人,小男千九百卅二人,小女千七百卅人。【‧】凡口八千四百卌七人,其十六人復。(9)

邔侯國:使大男三千六百廿四人,大女五千六百六十四人,小男五千一百六十人,小女三千四百八十九人。【‧】凡口萬七千九百卅七人,其千三百五十二復。(10)

襄平侯中盧:使大男千四百九人,大女二千四百七十八人,小男千七百五十一人,小女千七十人。【‧】凡口六千七百八人,其百廿三人復。(11)①

彭浩將第6行中的"凡口二千六百六十一人"釋爲"凡口二千六百六十二"。但仔細辨認,"一"下尚有一筆,很像"一"字。木牘記載總人口的

---

① 釋文中的阿拉伯數字代表原牘文的行數。

方式,均爲"凡口……人",後一"一"字當是"人"字的殘缺,就此而言,似乎胡文的釋讀是正確的。

兩釋文最大的不同,在於對 1、2、3、4 行中的"死"字釋讀。彭文釋"死"爲"延",第 2 行最後一"死"字釋爲"外",認爲"延大男""延大女""延小男""延小女"指來自外地的移民,"外越"則是移民中的越人,在移民中單獨統計。從江陵縣人口總數考慮,這樣釋讀似乎没有問題。江陵本地居民"凡口萬九千七百三十五人","延口千九百卅九人",總計 21,674 人。同墓出土的《南郡元年户口簿》載江陵户口二萬一千餘人,①兩個數字基本接近。但是,從記載方式看,不無疑問。我們知道,按性別、年齡統計當地人口,主要是爲徵收賦税、派發徭役提供依據。邊遠地區的蠻夷在賦役方面不同於漢族。西漢時期,與南郡相鄰的武陵郡蠻人依據年齡向政府繳納賨布,"大人輸布一匹,小口二丈",②除此而外,似乎没有徭役的負擔。越人對政府負有的義務,大概與蠻人相近。牘文對主體爲越人的移民統計大小,是爲了賦税之徵,這是必要的,但越人不服徭役,區分性別就没有太大必要了。

江陵縣的移民單獨統計,不與當地土著相混,而移民統計完畢後,又將越人從移民中單獨剥離出來,再次進行統計。這種統計方式似乎稍嫌煩雜,是否有此必要令人懷疑。另外,江陵一縣移民幾乎占總人口的 9%,而臨沮縣僅有一人移入,其他各縣、侯國則一人未見,這種現象也令人感到困惑。因此,是否釋爲"延""外",或者即使"延""外"正確,但是否解作"遷移""外粵",仍有再考慮的餘地。

胡文釋爲"死",單從"死大男""死大女""死小男""死小女""死越"角度理解,没有問題。但仔細推敲,有諸多不合情理之處。胡平生推測,"死越"的 1547 人或者係赴越作戰而死,或者遭越人入侵而亡。歷史上是否有過這次赴越作戰並不能確定,即使存在,那麼何以有如此之多的小男、

---

① 《南郡元年户口簿》釋文、照片均未公布,此數字來自彭浩:《讀松柏出土的西漢木牘(二)》,簡帛網 2009 年 4 月 4 日。

② [南朝·宋] 范曄:《後漢書》卷八六《南蠻傳》,第 2831 頁。

小女死亡？小男也許還可以理解，衆多小女被徵從軍並戰死沙場，就有點難以理解了，畢竟漢代尚未見到徵調小女入伍之例。如果是遭到了越人入侵，從地理位置看，入侵者是南越國的可能性居大。南郡南有長沙、桂陽，西南有武陵與南越相隔，①越人要跨越這些地區，直取江陵的可能性不大，即使偷襲成功，其目的也無法得到解釋。如果占領桂陽等地區後，再北上至江陵，那就不是一般規模的軍事行動了，史籍不應漏載，況且大規模軍事行動也不可能不殃及南郡境內的其他地區。令人奇怪的是，臨沮縣僅死亡一人，還難以確定是否與越人入侵有關，而另外八個縣和侯國甚至沒有一人"死越"。

　　江陵人口死亡率也不無疑問。江陵死亡總人口 1,939 人，扣除"死越"的 1,547 人，另外 392 人應屬正常死亡。江陵總人口 19,735 人，則正常死亡者約占總人口的 20‰。與現代人口死亡率相比，這一數字顯然過高，這或者還可以從社會發展階段不同，人口再生産類型不同方面加以解釋。② 但按同墓出土的 48 號木牘《二年西鄉戶口簿》，③西鄉總人口 4,373 人，"耗口"即死亡人口 43 人，死亡率爲 9.8‰。與這一數字相比，江陵死亡率多出一倍有餘，這就不能視爲正常了。除江陵外，臨沮縣僅"死大男一人"，死亡率又未免太低，而其他各縣、侯國甚至沒有一例死亡的記載，死亡率爲零，這顯然是不可能的。當然，也不能認爲，其他各縣、侯國未記死亡人數是由於記錄者的疏忽，最大可能是，上述人口不是死亡者，而是其他人口。這些人口到底性質如何，目前還無法了解，但按照胡文釋讀，存在着上述無法解決的矛盾。

　　彭、胡兩文對各自的釋讀作出了解釋，但均没有令人信服的證據，推

　　① 桂陽郡、武陵郡及長沙國在高帝時已經設立，見［漢］班固：《漢書》卷二八《地理志》，第 1594、1639 頁。
　　② 據國家統計局 2008 年發布的人口調查，自 1978 年至 2007 年的 30 年間，中國人口死亡率最低爲 6.25‰（1978 年），最高爲 6.93‰（2007 年），見國家統計局人口和就業統計司編：《中國人口和就業統計年鑒（2008）》，北京：中國統計出版社，2008 年。人口學家認爲，人類歷史上有過三種人口再生産類型，高出生率、高死亡率的原始人口再生産類型與采集、狩獵社會相對應，高出生率、較高死亡率的傳統人口再生産類型與農業社會相適應，低出生率、低死亡率的現代人口再生産類型與工業社會相適應。
　　③ 釋文見彭浩：《讀松柏出土的西漢木牘（二）》。

測性質居多。究竟如何釋讀，就目前資料而言，似乎難有定論。本文提出疑問，意在表明目前釋文尚有繼續探討的餘地。

　　第 4 行漏記總人口及復除人數，此點胡平生已經提出。除此而外，第 8 行漏記了復除人數。按牘文所記，似乎 1,608 人得到復除，但顯陵縣使大男、大女及小男、小女各項相加，總人數恰爲 1,608 人，這些人不可能全部得到復除。按記載格式，"凡……人"是對該地人口的總計，並非復除人數，"復"前漏記了"其……人"，並非如彭文所言，"復"下有脫文。

二、木牘年代蠡測

　　53 號木牘中的 7 縣、3 侯國分別爲：江陵、宜成、臨沮、安陸、沙羡、州陵、顯陵、便侯國、邔侯國、襄平侯中盧。35 號木牘係對南郡所轄縣侯國免老、新傅、罷癃等人口的統計，共 13 縣、4 侯國。在三種人口分類統計中，所載各縣、侯國名稱完全相同，且順序一致，這些縣、侯國應該就是當時南郡所轄的全部，按木牘所列，分別爲：巫、秭歸、夷道、夷陵、醴陽、孱陵、州陵、沙羡、安陸、宜成、臨沮、顯陵、江陵、襄平侯、邔侯、便侯、軑侯。[①]兩相對照，可以發現，53 號木牘所缺恰爲 35 號木牘的前七縣及最後一個侯國，按公布的 53 號木牘照片，牘文前後均無空隙，因此，所缺縣、侯國並非漏記，而是分別記在了另外的木牘上。

　　53 號木牘統計簿形成於何時呢？劉瑞曾對 35 號木牘文書進行斷代，根據軑侯國設立時間爲惠帝二年（前 193），邔侯除國在武帝元鼎元年（前 116），認爲木牘文書即形成於此時這段時期。具體說來，有三種可能：a. 孝惠二年至景帝二年（前 193—前 155 年）；b. 景帝四年至景帝七年（前 153—前 150 年）；c. 景帝中二年至武帝元狩二年（前 148—前 121 年）。由於一號漢墓的時代大體可定於武帝元光到元鼎年間（前 134—前

---

　　① 按《漢書》卷二八《地理志（上）》，南郡下轄江陵、臨沮、夷陵、華容、宜城、郢、邔、當陽、中盧、枝江、襄陽、編、秭歸、夷道、州陵、若、巫、高成，共十八縣，與木牘所載差異頗大，且較牘文多一縣。相關研究可參劉瑞：《武帝早期的南郡政區》，《中國歷史地理論叢》2009 年第 1 期，第 32 頁。

116 年），據此他進一步推定，35 號木牘爲同一時期的文書。①　不過，這一推測或許存在問題，因爲墓中之物只能早於或等於墓葬年代，所以，根據後者可以推測 35 號木牘的下限，但無法判定其具體的上限時間，只能大體認定，不會早於惠帝二年。53 號木牘係同墓所出，應屬同時代的南郡管轄，所以，其時間亦可大致定於惠帝二年到武帝元鼎元年間。

據發掘簡報，墓主周偃的升遷記録及升調文書介於景帝前元三年（前 154 年）至武帝元光二年（前 133 年），最高職務爲元光二年八月擔任的南平尉。彭浩云：“從墓中出土的簡牘内容看，不少是南郡的各種統計簿册，似乎提示周偃曾在南郡守府中任職，經辦過這類文件。第 47、53 號木牘都是南郡的統計簿册，估計形成的時間大致在周偃任南平尉（元光二年，前 133 年）之後，或在武帝元光年間。”“結合前述墓主的經歷，可以判斷，這份文書（指 53 號木牘）應當是西漢武帝初年的抄件。”②周偃曾任南平尉，南平縣轄於桂陽，不轄於南郡。墓主仕途至南平尉戛然而止，似乎初任南平尉就去世了，那麽他在南郡任職也只能在就任南平尉即元光二年八月之前。如果這些南郡簿册確係墓主在南郡任内所録，則其年代恰與彭文所斷相反，肯定早於元光二年，而不會更晚。

根據 53 號木牘所記户口數，還可進一步推測其年代。按《漢書·地理志》，平帝時南郡領户 125,579，口 718,540。③　按 53 號木牘所載各類人口數字，當時七縣、三侯國總人口爲 94,870 人。如果將 35 號木牘中的各類人口計入（説詳下），總數爲 100,513 人。53 號木牘所載並非南郡全部，尚缺六縣、一侯國的人口，但即使計入這些人口，並按最大化估計，當時南郡所領人口不會超過 20 萬，遠比漢末爲少。53 號木牘未記各縣、侯國户數，僅記江陵領五千五百餘户，即使其餘 16 個縣、侯國均按此數計，

　　①　劉瑞：《武帝早期的南郡政區》，《中國歷史地理論叢》2009 年第 1 期，第 32 頁。
　　②　彭浩：《讀松柏出土的西漢木牘（一）》，簡帛網 2009 年 3 月 31 日；《讀松柏出土的西漢木牘（二）》。
　　③　［漢］班固：《漢書》卷二八《地理志》，第 1566 頁。

南郡領户也只有九萬。江陵口數兩萬餘人,宜成兩萬兩千餘人,邶侯國一萬七千餘人,臨沮剛過萬人,其餘均在萬人以下,其中安陸、沙羨、州陵三縣只有兩千餘人,顯陵縣僅 1,608 人。可見,江陵在南郡屬人口大縣,多數縣、侯國所領户數遠低於江陵,因此,當時南郡實際所領户數肯定遠低於九萬,較西漢末的十二餘萬户數相差甚大。

　　《地理志》所載爲平帝元始二年(2 年)的户口數,武帝時期自然較此爲少。但是,自漢初至武帝時期,人口增長迅猛,武帝元光元年(前 134 年)人口已經達到 3,600 萬。[①] 西漢末年,南郡人口占全國總人口的 1.25%,[②]以此計算,元光元年南郡人口應爲 45 萬。當然,不同時期南郡人口增長率未必相同,也許元光以後較高,但假如元光元年只有 20 萬人,到元始二年增至 718,540 人,135 年内平均年人口增長率應爲 9.5‰,這是基本不可能達到的。[③] 因此,南郡在元光元年的人口不會只有區區 20 萬。

　　又按《地理志》,漢末南郡共領十八縣:江陵、臨沮、夷陵、華容、宜城、鄀、邶、當陽、中盧、枝江、襄陽、編、秭歸、夷道、州陵、若、巫、高成。其中華容、鄀、當陽、枝江、若、編、襄陽、高成八縣未見於木牘。據研究,前五縣"處於被武帝早期南郡屬縣排序規律中周邊屬縣的包圍之内",即實際隸屬於早期南郡,只是未設縣而已。編縣即木牘中的便侯國。[④] 只有襄陽、高成兩縣可能不在早期南郡管轄範圍之内。[⑤] 早期南郡所領的醴陽、顯陵、軑侯國、屝陵、安陸、沙羨,均不見於漢末南郡屬縣,後三縣在漢末分屬武陵、江夏兩郡,同時,早期南郡還領有當時可能未設縣,而在漢末隸屬江

---

　　① 據葛劍雄研究,從西漢初(前 202 年)至武帝元光元年(前 134 年),是西漢人口高增長時期,平均增長率約 10‰—12‰,總人口約 3,600 萬(葛劍雄:《西漢人口地理》,北京:人民出版社,1986 年,第 83 頁)。
　　② 西漢末年總人口爲 59,594,978 人,見[漢]班固:《漢書》卷二八《地理志》,第 1640 頁。
　　③ 葛劍雄認爲,自昭帝始元元年(前 86 年)至平帝元始二年(2 年),人口年平均增長率約 7‰,而在此以前的武帝元光二年(前 133 年)至武帝後元二年(前 87 年),總人口呈下降趨勢,多年出現零增長或負增長。參上引書第 83 頁。綜合計算,元光二年至元始二年,年平均增長率約爲 3.8‰。參照這一數字,南郡在此期間年平均增長率不會達到 9.5‰。
　　④ 劉瑞:《武帝早期的南郡政區》,《中國歷史地理論叢》2009 年第 1 期,第 31 頁。
　　⑤ 周振鶴:《西漢政區地理》,北京:人民出版社,1987 年,第 124 頁。

夏郡的云杜、竟陵二縣。① 這意味着木牘中的南郡實際至少領有二十四個縣級單位。木牘中的南郡所轄地域既較漢末爲廣,而所領人口最多只有 20 萬,令人不禁懷疑,53 號木牘記載的人口數位並非元光元年的數字,而有可能是元光元年以前的人口數。

　　如果各種統計簿册確係周偃所録,則其形成時間只能在周偃任職南郡即景帝前元三年(前 154 年)至武帝元光二年(前 133 年)期間。研究者推測,由於周偃在建元元年(前 140 年)任西鄉有秩嗇夫,故《西鄉二年户口簿》中的“二年”有兩種可能,“即武帝建元二年或元光二年,似以武帝建元二年可能性最大”,②這一判斷比較接近實際。但是,《南郡元年户口簿》中的“元年”却未必指建元元年或元光元年,因爲其所記載的江陵五千五百户、兩萬一千餘人的户口數,與元光元年應有的户口數差距過大;建元元年距元光元年亦不過六年,江陵户口大概也不會達到户口簿的人口數,因此,這裏的元年很可能是景帝中元元年(前 149 年)或景帝後元元年(前 143 年)。53 號木牘未記江陵縣户數,口數爲 21,674,與《南郡元年户口簿》所載兩萬一千餘人基本一致,可以認定,兩者屬同一年代或年代相近的人口統計,③即 53 號木牘的統計數字可能亦形成於景帝中元元年或後元元年前後。如上所論,西漢前期的户口數在武帝元光元年達至頂峰,而 53 號木牘所載南郡七縣、三侯國口數距離元光元年口數尚有較大差距,定其爲距離元光元年稍遠的景帝中元元年或其前後的人口統計數字,或許更爲近實。

　　總之,根據《南郡元年户口簿》的記年及 53 號木牘所載人口數字,結合《漢書·地理志》,可以謹慎推測,53 木牘並非武帝元光元年的産物,而是形成於景帝中元元年前後。

---

① 周振鶴:《西漢政區地理》,第 135 頁。
② 彭浩:《讀松柏出土的西漢木牘(二)》。
③ 如户口簿中的口數按 21,000 人計,人口增長率爲 10‰,三年就可增至 21,674 人。如以 21,500 人計,八個月即達 21,674 人。因此,江陵縣兩個人口數字的形成年份應當十分接近,甚或是同一年的産物。這也是上文討論南郡户數時,將 53 號木牘與《南郡元年户口簿》相結合的依據。

三、使大男、大女比例失調解

53 號木牘對江陵等縣、侯國的人口統計，最引人注目之處是性別比例的失調。失調包括兩個方面：一、使大男遠少於大女；二、小男遠多於小女。茲據牘文，將各縣、侯國男女比例製成下表：

表一　53 號木牘性別統計表

縣、侯國	身份	男口(人)	女口(人)	男女比例	合　計
江陵	大	4,721	6,761	0.70	11,482
	小	5,315	2,938	1.81	8,253
宜成	大	4,672	7,695	0.61	12,367
	小	6,454	3,938	1.64	10,392
臨沮	大	2,360	4,026	0.59	6,386
	小	2,411	1,907	1.26	4,318
安陸	大	475	818	0.58	1,293
	小	558	369	1.51	927
沙羨	大	585	959	0.61	1,544
	小	672	445	1.51	1,117
州陵	大	393	634	0.62	1,027
	小	676	388	1.74	1,064
顯陵	大	342	611	0.56	953
	小	395	260	1.52	655
便侯	大	1,781	2,994	0.59	4,775
	小	1,942	1,730	1.21	3,672

續　表

縣、侯國	身份	男口(人)	女口(人)	男女比例	合　計
邔侯	大	3,624	5,664	0.64	9,288
	小	5,160	3,489	1.48	8,649
襄平侯	大	1,409	2,478	0.57	3,887
	小	1,751	1,070	1.64	2,821
總計	大	20,362	32,640	0.62	53,002
	小	25,334	16,534	1.53	41,868
		45,696	49,174	0.93	94,870

［表注］
1. 資料來源：松柏漢墓 53 號木牘。
2. 大、小："大"指使大男、大女，"小"指小男、小女。

　　表中所列比例指 100 名女性所對應的男性。使大男與大女比例最低的爲顯陵縣，僅爲 0.56，即使比例最高的江陵縣，兩者之比也只有 0.70，平均比例爲 0.62。小男、小女比例最高的爲江陵縣，高達 1.81，最低的便侯國也高達 1.21，平均比例爲 1.53。無論使大男、大女之比，還是小男、小女之比，均表現出嚴重的不平衡，只是兩者的比例恰好相反。同墓出土的 48 號木牘《二年西鄉户口簿》載西鄉大男 991 人，小男 1,045 人，大女 1,695 人，小女 642 人，男女之比分别爲 0.58、1.63，失調的嚴重程度與 53 號木牘基本等同。

　　西鄉小男、小女的比例失調，彭浩認爲是當時普遍存在的重男輕女風氣所致，這應該有一定道理，因爲當時畢竟存在生女不舉的社會現象，故其失調在此暫不討論。至於使大男、大女的失調，彭浩謹慎推測，"似乎與秦漢之際有較多的成年男性死於戰亂有關"；劉瑞的解釋是，或者與大規模戰爭有關，或者與大規模遷徙有關。[1] 但是，兩人均未進行具體的論

<hr />

　　① 彭浩：《讀松柏出土的西漢木牘(二)》；劉瑞：《松柏漢墓出土〈二年西鄉户口簿〉小考》，復旦大學出土文獻與古文字研究中心網(http://www.fdgwz.org.cn/)2009 年 3 月 28 日。

證,其解釋推測成分居多。從現有資料看,没有任何證據證明,當時當地發生了較大規模的遷徙活動,退一步言,即使存在遷徙,又何以造成成年男性大量減少或成年女性大量增加? 因此,遷徙説只能視作純粹的推測。大規模戰争確實會導致成年男性急劇減少,問題是,木牘形成的年代有没有這樣大規模的戰争導致南郡一郡成年男性急劇減少?

48 號木牘的"二年",劉瑞認爲有景帝前元二年(前 155 年)、中元二年(前 148 年)、後元二年(前 142 年)、武帝建元二年(前 139 年)四種可能。彭浩則認爲有建元二年、元光二年(前 133 年)兩種可能,周偃於建元元年任西鄉有秩嗇夫,故前者可能性最大。從墓主的履歷看,後者的斷代更爲近實,因爲周偃自占功勞文書和"遣書"的形成時間上限在景帝前元三年,因此,户口簿不會形成於景帝前元二年。即使不依彭文的嚴格斷代,寬泛而言,户口簿也只能形成於中元二年至元光二年。而在這 15 年内,戰争屈指可數。按《漢書·景帝紀》,景帝中元六年(前 144 年)六月,匈奴入侵雁門等郡,漢"吏卒戰死者二千人",戰争規模稱不上巨大;後元二年(前 142 年)春,匈奴再次入侵雁門,太守馮敬戰死,漢朝發車騎材官屯守,進行防禦,此後無下文,雙方似未再接戰。按《武帝紀》,武帝元光二年以前,有過三次出兵,即建元三年、建元六年出兵擊閩越,元光二年於馬邑設伏擊匈奴。前兩次分别因閩越退兵、投降而撤軍,後一次被匈奴發覺,伏擊未果,三次出兵均未與敵方有過正面接觸。調動過程中也可能造成士兵傷亡,特别是後一次徵調,規模巨大,不過,這畢竟與作戰造成的大量傷亡不可同日而語。史籍也許對某些軍事行動未予記載或漏載,但這些軍事行動規模不可能很大。可見,景、武時期,戰争甚少,即或有之,規模不大,對西鄉性别比例失調構不成根本性影響。彭浩所指係秦漢之際的戰争,但是,將西鄉性别比例失調歸因於六十年前的戰争,未免缺少説服力。

53 號木牘時代背景與 48 號木牘相同,戰争説、遷徙説既然不適用於48 號木牘,自然也不適用於 53 號木牘。53 號木牘成年男女比例嚴重失調,在我看來,很可能與當時人口統計的方式有關。

　　同墓出土的 35 號木牘爲《南郡免老簿》《新傅簿》《罷癃簿》。彭浩認爲:"大男、大女的年齡上限應是《二年律令》規定的免老的年齡,到達免老年齡者,不再承擔勞役,另行統計。"劉瑞亦認爲,免老、新傅、罷癃等人口不包括在 48 號木牘的人口統計範圍之内。這些特殊人口不包括在一般人口統計中的觀點無疑是正確的,但所謂"大男、大女的年齡上限應是《二年律令》規定的免老的年齡"這一説法,尚有繼續探討的餘地。

　　西漢免老年齡與爵位挂鉤,《二年律令·傅律》:"大夫以上年五十八,不更六十二,簪褭六十三,上造六十四,公士六十五,公卒以下六十六,皆爲免老。"① 但是,一般情況下女性很難得到爵位,按《二年律令·置後律》,因病而亡者,其爵位由嫡子降級繼承,無嫡子,以下妻子、偏妻子,其中未涉及女性。只有因公而亡者,女性才可繼承爵位,但均排在同一序列的男性之後,例如"無子男以女",而妻子更被排在死者同産之後。② 這意味着,正常情況下女性獲得爵位的可能微乎其微。如果免老的規定也針對女性,基本上没有意義,因此,漢代的免老應爲男性,與女性無關。《漢舊儀》記秦免老:"男子賜爵一級以上,有罪以減,年五十六免。無爵爲士伍,年六十乃免者(老)。"③ 衛宏講的是秦制,並特意將免老與男子相聯繫。有人認爲,秦代免役年齡不可能比漢初提前,由此斷定,衛宏所述僅涉及男子,也是漢景帝二年後始有的規定,衛宏所講的秦代制度,過多地打上了漢代制度的烙印。④ 也許這裏的免老年齡確有錯訛,但因爲景帝有"天下男子年二十始傅"的規定,就斷定衛宏所言男子免老制度爲景帝以後制度,未免武斷,畢竟兩者所言,一爲免老,一爲傅籍,性質不同。與《二年律令·傅律》結合起來考慮,毋寧認爲衛宏所説確是秦制,《二年律令》是對秦制的沿襲,而景帝令則是對其前傅籍規定的改變。退一步言,即使衛宏所言秦制有漢制色彩,也未嘗不可以説是漢初制度對他造成了

---

① 彭浩等主編:《二年律令與奏讞書》,第 231 頁。
② 彭浩等主編:《二年律令與奏讞書》,第 235—236 頁。
③ [清] 孫星衍等輯,周天游點校:《漢官六種》,第 85 頁。
④ 張榮强:《〈二年律令〉與漢代課役身分》,《漢唐籍帳制度研究》,第 61—62 頁。

影響。

　　從《二年律令》與《漢舊儀》的規定看，免老對象僅針對男性，不適用於女性。這一點在出土漢簡中也能得到證明，如居延所出漢簡："母大女存年六十七用穀二石一斗六升大。"①漢初免老年齡界綫最高爲公卒，66 歲。居延漢簡年代在武帝以後，也許此時免老年齡有所變化，但超過 66 歲的可能性不大。存已經 67 歲，却仍稱"大女"，不稱"老女"，這似乎意味着，女性本無老的規定，即使到了法律規定的免老界限，仍以"大女"稱之。也就是説，"大女"這一稱謂實際包含了老年女性，並非青壯年女性的獨有稱呼。

　　下面再看一下表二所列 35 號木牘中的免老在總人口中所占的百分比。如果將免老人數與 53 號木牘所載縣、侯國人口進行比較，州陵、沙羨的免老所占比例最高，但也僅有 3.5%，比例最低者爲宜成，僅爲 1.0%，平均比例也只有 2.1%。將免老、新簿、罷癃等計入人口基數，②免老所占比例更低，最高的州陵爲 3.3%，最低的仍然是宜成，降至 1%以下，平均比例爲 2.0%。③孫吳距西漢早期有三個多世紀，其老年人口在總人口中所占比例當然不能硬性與此時比擬，但仍具有一定參考價值。據研究者對《長沙走馬樓三國吳簡·竹簡》[壹]中的人口所做統計，老年男女在總人口中所占比例爲 10.91%。④孫吳老年人比例如此之高，並不正常，但木牘中的免老比例尚不及孫吳的五分之一，每百人中平均只有兩個老人，又未免過低，這在任何時代都不太可能。之所以出現這種離奇的數字，是因爲 35 號木牘中的免老僅限於男性，没有包括女性。一般情況下，老年女性較男性爲多，如果將兩者合併計算，當時老年人所占比例約爲 5%，這個數字也就基本接近正常狀況了。

---

　　①　謝桂華、李均明、朱國炤：《居延漢簡釋文合校》（上），第 421 頁。
　　②　除以上特殊人口外，據彭浩文，尚有《歸義簿》，因未見具體内容，此處暫不將其計入。
　　③　也許 35、53 號木牘並非同一年代，但相隔不會太遠。以此進行的統計，與事實應該不會有太大出入。
　　④　于振波：《走馬樓户籍簡性別與年齡結構補論》，《走馬樓吳簡續探》，臺北：文津出版社，2007 年，第 54 頁。

表二　35 號木牘免老比例表

縣、侯國	35 號木牘			53 號木牘	總人口	比例 1	比例 2
	免老	新傅	罷癃				
江　陵	538	255	363	19,735	20,891	2.7％	2.6％
宜　成	232	546	642	22,759	24,179	1.0％	1.0％
臨　沮	331	116	199	10,704	11,350	3.1％	2.9％
安　陸	67	19	28	2,220	2,334	3.0％	2.9％
沙　羨	92	50	51	2,661	2,854	3.5％	3.2％
州　陵	74	15	48	2,091	2,228	3.5％	3.3％
顯　陵	20	12	45	1,608	1,685	1.2％	1.2％
便侯國	250	123	307	8,447	9,127	3.0％	2.7％
邡侯國	267	220	275	17,937	18,699	1.5％	1.4％
襄平侯	162	78	218	6,708	7,166	2.4％	2.3％
總　　計	2,033	1434	2176	94,870	100,513	2.1％	2.0％

〔表注〕

1. 資料來源：松柏漢墓 35、53 號木牘。

2. 免老比例：1 代表在 53 號木牘所載各縣、侯國中所占比例，2 代表在總人口中所占比例。

　　值得注意的是，53 號木牘中"使大男"與"大女"的稱呼。"大女"前未加"使"字，應該不是記錄者的疏忽，也不是由於"大男"前有了"使"字，因而在"大女"前有意省略。這種記載方式表明，使大男排除了其他大男，而這些被排除的大男就是 35 號木牘中的免老以及其他特殊男性人口。"大女"是一個更爲寬泛的概念，除小女外，無論任何女性均涵蓋其中。以下對免老以外的特殊人口進行分析。

　　新傅人口情況與免老相同，應該全部是男性。《二年律令·傅律》："不更以下子年廿歲，大夫以上至五大夫子及小爵不更以下至上造年廿二歲,卿以上子及小爵大夫以上年廿四歲,皆傅之。公士、公卒及士五(伍)、司寇、隱官子,皆爲士五(伍)。"①這個規定與前述免老相似,有爵者及其子爵級不同,傅籍年齡也有所不同,爵位與傅籍年齡成正比。如前所述,女子得爵十分困難,假如此條規定亦包括女性,就意味着在同一年齡段,具有相應爵位的男性不必傅籍,而無爵位的女性則必須傅籍,相對而言,必然造成傅籍者女性較多、男性較少的結果。政府勒令傅籍的目的在於徭役之徵,依爵傅籍如果包含女性,必然違背傅籍規定的初衷,因爲青壯年男性才是繁重徭役如兵役的主要承擔者,女性即使服役,也只是配角。所以,按爵傅籍的規定,係針對男性而言,女性不在其中。

又,《傅律》規定公士等之子"皆爲士五(伍)"。漢魏文獻、考古資料中"士伍"甚多,但迄今爲止,尚未見一例與女性相關,特別是吳簡中的士伍,均爲男性,女性未見有貫以士伍之稱者。這從另外一個方面證明,傅籍的對象專指男性,與女性無關。到漢景帝前元二年(前 155 年),這一規定就十分明確了:"令天下男子年二十始傅。"②有人認爲,僅令男子傅籍即從此時開始,並據此否定《漢舊儀》免老只用於男子的記載。玩味此令,其重點並不在於排除女子,專令男子傅籍,而是重在表示傅籍年齡的變化。顏師古就把握了這一精神,注云:"舊法二十三,今此二十,更爲異制也。"研究者又根據《鹽鐵論·未通》御史云昭帝"二十三始傅",認爲二十三傅籍始於昭帝,將其視爲景帝之前制度,是師古之誤。③其實,"始"未必表示二十三歲傅籍自昭帝開始,也可能是說昭帝時二十三歲開始傅籍,昭帝甚至景帝之前存在過同年齡傅籍的規定,與此並不矛盾。景帝"始傅"之"始"意思相同,只是表示景帝時男子傅籍年齡始於二十,並不表示從此開始女性才不必傅籍。女性不傅籍,漢初就已存在,只是相關規定比較模糊,景帝令不過將此進一步明確化而已。

女性無免老、不傅籍,在《二年律令·徭律》得到了明確反映:"委輸傳

① 彭浩等主編:《二年律令與奏讞書》,第 234 頁。
② [漢] 班固:《漢書》卷六《景帝紀》,第 141 頁。
③ 張榮强:《〈二年律令〉與漢代課役身分》,《漢唐籍帳制度研究》,第 38 頁。

送,重車、重負日行五十里,空車七十里,徒行八十里。免老、小、未傅者、女子及諸有除者,縣道勿敢繇(徭)使。"①此處將女子與免老、未傅者並列,意味着女子不在免老、未傅者範圍之内。女子無所謂免老,無所謂傅與未傅。

特殊人口中的罷癃,情況稍有不同,其中應包含了部分女性。《二年律令・户律》:"夫妻皆痊(癃)病,及老年七十以上,毋異其子。"夫妻身體殘疾或有嚴重疾病,不可以讓其子另立户籍。《徭律》:"諸當行粟,獨與若父母居,老如睆老,若其父母罷癃(癃)者,皆勿行。金痍、有□病,皆以爲罷癃(癃),可事如睆老。其非從軍戰痍也,作縣官四更,不可事,勿事。"②與父母同户,如父母罷癃,則不必服運輸之役。可以看出,罷癃不分性别。

但是,罷癃人口中,男性肯定多於女性。罷癃主要指身體殘疾,除天生殘疾外,多數殘疾係意外事故導致。男性或從事家中較重的體力勞動,或外出服役,其遭遇事故致殘的概率遠大於操持家務的女性。整理小組注:"金痍,兵器利傷。"則"金痍"者,指作戰中受傷的士兵,這部分人以罷癃對待。非從軍作戰受傷者,儘管在服役方面也有照顧,却不能視爲罷癃。士兵均爲男性,有了這條規定,罷癃人口中,男性無疑會進一步增多。

身材矮小者亦按罷癃對待,《傅律》:"當傅,高不盈六尺二寸以下,及天烏,皆以爲罷癃(癃)。"③傅籍目的是徵發徭役,如傅年已到,但身體羸弱,不堪徭役,年齡規定也就失去了意義,因此,政府以 6.2 尺作爲傅籍的輔助標準。如前所論,女性不傅籍,因此,因身材矮小被視爲罷癃者,應該全部爲男性。6.2 尺亦爲秦劃分女刑徒大、小的標準,睡虎地秦簡《秦律十八種・倉律》:"隸臣、城旦高不盈六尺五寸,隸妾、舂高不盈六尺二寸,皆爲小。高五尺二寸,皆作之。"④兩相對照,很容易認爲漢初以身高劃分罷

---

① 彭浩等主編:《二年律令與奏讞書》,第 248 頁。

② 兩律文見彭浩等主編:《二年律令與奏讞書》,第 226、247 頁。整理小組將"居老"解爲"免老",恐誤。"居"當上斷,意爲與父母同居者,父母達到老或睆老的年齡,可以不必服運糧之役,以便照顧年邁父母。

③ 彭浩等主編:《二年律令與奏讞書》,第 234 頁。

④ 睡虎地秦墓竹簡整理小組編:《睡虎地秦墓竹簡》,第 49 頁。

癃的規定包含了女性。其實,秦規定刑徒的大、小,主要是爲了分配廩食,廩食多少與身高成正比,[①]因此,政府會儘量將身高標準提高。漢代傅籍,主要標準爲年齡,身高僅爲輔助標準。因此,傅年到達後,只有身材相當矮小者,才可以視爲罷癃。也就是説,漢與秦相反,要儘量壓低身高標準,以保證達到傅年的百姓大多數能够傅籍。秦漢 6.2 尺約合今 1.43 米,作爲女性,這個身高當然不高,但似乎還算不上侏儒。假如漢律也針對女性,相當數量的成年女性將無須傅籍。所以,這一規定實際上排除了女性,只是以女性身高作爲判定成年男性罷癃與否的標準。身高降低即罷癃標準的提高,這樣,達到傅年的大多數男性必須傅籍,政府控制勞動力的目的將不會因爲罷癃的規定而受到太大影響。

　　一般情況下,男性因意外事故成爲罷癃的概率較女性爲高,而政府視爲罷癃的"金痍"者以及身材矮小者又均爲男性,據此可以推斷,《罷癃簿》中登記的罷癃人口肯定以男性爲主,女性只占其中很少一部分。

　　將免老、新傅、罷癃等另行統計的人口計入大男之中,大男、大女的比例如表三:

表三　大男、大女比例表

縣、侯國	大　男					大　女	比例1	比例2	比例3
	免老	新傅	罷癃	使大男	小　計				
江陵	538	255	363－X	4,721	5,877－X	6,761＋X	0.70	0.87	0.84
宜成	232	546	642－X	4,672	6,092－X	7,695＋X	0.61	0.79	0.74
臨沮	331	116	199－X	2,360	3,006－X	4,026＋X	0.59	0.75	0.72
安陸	67	19	28－X	475	589－X	818＋X	0.58	0.72	0.70

---

　　① 《倉律》同一條文中有相關規定:"隸臣妾其從事公,隸臣月禾二石,隸妾一石半;其不從事,勿稟。小城旦、隸臣作者,月禾一石半石;未能作者,月禾一石。小妾、舂作者,月禾一石二斗半斗;未能作者,月禾一石。"大、小規定入《倉律》,亦説明主要目的在分配廩食。提高廩食的身高標準,並不會影響刑徒承擔勞役,因爲凡達五尺二寸的男女刑徒,均要承擔勞動任務。

續　表

縣、侯國	大 男					大 女	比例 1	比例 2	比例 3
	免老	新傅	罷癃	使大男	小　計				
沙羨	92	50	51－X	585	778－X	959＋X	0.61	0.81	0.78
州陵	74	15	48－X	393	530－X	634＋X	0.62	0.84	0.79
顯陵	20	12	45－X	342	419－X	611＋X	0.56	0.69	0.65
便侯	250	123	307－X	1,781	2,461－X	2,994＋X	0.59	0.82	0.76
邔侯	267	220	275－X	3,624	4,386－X	5,664＋X	0.64	0.77	0.75
襄平侯	162	78	218－X	1,409	1,867－X	2,478＋X	0.57	0.75	0.70
總計	2,033	1,434	2,176－X	20,362	26,005－X	32,640＋X	0.62	0.80	0.76

[表注]

1. 資料來源：松柏漢墓 35、53 號木牘。

2. X：表示罷癃人口中未知的女性人口。－X 表示在相應人口中減去這些女性，＋X 表示在相應人口中加入這些女性。

3. 比例：比例 1 表示使大男、大女之比；比例 2 表示罷癃人口完全按男性計算時，大男、大女之比；比例 3 表示罷癃人口中的女性按各縣、侯國罷癃人口的 1/3 計算時，大男、大女之比。

　　根據比例 2，南郡地區大男、大女比例仍處於失調狀態，但較之使大男、大女比例的嚴重失調即比例 1 有了很大改觀。性別比最高的江陵，由過去的 0.70 上漲到 0.87，增長了 17 個百分點；最低的顯陵，由 0.56 上漲到 0.69，增長了 13 個百分點，平均比例則由 0.62 上漲到 0.80，增長了 18 個百分點。當然，實際比例要較比例 2 爲低，因爲罷癃人口中包含了部分女性，但比例 2 的統計結果並未將此計入。這些女性人口的確切數字無從了解，我們只知道數量較少。假如按罷癃人口的 1/3 計，那麼大男中須扣除這 1/3 的女性，大女中加入這些人口，重新計算，得大男、大女比例 3，平均比例爲 0.76，較使大男、大女之比增長了 14 個百分點。

　　上述論證使比例失調問題得到較大糾正，但並沒有完全解決，畢竟 0.76 的男女之比也算不上正常。孫吳嘉禾年間，長沙郡臨湘縣 15 歲以上的男女平均之比爲 0.90,較此高出 14 個百分點。[①] 兩者的差別,現在還找不到確切的答案,或者因爲時空的差異,兩者確實比例不同。又或者統計方式有所不同所致,吳簡的統計對象爲 15 歲以上者,而松柏木牘中的"使大男"究竟從何年齡計起,並不明確。[②] 不同年齡段的計算,不僅對大男、大女比例造成影響,對小男、小女的比例同樣影響巨大。簡報中提到的《歸義簿》《見卒簿》《置吏卒簿》尚未公布,其性質如何,不得而知。也許隨着對"使大男"概念的逐漸了解以及同墓其他木牘材料的公布,男女比例失調問題才會得到比較圓滿地解決。

　　——原載《國學的傳承與創新：馮其庸先生從事教學與科研六十周年慶賀學術文集》,上海：上海古籍出版社,2013 年。

[①]　于振波:《走馬樓户籍簡性别與年齡結構分析》,《走馬樓吳簡初探》,第 123 頁。于文未對 15 歲以上男女之比作出統計,但列出了各年齡段的男女人數。據此統計,所得比例爲 0.90。

[②]　彭浩認爲,使大男、大女指 15 歲以上的男性與女性,見其《讀松柏出土的西漢木牘(三)》。這是根據居延漢簡中的使男、使女以及此前學界的研究成果而下的結論。但是,畢竟此前没有出現過"使大男"這一概念,使大男與此前常説的 7—14 歲的使男是何關係,或許需要進一步考察。

秦漢時期的"老"

居延漢簡卒家屬廩食名籍有大男、大女、使男、使女、未使男、未使女、小男、小女等稱謂,未見老男、老女。《史記・項羽本紀》注引《漢儀注》:"年五十六衰老,乃得免爲庶民,就田里。"如淳據此認爲"過五十六爲老"。① 不過,廩食名籍中 60 歲的男性及 67 歲的女性未記爲"老",而是記爲"大男""大女"。對此楊聯陞提出了一個解釋:"五十六歲以上之男女,仍得統稱大男大女,不必稱老。"② 後出居延新簡及額濟納漢簡中分別有 63 歲的大男、62 歲的大女,③似乎佐證了這一看法。但是,杜正勝對此表達了不同意見:"漢人固有'老'的身份,屆'老'的年齡非五十六歲,而是七十歲。"④于振波對這一問題也有討論,按他所列表格,西漢中期以後的"老"包含在"大"中,似乎認同了楊聯陞的觀點,但他又具體界定了"老"的始齡,即 60 歲以上稱"老"。⑤

上述互有歧義的觀點使我們不得不思考如下問題:漢代是否存在與免役相對應的"老"這一特定稱謂? 如果存在,爲什麼年過 60 甚至 67 歲者仍稱"大男""大女"? 杜正勝的解釋正確嗎? 如果不存在,該如何理解傳世文獻及出土簡牘中的"老"? 本文將嘗試對這幾個問題作出解釋。

---

① 〔漢〕司馬遷:《史記》卷七《項羽本紀》,第 324 頁。
② 〔美〕楊聯陞:《漢代丁中、廩給、米粟、大小石之制》,《中國語文札記》,北京:中國人民大學出版社,2006 年,第 2 頁。
③ 甘肅省文物考古研究所等編:《居延新簡》,北京:文物出版社,1990 年,第 430 頁;孫家洲主編:《額濟納漢簡釋文校本》,北京:文物出版社,2007 年,第 32 頁。
④ 杜正勝:《編户齊民——傳統政治社會結構之形成》,第 13 頁。
⑤ 于振波:《"算"與"事"——走馬樓户籍簡所反映的算賦和徭役》,《走馬樓吴簡續探》,第 131 頁。

一、年齡、身高、稱謂與力役、賦税的關係

要回答"老"作爲一個特定稱謂是否存在,首先必須明確古人劃分"大""小""使""未使"(或包括"老")等稱謂的目的。

關於居延漢簡中"大""小""使""未使"等稱謂及其相應年齡段的劃分標準,主要有力役、賦税兩説。① 如果不拘泥於漢代而是向前追溯,我們傾向認爲,這些稱謂及年齡段的出現,是基於勞動能力劃分的。勞動能力的强弱有無,直接決定了政府對力役的派發,從這個角度説,政府區分稱謂和年齡段,是主要服務於力役之徵這一目的。《周禮·地官》敘述鄉大夫職責:"以歲時登其夫家之衆寡,辨其可任者。國中自七尺以及六十,野自六尺以及六十有五,皆征之。"兩鄭對"徵"的理解有所不同,鄭衆注爲徵役,鄭玄注爲徵賦。清代注釋家莊存與、江永、孫詒讓等人均力辯後者之非,認爲應以前者之注爲准。②《禮記·王制》:"五十不從力政,六十不與服戎。""政"即"徵",鄭玄注:"力政,城道之役也。"③可見,他對"徵"的理解,也不以徵賦爲准。"可任"指可以承擔職事力役。結合起來看,《周禮》記載的國野之徵,顯然是就力役而言的。

將年齡段與力役的輕重、有無相結合,在銀雀山漢簡中有更明確的體現:"□□□以上、年十三歲以下,皆食於上。年六十【以上】與年十六以至十四,皆爲半作。"④按整理者注,所缺三字當爲"年七十"。據此,當時的百姓被劃分爲1—13歲、14—16歲、17—59歲、60—69歲、70歲以上五個年齡段,分别與"食於上""全作""半作"相對應。整理者認爲,"食於上"指不負擔賦税徭役,這顯然犯了和鄭玄一樣的錯誤,因爲"食於上"是與"半

---

① 陳槃:《漢晋遺簡識小七種》,臺北:"中研院"歷史語言研究所,1975年,第27—30頁。近年來,有學者將這些稱謂視爲賦税和徭役的綜合體現,不過沒有進行具體論證,可參彭衛、楊振紅:《中國風俗通史·秦漢卷》,上海:上海文藝出版社,2002年,第354頁;趙寵亮:《先秦秦漢的年齡分層與年齡稱謂》,《湖南科技學院學報》2010年第2期,第9—10頁。
② 〔清〕孫詒讓:《周禮正義》卷二一《地官司徒·鄉大夫》,第840、842—843頁。
③ 〔清〕朱彬:《禮記訓纂》卷五《王制》,北京:中華書局,1996年,第205頁。
④ 銀雀山漢墓竹簡整理小組編:《銀雀山漢墓竹簡》〔壹〕,北京:文物出版社,1985年,第145、147頁。

作”相對而言的,而所謂“半作”,是指服半役而不是納半賦。因此,簡文對年齡段的劃分純以力役爲標準,與賦稅無關。

　　將年齡與力役而不是賦稅相聯繫,不僅見於上述資料,在漢人引述先秦制度的文獻中也屢見不鮮。孟氏《易》、《韓詩》云:“年二十行役,三十受兵,六十還兵。”①幾個年齡段對應的,儘管有“行役”與“受兵”之別,但均屬於廣義的力役範圍。《鹽鐵論·未通》載御史之言:“古者,十五入大學,與小役;二十冠而成人,與戎;五十以上,血脉溢剛,曰艾壯。”文學則曰:“十九年已下爲殤,未成人也;二十而冠;三十而娶,可以從戎事;五十以上曰艾老,杖於家,不從力役,所以扶不足而息高年也。”②御史與文學敍述古制各有視角,所以内容有異,但在將年齡與力役相聯繫這方面却没有本質區别。又《漢書·食貨志》:“民年二十受田,六十歸田。七十以上,上所養也;十歲以下,上所長也;十一以上,上所强也。”③顏師古注:“勉强勸之,令習事也。”可見,無論受田、歸田,還是所“强”、所“養”、所“長”的年齡段,都是以勞動能力的强弱有無劃分的,因此,班固敍述的雖然是授田之制,但却暗示着年齡與力役之間的密切關係。

　　除年齡之外,漢代之前對身高的劃分,同樣是從勞動力角度着眼的。上引《周禮》所記力役的徵發,結合了年齡和身高兩種因素,《吕氏春秋·上農》則單純以身高爲標準:“凡民自七尺以上屬諸三官,農攻粟,工攻器,賈攻貨。”④按《周禮》賈公彦疏,七尺爲20歲,20歲具備了完全的勞動能力,因此要從事農、工、商方面的活動。秦則把身高作爲區分“大”“小”的唯一依據:“隸臣、城旦高不盈六尺五寸,隸妾、舂高不盈六尺二寸,皆爲小;高五尺二寸,皆作之。”⑤法條先規定小隸臣妾、小城旦舂的身高,後規

---

①　[漢]鄭玄箋,[唐]孔穎達疏:《禮記正義》卷一三《王制》,[清]阮元校刻:《十三經注疏》,影印本,北京:中華書局,1980年,第1346頁。
②　王利器校注:《鹽鐵論校注》卷三《未通》,北京:中華書局,2015年,第212頁。
③　[漢]班固:《漢書》卷二四《食貨志》,第1120頁。
④　許維遹撰,梁運華整理:《吕氏春秋集釋》卷二六《上農》,北京:中華書局,2009年,第686頁。
⑤　睡虎地秦墓竹簡整理小組編:《睡虎地秦墓竹簡》,第49頁。

定"高五尺二寸皆作之",顯而易見,政府根據身高劃定刑徒的"大""小",主要目的是榨取其勞動力。秦徵發普通百姓是否以身高爲標準,史籍及出土資料未載,其對刑徒"大""小"的劃分,或許可以爲理解這一問題提供參照。①

一直到漢代早期,政府仍然把年齡、身高及稱謂與力役而不是賦税聯繫在一起。《二年律令・傅律》:

　　　　大夫以上年五十八,不更六十二,簪裊六十三,上造六十四,公士六十五,公卒以下六十六,皆爲免老。

　　　　不更年五十八,簪裊五十九,上造六十,公士六十一,公卒、士五(伍)六十二,皆爲睆老。②

關於"傅",如淳、荀悦理解爲服兵役,顔師古理解爲"著名籍,給公家徭役",兩者雖有差異,但兵役包括在廣義的力役範圍之内。免老、睆老的法律規定置於《傅律》而不是類似賦税類的篇目中,説明《傅律》規定的年齡和稱謂,是政府爲分派力役而制定的,《徭律》中"睆老各半其爵徭員"及免老、小未傅者服役的相關規定也可以證明這點。正常情況下,相應的年齡對應相應的身高,但也不排除到了傅籍的年齡,身高仍然比較矮小者,爲此《傅律》又規定:"當傅,高不盈六尺二寸以下,及天烏者,以爲罷癃。"罷癃即殘疾,《周禮・地官・大司徒》鄭玄注"寬疾":"若今癃不可事,不算

---

① 嶽麓書院藏秦簡有如下兩條法律規定:"典、老占數小男子年未盈十八歲及女子,縣、道嗇夫訾,鄉部吏貲一盾,占者貲二甲,莫占吏數者,貲二甲。""其小年未盈十四歲者,樗作事之,如隸臣妾然。"(陳松長主編:《嶽麓書院藏秦簡》[肆],上海:上海辭書出版社,2015年,第42、47頁)按前者,似乎秦代百姓"小"的劃分以年齡爲標準,但我們未嘗不可以這樣理解:百姓力役之微之"大""小"本以身高爲標準,但占籍時,排除了"小男"中未滿18歲者。也就是説,18歲不是"大""小"的界綫,而是"小男"占籍與否的界綫。退而言之,即使18歲確實爲"大""小"的界綫,也是對占籍而言,是否適用於力役,仍有疑問。此條文由兩簡組合而成,内容有不可解之處:爲何18歲以下的小男無須登記注册?究竟是兩簡拼接有誤,還是本文理解有誤,目前難下結論。後一條中,"樗作"指"小年未盈十四歲者"聚集在一起勞作。按整理者注,"事之"指政府役使他們,似乎説明歲數是勞作的標準。但兩者結合在一起,文意扞格不通,頗疑兩簡拼接有誤。按現在的釋文,"小年未盈十四歲者"身份難以確定,如果和"小男子年未盈十八歲"一樣也指普通百姓,恰好反映歲數並非劃分百姓"大""小"的標準,而是對6.5尺以下"小男"的進一步區分。

② 彭浩等主編:《二年律令與奏讞書》,第231—232頁。

卒,可事半之也。"①6.2 尺身材過於矮小,沒有承擔全役的能力,因此只能將其當成可服半役的殘疾人。這進一步反映,漢律對年齡、身高、稱謂的劃分,是主要服務於力役這一目的的。

綜上所述,先秦時期對年齡、身高、稱謂的區分,主要考慮了勞動能力這一因素,延伸到政府那裏,就成爲徵發力役的依據。這種情況到漢代早期依然如故,如果説有變化,也只是年齡、身高的升降和稱謂的增減而已。

先秦基於力役而不是賦税的角度區分年齡、身高和稱謂,是可以理解的。中國古代百姓對國家應盡的義務主要表現爲力役和賦税,衆所周知,井田制時代,百姓以共耕公田的形式爲國家和貴族提供財政收入,此時國家沒有必要關注百姓的年齡、身高,自然也沒有必要制定相應的稱謂。春秋時期,各國財政收入主要由賦、税組成,賦、税固然分立,但是,兩者均係按田地數量徵收;戰國時期,賦、税合二爲一之後,仍然以田地爲徵課對象,與人身無關。② 在這種情況下,建立於人身基礎之上的年齡、身高、稱謂,對賦税而言沒有任何意義。與賦税的情況相反,伴隨着封建性依附關係的瓦解,國家的力役資源主要來自新興的自耕小農階層。如何在最大限度榨取力役的同時又不使自耕小農破産,是當時任何國家必須考慮的一個重要問題,按年齡段或者身高或者兩相結合徵發力役,因此成爲唯一可行的途徑,而在這一基礎上産生的"大""小"等各種稱謂,當然也繼續發揮着徵派力役的作用。漢代早期去古未遠,而且力役的徵發相當繁重,繼承此前的做法可謂順理成章。繼承不意味着沒有發展,這些發展包括役齡的變化、稱謂的增加等,但無論如何,年齡、身高、稱謂的劃分仍然主要是爲徵發力役服務的。

強調年齡、身高、稱謂在漢代仍然服務於力役,並不排除它們與賦税可能存在的關係。畢竟漢代的算賦、口賦已轉向按人徵收,其中又有成年

---

① [清]孫詒讓:《周禮正義》卷一九《地官·大司徒》,第 746 頁。
② 戰國賦、税關係的演變及按田地徵收,可參李劍農:《中國古代經濟史稿》(第一卷),武漢:武漢大學出版社,1990 年,第 92—99 頁;張金光:《秦制研究》,第 186—189 頁。

人和未成年人的區別,①而服務於力役的年齡段則是按勞動能力劃分的,兩者存在不少相通之處。在這種情況下,將現有的年齡段直接與算賦、口賦的徵收結合起來,是極其自然的事情。《後漢書·光武帝紀》注引《漢儀注》:"人年十五至五十六出賦錢,人百二十,爲一算。又七歲至十四出口錢,人二十,以供天子。至武帝時又口加三錢,以補車騎馬。"②繳納賦錢、口錢的年齡段恰與居延漢簡中"大""使""未使"對應的年齡段相合,因此學界經常將兩者聯繫起來考慮,認爲這些稱謂是爲賦稅而設的特定概念。但是,此前對年齡、身高、稱謂的區分是完全服務於力役的,而在《二年律令》中,這種特點仍然表現得相當突出,直到魏晉南北朝隋唐時期,按年齡劃分的黃、小、次丁、正丁、老等稱謂仍然主要服務於力役而不是賦稅。所以,漢代徵收算賦、口賦的年齡段係借用了爲力役而設的年齡段,將賦稅視爲劃分年齡段和稱謂的原因,未免有本末倒置之嫌。

其實,出土資料所見"大""小",與賦稅的關係並不密切,而是經常用作廩衣、廩食的標準,居延漢簡反映的是卒家屬廩穀的情況,下文所舉睡虎地秦簡、張家山漢簡,反映的是秦和漢代早期的冗作者、徒隸廩衣、廩食的情況。秦律規定了廩食的"大""小"身高標準:"隸妾、舂高不盈六尺二寸,皆爲小。"這與《傅律》基於力役之徵以 6.2 尺以下爲殘疾的規定相同。一般情況下,政府首先考慮的,是百姓應承擔的義務,其次才會考慮其應享有的權利,因此,數字的相同不是偶合,而是政府制定廩食標準時,參照或借用了徵發力役的標準,況且食量大小本來與勞動能力存在着密切的關係。

有學者對"大""小""使""未使"等稱謂與力役的關係提出如下質疑:既然 15 歲以上的男女服役,何以稱"大男""大女",而不是像 7—14 歲的

---

① 《法律答問》:"可(何)謂'匿户'及'敖童弗傅'? 匿户弗繇(徭)、使,弗令出户賦之謂殹(也)。"(睡虎地秦墓竹簡整理小組編:《睡虎地秦墓竹簡》,第 222 頁)《晋書·李特載記》:"秦併天下,以爲黔中郡,薄賦歛之,口歲出錢四十。"([唐]房玄齡等:《晋書》卷一二〇《李特載記》,第 3022 頁)據此,秦存在户賦和口賦,但户賦以户爲徵收單位,口賦按口數徵收,均與年齡、身高無關,不同於漢代的算賦、口賦。

② [南朝·宋]范曄:《後漢書》卷二《明帝紀》,第 74 頁。

男女一樣,稱"使男""使女"? 既然1—6歲的未使男、未使女不服役,爲何與使男、使女同稱爲小男、小女?[①] 第一個疑問隨着近些年簡牘資料的出土,已經不是問題。《二年律令·金布律》有"使小男""使小女"與"未使小男""未始小女"等稱謂,紀南松柏漢墓則有"使大男"稱謂。廪食名籍之所以没有使用這些完整的稱謂,是因爲名籍爲廪食而制,"大""使""未使"已經可以代表三個群體不同的廪食數量了,因此予以省略,當然,嚴格説來,這種寫法是不規範的。第二個問題應該與歷史上對"大""小"的認識有關。以年齡而論,古人一般認爲15歲是成人與否的界限,前引《周禮·地官》將6尺作爲徵發野中之民的標準,按賈公彦疏,6尺爲15歲。力役根據大、小徵發,"大""小"稱謂應該是最早也最容易産生的,而其界限就是15歲。以後隨力役制度的逐步完善,出現了半役,其他稱謂相應而生,但所有這些稱謂均爲"大""小"所涵蓋。14歲以下的"使男""使女"固然可以徵發半役,但並未脱離傳統的"小"的範圍,這樣,原來不服力役的"小"就包括了"使"和"未使"兩個群體。這樣歸類確實不太科學,但這些稱謂既有繼承又有發展,出現這種矛盾可以説在情理之中。問題的解決還需要一個相當長的過程,西晋創立丁中制,擺脱了過去的傳統,受人指責的這一問題也就銷聲匿迹了。

二、力役制度下的"老"與睆老、免老

"大""小""使""未使"等稱謂是基於力役徵發而産生的概念,那麽,秦漢時期是否存在表示免除力役的"老"這一特定稱謂呢? 如果先説結論,我認爲,至少在漢武帝以前並不存在。

杜正勝明確指出,漢代兵役、徭役俱免的"老"的始齡爲70歲。傳世文獻没有直接提供這方面的資料,杜正勝以武威磨咀子漢墓出土的《王杖十簡》作爲證據:"制詔御史曰:年七十受王杖者,比六百石。"[②]以此論證

---

① 陳槃:《漢晋遺簡識小七種》,第30頁;耿慧玲:《由居延漢簡看大男大女使男使女未使男未使女的問題》,《簡牘學報》1980年第7期,第266—267頁。
② 李均明、何雙全編:《散見簡牘合輯》,第4頁。

漢代存在“老”且其免役年齡在 70 歲,是存在問題的,因爲詔書是對高年賜王杖及王杖持有者所享特權的規定,與年老免役沒有任何關係。與《王杖十簡》同墓出土的《王杖詔書令》也有 70 歲受杖的相同内容,此外,還分别涉及 60 歲和 80 歲的老人:

> 制詔御史:年七十以上,人所尊敬也,非首殺傷人,毋告劾也,毋所坐。年八十以上,生日久乎? 年六十以上毋子男爲鯤,女子年六十以上毋子男爲寡,賈市毋租,比山東復。①

有意思的是,對於相同的資料,于振波作出了與杜正勝不同的選擇,他以 60 歲作爲“老”的始齡。60 歲較 70 歲更符合一般人對“老”的始齡的認識,但這並不意味着據此作出的解釋就是正確的,畢竟 60 歲以上老人經商免租與“老”免力役性質不同,更何況還有“毋子男”的限定條件呢。老人受特殊照顧並不僅見於上述詔令,《漢書》《後漢書》所載優恤老人詔中,80 歲以上賜米、肉、酒,90 歲以上賜帛、綿的例子比比皆是。如果純粹從優恤角度來界定“老”,也未嘗不可以將這些年齡視爲“老”的始齡,但這兩個歲數已經完全超出了我們對“老”的始齡的認知,因此不會有任何人提出或認同這一説法。可以看出,當我們試圖根據受到特殊照顧的老人來界定“老”的始齡時,往往會依據通常的認識作出判斷,這種先入爲主的做法當然是不妥當的。

如前文所引,《二年律令・傅律》規定了上自大夫以上下至公卒、士伍的免老年齡,同律亦記載有受杖的法條:

> 大夫以上年七十,不更七十一,簪裏七十二,上造七十三,公士七十四,公卒、士五(伍)七十五,皆受仗(杖)。②

受杖和免老一樣,依爵位爲標準,爵位不同,受杖、免老的歲數有異。兩相對照,從大夫以上,下至於公卒、仕伍,在同一級别中,受仗和免老的歲數

① 李均明、何雙全編:《散見簡牘合輯》,第 15 頁。
② 彭浩等主編:《二年律令與奏讞書》,第 231 頁。

各不相同,後者均低於前者。持杖者不僅"入官廷不趨",而且享有"犯罪耐以上,毋二尺告劾,有敢徵召侵辱者,比大逆不道"的特權,可以説,擁有了王杖,就擁有了特權;而免老不過是免除了對國家應盡的義務,無任何特權可言,免老和持杖者之間存在相當大的差距。在成帝時期的東海郡《集簿》中,80、90 歲以上的老人分别爲33,871、11,670 人,而70 歲以上受杖者僅 2,823 人,①甚至遠低於 90 歲以上的老人總數,如果將 70 歲以上的老人也考慮在内,那麽受杖者所占的比例就更低了。邢義田甚至認爲庶人不在受杖之列②,而我們知道,庶人恰恰是力役的主要承擔者,當然也是免老的主體。據此我們可以推斷,宣帝和成帝時期即使存在"老",其始齡也低於 70 歲的受杖年齡。

　　傳世文獻中幾乎未見免役之"老"的記載。《禮記·曲禮》將 70 歲的老人稱爲"老":"六十曰耆,指使;七十曰老,而傳。"鄭玄注"指使":"指事、使人也。六十不與服戎,不親學。"注"傳":"傳家事,任子孫。"③從鄭注看,70 歲的"老"指不再處理家事,而是將其交給子孫,不同於免役之"老";倒是 60 歲的老人開始不再勞作,不服兵役,與免役之"老"較爲接近,但却稱爲"耆"而不是"老"。另外一例爲前文所引如淳對《史記·項羽本紀》"發關中老弱未傅悉詣滎陽"的注解:"未二十三爲弱,過五十六爲老。""弱"和"小"不同,從未成爲與力役有關的特定稱謂,司馬遷、如淳以"老"和"弱"相對,似乎説明他們並不把"老"視爲特定的稱謂,"老弱"只是一種習慣性的説法。所謂"過五十六爲老",來源於《漢儀注》的如下内容:"年五十六衰老,乃得免爲庶民。"這一記載確實意味着 56 歲免除了力役,這個歲數應該就是杜正勝、于振波所説的"老"的始齡。不過,《漢舊儀》記爲"衰老"而不是"老","衰老"同樣不是一個特定的稱謂,這未免使人懷疑,免役性質的"老"到底是否存在? 如淳所謂的"老",不過是自己對《漢

---

　　① 連雲港市博物館等編:《尹灣漢墓簡牘》,北京:中華書局,1997 年,第 78 頁。
　　② 邢義田:《張家山漢簡〈二年律令〉讀記》,《地不愛寶:漢代的簡牘》,北京:中華書局,2011 年,第 185 頁。
　　③ 朱彬:《禮記訓纂》卷一《曲禮》,第 8 頁。

儀注》的理解罷了,而他又以此注解《史記》,從而給人以漢代早期已經存在免役之"老"的感覺。

按楊聯陞的看法,56 歲以上的男女"仍得統稱大男大女,不必稱老",從表述看,他没有直接否定"老"的存在。這種謹慎的態度是有道理的。目前所見廩名籍中,56 歲以上的男女人數不多,不能排除書手抄寫不規範以及抄寫時出現錯訛的可能性,因爲這樣的情況在廩食名籍中是有例可循的。例如,14 歲以下的男女或記爲"使""未使",或記爲"小",這是不規範的表現;而"子女曾年一用穀八斗",則可能漏記了"小"或"未使",這是錯訛的表現。准此,當時也可能存在"老",但如同"未使"可以稱"小"一樣,書手只是將 56 歲以上的男女記成了"大";又或者這些人本來就屬於"大",只是書手錯記了他們的年齡。因此,僅根據廩名籍否定"老"的存在,有以偏概全之嫌。不過,近年來出土的里耶秦簡説明,秦似乎確實不存在"老"這一稱謂。

已公布的里耶秦簡中,老男、老女迄今爲止尚無一見,與此形成鮮明對比的是,"大男""大女""小男""小女"等稱謂在里耶秦簡中屢見不鮮。我做過大略統計,除户籍簡外,目前已公布的里耶秦簡記録"大男"7 例、"大女"28 例、"小男"20 例、"小女"14 例。[①] 除良民外,賤民和刑徒也以"大""小"而不是"老"加以區分,類似"大奴""小奴""大隸臣""大隸妾""小城旦""小春"的例子相當之多。

這種差别在對各户分類及家庭成員分類的秦簡中同樣有所體現:

☒ □□二户

大夫一户

大夫寡三户

---

① 可參陳偉主編:《里耶秦簡牘校釋》(第一卷),武漢:武漢大學出版社,2012 年;張春龍:《里耶秦簡所見的户籍和人口管理》,中國社會科學院考古研究所等編:《里耶古城·秦簡與秦文化研究》,北京:科學出版社,2009 年,第 190—194 頁。統計時,"小上造""小公士"視爲"小男"。兩文獻内容相同的,不再重複計算。前者"大男""大女""小男""小女"分别爲 6 例、20 例、15 例、7 例,後者分别爲 1 例、8 例、5 例、7 例。

不更一户

小上造三户

小公士一户

士五七户

司寇一户▨

小男子□▨

大女子□▨

凡廿五▨（8－17）①

南里户人官大夫　　布　　▨

口數六人▨

大男子一人▨

大女子一人▨

小男子三人▨（9－2295）②

8—17 簡可能是對某里所轄民户的分類，其中未見老男、老女户；J1⑨
2299 簡係對某大夫家庭成員的分類，同樣未見老男、老女。當然，以此證
明"老"不存在是有瑕疵的，因爲在某里中，可能本來就不存在老男、老女
户；而某大夫家庭不存在老男、老女的概率會更高。

　　里耶秦簡材料的局限性限制了我們得出肯定性的緒論，但進入西漢，
這個問題得到了極大的緩解。2008 年，荆州紀南松柏漢墓《二年西鄉户
口簿》問世，幾乎可以確證不存在"老"這一稱謂。《户口簿》具體內容
如下：

　　二年西鄉户口簿

　　户千一百九十六，息户七十，耗户三十五，相除定息四十五户。

　　①　里耶秦簡博物館、出土文獻與中國古代文明研究協同創新中心中國人民大學中心編著：《里
耶秦簡博物館藏秦簡》，第 164 頁。
　　②　湖南省文物考古研究所編著：《里耶秦簡》［貳］，北京：文物出版社，2017 年，第 88 頁。

大男九百九十一人,小男千四十五人,大女千六百九十五人,小女六百四十二人;息口八十六人,耗口四十三人,相除定息口四十三。・凡口四千三百七十三人。①

户口簿屬漢武帝時期,備列二年西鄉户口總數及增減情況,口數方面分列有大男、大女、小男、小女的具體人數。但 4,373 人中,却没有一個老男、老女。對此,彭浩的解釋是,到達免役年齡不再承擔勞役,另行統計。②劉瑞也認爲,免老、罷癃等不計入當地每年户口統計的總數之内。③但是,這些看法值得商榷。首先,按標題看,《户口簿》所列應爲西鄉總人口。如果因爲存在單獨的免老簿、罷癃簿,就將兩者排除在人口總數之外,那麼,據此也可以將新傅、歸義者、復事算者、見卒、吏卒等群體排除在外,因爲這些群體同樣各有簿册。④其次,《户口簿》統計了小男、小女。我們知道,部分小男、小女與免老一樣,也不承擔力役,既然這部分小男、小女在統計之列,《户口簿》没有理由將免老排除在外。最後,政府建立《户口簿》的目的是了解和掌握全國人口總數的變動情況,以作爲徵賦派役的基礎。如果各鄉不統計總口數,這項工作由哪一級政府完成? 難道縣、郡也不統計各自的總口數,最後由中央統計嗎? 各級機構統計各自的總口數是比較簡單的,但全部由中央完成,就是一項相當繁重的工作了。難道漢政府會棄簡就繁,自找麻煩嗎? 劉瑞認爲,鄉以上的縣、郡、侯國甚至全國的户口總數也不包括罷癃、免老等人口。這意味着各級政府特別是中央掌握的户口數是殘缺不全的,這樣的户口册即令存在,其價值和意義也令人生疑。東海郡《集簿》在記録本郡總口數後,又分列男、女人數,其下特別記録年 70 以上的受杖人數及 80、90 歲以上老人的總口數,⑤這充分説明,各級政府登録的人口總數包括了免除力役的老人。

① 荆州博物館編著:《荆州重要考古發現》,第 211 頁。
② 彭浩:《讀松柏出土的西漢木牘(二)》。
③ 劉瑞:《松柏漢墓出土〈二年西鄉户口簿〉小考》。
④ 松柏木牘有新傅簿、歸義簿、復事算簿、見(現)卒簿、置吏卒簿等,可參荆州博物館:《湖北荆州紀南松柏漢墓發掘簡報》,《文物》2008 年第 4 期,第 29 頁。
⑤ 連雲港市博物館等編:《尹灣漢墓簡牘》,第 77—78 頁。

所以,《西鄉户口簿》人口總數中没有排除免役的老人,而是將其與大男、大女統計在了一起。可以進一步證明這點的,是秦漢法律中關於冗作者、徒隸廩衣食的規定:

> 隸臣妾其從事公,隸臣月禾二石,隸妾一石半;其不從事,勿稟。小城旦、隸臣作者,月禾一石半石;未能作者,月禾一石。小妾、舂作者,月禾一石二斗半斗;未能作者,月禾一石。

> 稟衣者,隸臣、府隸之毋(無)妻者及城旦,冬人百一十錢,夏五十五錢;其小者冬七十七錢,夏卅錢。舂冬人五十五錢,夏卅錢;其小者冬卅四錢,夏卅三錢。隸臣妾之老及小不能自衣者,如舂衣。①

> 諸冗作縣官及徒隸,大男,冬稟布袍表裏七丈、絡絮四斤,绔(袴)二丈、絮二斤;大女及使小男,冬袍五丈六尺、絮三斤,绔(袴)丈八尺、絮二斤;未使小男及使小女,冬袍二丈八尺,絮一斤半斤;未使小女,冬袍二丈、絮一斤。②

前兩條中,廩食較多的隸臣妾及廩衣錢數較多的城旦舂未注明"大",但簡文將其與小隸臣妾、小城旦舂對舉,無疑指大隸臣妾、大城旦舂。第三條中,使小男、未使小男、使小女、未使小女等是小男、小女的進一步劃分。三條律文對"大""小"的廩衣廩食均有明確規定,却唯獨没有涉及"老"。老冗作者、老徒隸同樣供役於官府,没有被排除在外的道理,之所以不見蹤影,只有一種解釋,即他們被大冗作者和大徒隸涵蓋了。第二條中出現了"隸臣妾之老及小",這很容易給人造成錯覺:表示特定稱謂的"老"是存在的。三條律文中,其他包括在"大"中的老年人,廩衣廩食與"小"均有差别,而且有男女之分,但此處老隸臣妾與小隸臣妾廩衣相同,老隸臣與老隸妾亦無區别。政府規定他們"如舂衣",顯然屬於救濟性的措施,"能自衣"的老隸臣妾是不能享受這一待遇的。此處的"老"包括了"能自衣"與"不能自衣"的兩種老年人,不具有特别的含義和整齊劃一性,與表示特

---

① 睡虎地秦墓竹簡整理小組編:《睡虎地秦墓竹簡》,第49、67—68頁。
② 彭浩等主編:《二年律令與奏讞書》,第250頁。

定稱謂的"老"性質不同。

上述律文中不存在"老"是可以理解的。正常情況下,未成年人和成年人對衣服、食量的需求有較大的差別,因此兩者廩衣、廩食有所不同。但是,成年人和老年人的差別並不明顯,特別在穿衣方面,由於身高基本没有變化,兩者需求幾乎完全相同。相對而言,老年的食量小於壯年,但從壯年到老年,食量的遞減極爲細微,很難劃出一條截然不同的界限。在這種情況下,要保證老年人吃飯穿衣的基本需要,廩衣、廩食時,只能把他們歸入"大"中,按照"大"的標準發放。

在《西鄉戶口簿》和廩衣、廩食的規定中,老年和壯年一樣,統稱爲"大",不過,《西鄉戶口簿》只是徵役的基礎而不是徵役的直接依據;廩衣食參照了徵役的標準,但仍然不是徵役。那麽徵役時,是否有"老"這個特定的稱謂呢?迄今爲止,没有發現將所有特定稱謂包括其中的派發力役的資料,但是,漢代除免老外,如前文所引,尚有免半役的睆老。既然免老、睆老針對徵役而設,那麽徵役時,他們必定以獨立的群體存在,而不是像《戶口簿》和《廩食簿》那樣,和壯年人一體籠統地稱爲"大"。免老和睆老代表了所有的老年人,當他們以各自的名目出現在相關法律條文中,必然排擠"老"這一稱謂的存在空間。如果杜正勝等人所説的免全役的"老"存在,"免老"這個稱謂就没有存在的必要;如果"老"作爲特定稱謂,代表免全役和免半役的老年人,免老和睆老則無存在的必要,而且即令這樣的"老"存在,也會造成派役的混亂。由於這個原因,漢代徵役時,不使用"老"這一模糊籠統的稱謂,而是使用含義明確的免老或睆老,如《徭律》規定委送傳輸,"免老、小未傅者、女子及諸有除者,縣道勿敢繇(徭)使"。[1]顯然,如果"免老"替換成"老",縣道派役時,對於是否派發睆老將感到無所適從。目前所見《傅律》有睆老、免老而無"老",雖然未見不一定意味着不存在,但考慮到"老"含義的模糊以及與免老、睆老存在衝突的事實,當時應該不存在這一稱謂。

―――――――――――

[1]　彭浩等主編:《二年律令與奏讞書》,第248頁。

　　從免全役的角度看，免老與學界通説認爲的"老"性質相同，不過，兩者畢竟名稱有別。將免老稱爲"老"，是研究者的自行命名，這與當時實際存在"老"不是一回事。《二年律令·徭律》："諸當行粟，獨與若父母居老如睆老，若其父母罷癃（癃）者，皆勿行。"①整理者釋"居老"爲免老，但未提出證據。史籍無"居老"一詞，"居"屬下讀亦不成句，應上讀。嶽麓新出秦簡《徭律》相關條文可以與此對讀："敖童當行粟而寡子獨與老父老母居，老如免老，若獨與癃（癃）病母居者，皆勿行。"②"老如免老"之"老"即"老父老母"，不僅包括免全役的免老，還包括其他老人，而這種老人可能就是《二年律令》中的睆老。秦、漢律分別規定與"老如免老""老如睆老"同居者不必"行粟"，兩者雖内容有別，但結合在一起恰好可以説明，當時的"老"既不等同於睆老，也不等同於免老，而是兩者的概括性稱呼。所以，《二年律令·傅律》中的"老"與"睆老"不是並列關係，而是後者修飾前者，與整理者解釋爲"免老"恰恰相反，意指"睆老"這樣的老人。

　　學界同樣將秦律中的"老"視爲免老。《秦律雜抄》："百姓不當老，至老時不用請，敢爲酢（詐）僞者，貲二甲。"整理者注："老，即免老。"上引秦《徭律》可以證明這一解釋未必正確，《法律答問》中的法條也可作爲旁證："免老告人以爲不孝，謁殺，當三環之不？"如"老"即免老，《秦律雜抄》爲何不直接記爲"老"？可以直接證明"老"非免老的，是《秦律十八種·倉律》中的條文："隸臣欲以人丁粼者二人贖，許之。其老當免老、小高五尺以下及隸妾欲以丁粼者一人贖，許之。"③律文以"免老"限定"老"，意即只有免老的隸臣可以贖免，這意味着尚有未届免老標準的其他老隸臣，他們是不可以贖免的。

　　除免老外，也許秦已經有了睆老，漢律中的免老和睆老或許即承襲秦制而來。睆老享受半役的特權，毫無疑問，他們達到這一標準時，和免老

　　①　彭浩等主編：《二年律令與奏讞書》，第 247 頁。
　　②　陳松長主編：《嶽麓書院藏秦簡》［肆］，第 120 頁。
　　③　三條律文見睡虎地秦墓竹簡整理小組編：《睡虎地秦墓竹簡》，第 143、195、53—54 頁。

一樣,也必須向政府申報,《秦律雜抄》中報請政府的"老"大概指的就是免老和睆老。顯而易見,這裏的"老"並非免除全役,只是由於兩者都有申報的義務,所以律條不再加以區分,而在其他律條中,仍通過種種限定,將兩者有意識地區別開來。至於《爲吏之道》中提及的"孤寡窮困,老弱獨轉""老弱癃病,衣食飢寒",不用説,是廣義範圍上的"老",與徵發力役的"老"沒有關係。因此,秦代和漢代早期一樣,不存在免除全役的"老"。

我們知道,"使小"和"未使小"總稱爲"小",那麼,爲什麼免老、睆老没有總稱爲"老"? 簡而言之,爲什麼固定稱謂中有"小"而没有"老"? 由於資料的限制,圓滿地回答這一問題是比較困難的,在此只能做一推測。如前文所述,徵發力役可以考慮年齡和身高兩個因素,但就樸素的認識而言,身高更爲重要,因此,古代爲徵發力役創設層級標準時,是以身高爲依據的。正常情況下,未成年人與成年人相比,身高明顯偏矮,據此可以對兩者有一個大致的判斷,這樣就出現了"大""小"稱謂。相反,從成年到老年,身高不會發生明顯的變化,據此區分兩者是比較困難的,這樣,以身高爲標準創設稱謂,"老"就失去了存在的依據,只能將其與成年人合併爲一個群體。《周禮·地官》記載徵發力役,老年人以年齡爲准,其他人以身高爲准,雙重標準映射出純粹以身高作爲徵發標準的不足和尷尬。秦始皇十六年"令天下男子自書年"以後,年齡可能逐漸取代了身高,《周禮》所載年齡或許是此後撰寫者的添加,未必代表當時有年齡標準。

改變制度的條件具備了,不意味着制度立刻發生革故鼎新的變化,相沿成習的思維慣性將使原來的制度在相當長的時期内維持穩定,在没有受到外力的壓迫下尤其如此。力役稱謂的沿習表現爲,在年齡標準産生以後,並没有據此立即創設"老"這一稱謂。當然,也不是毫無變化,免老和睆老即是依據年齡創設的兩個新稱謂。新稱謂的産生,爲更爲科學、合理地派發力役提供了出路,但在並非直接派役的情況下,依然將其歸入"大"中,則是對舊制度的沿習。繼承和發展,在先秦秦漢時期的力役稱謂中得到了典型的體現。

綜合以上所論,秦及西漢前期,在爲徵派力役提供基礎的《户口簿》及借鑒徵役標準設定的廩衣、廩食標準中,是不存在"老"這一稱謂的,老年和壯年一樣,全部被歸入了"大"這一群體。徵派力役時,老年固然和壯年區分開來,但他們却分別以免老和睆老的名目存在。免老、睆老表示免除全役和半役,這樣,表示免除全役的"老"就失去了存在的價值。秦漢法條中的"老"涵蓋了免老和睆老,與學界所説的"老"是兩個概念,單就免除全役的"老"而言,當時是不存在的。至於這種性質的"老"在漢代是否存在,如果存在,開始於何時,由於資料的局限難下結論,我們能够知道的是,至少到漢武帝建元二年也就是《西鄉户口簿》製作的時期,免除全役的"老"仍未出現。

三、刑法制度下的"老""小"

有研究者認爲,先秦秦漢産生的年齡分層和年齡稱謂對後世産生了深遠的影響,賦役責任、國家福利、量刑標準、廩受衣食標準、工作量標準都與此密切相關。[①] 從現有資料看,徵收賦税、廩受衣食及工作量分配的標準或與基於力役徵發産生的稱謂有一定關係,但量刑標準使用的稱謂却是另外一個體系,與力役稱謂名同實異。《周禮·秋官·司刺》:"壹赦曰幼弱,再赦曰老旄,三赦曰憃愚。"幼弱、老旄年齡不明,按經學家注釋,老旄有 70、80、90 歲三説。[②] 但無論哪個歲數,均已超過了《二年律令》規定的公卒以下 66 歲免老的年齡界限,經學家理解互有歧義而且歲數相差如此之大,似乎反映"老旄"不是一個特定的稱謂。秦律規定,隸臣監領的城旦逃亡,妻、子没收爲奴,"子小未可别,令從母爲收"。[③] "小"以能否與母親分離爲標準,是相當有彈性的,這完全不同於力役制度下依據身高或年齡界定的"小"。《二年律令·具律》也有矜恤老、小的相關規定:

　　　城旦舂有罪耐以上,黥之。其有贖罪以下、及老小不當刑、刑盡者,皆笞百。

① 趙寵亮:《先秦秦漢的年齡分層與年齡稱謂》,《湖南科技學院學報》2010 年第 2 期,第 10 頁。
② [清]孫詒讓:《周禮正義》卷六六《秋官·司刺》,第 2843—2844 頁。
③ 睡虎地秦墓竹簡整理小組編:《睡虎地秦墓竹簡》,第 201 頁。

人奴婢有刑城旦舂以下至隸（遷）、耐罪，黥顏（顏）頯畀主，其有
贖罪以下及老小不當刑、刑盡者，皆笞百。①

"刑"指斷肢體、刻肌膚的肉刑，而非一般意義上的刑罰。② 兩條律文規
定，不應受肉刑處罰的老、小城旦舂及奴婢犯贖罪以下的罪行，均應笞百。
刑罰的一致性説明，在老、小各自的範圍内，不再劃分年齡層級，而是按統
一的年齡綫免除肉刑，處以笞刑。

《二年律令·具律》："公士、公士妻及□□行年七十以上，若年不盈十
七歲，有罪當刑者，皆完之。"③據此，老、小免受肉刑的歲數，分别爲 70 歲
以上和 17 歲以下。《漢書·惠帝紀》載惠帝詔："民年七十以上若不滿十
歲有罪當刑者，皆完之。"④此詔上文規定上造以上等有罪當刑者耐爲鬼
薪白粲，《具律》上引文之前的律文與此相同，可見，兩者出自同一文本，只
是有 17 歲和 10 歲之别。所謂"完之"，並非不予處罰，只是不施加肉刑，
但耐刑並不免除。按詔書的規定，十歲以下的兒童犯任何罪，均處以耐
刑，但這與《具律》"有罪年不盈十歲，除；其殺人，完爲城旦舂"的規定相矛
盾。因此，詔書在傳抄過程中可能漏寫了"七"字，免肉刑的年齡界綫當以
《具律》所載爲准。⑤ 綜合兩者看，漢初 70 歲以上、17 歲以下的公士及平
民犯罪，可免除肉刑。城旦舂、奴婢中的老、小不受肉刑，應該也參照了這
一年齡規定。⑥

無論 17 歲還是 70 歲，均不同於徵發、免除力役的年齡標準，而且"老
小不當刑、刑盡者皆笞百"之"老""小"不劃分年齡層級，而力役下的"老"
則有免老與睆老之分，"小"有使與未使之分。年幼者犯罪固然有層級之
分，但却以 10 歲爲界，不同於力役年齡的 7 歲。所以，漢初刑律下的年齡

① 彭浩等主編：《二年律令與奏讞書》，第 127、141 頁。
② 李均明：《張家山漢簡所反映的適用刑罰原則》，《簡牘法制論稿》，桂林：廣西師範大學出版
社，2011 年，第 21 頁。
③ 彭浩等主編：《二年律令與奏讞書》，第 124 頁。
④ ［漢］班固：《漢書》卷二《惠帝紀》，第 85 頁。
⑤ 韓樹峰：《完刑、耐刑與徒刑》，《漢魏法律與社會》，第 4—8 頁。
⑥ 需要指出的是，城旦舂、奴婢與公士、平民只是免除肉刑的年齡相同，最終的處罰並不相同，
前者爲笞刑，後者爲耐刑。

分層自有其標準,以此爲基礎産生的"老""小"稱謂,内涵自然不同於力役制度下的稱謂。

　　漢律對老年的處罰有矜恤之意,但是,這種矜恤與幼年相比,是比較有限的。按《具律》,後者以年齡層級確定處罰輕重,即10—17歲犯肉刑之罪,免除肉刑,處以完刑;10歲以下殺人,完爲城旦舂,其他罪行一律免予處罰。前者不分年齡層級,僅享受與10—17歲相同的待遇,無免予處罰的規定。《二年律令·具律》並非漢初《具律》的全貌,但完整的《具律》也未必有老年按層級處罰的條文。《漢書·宣帝紀》元康四年(前62年)詔曰:"朕惟耆老之人,髮齒墮落,血氣衰微,亦亡暴虐之心,今或罹文法,拘執囹圄,不終天命,朕甚憐之。自今以來,諸年八十以上,非誣告殺傷人,佗皆勿坐。"①宣帝哀憐耆老之人,因此下令80歲以上"非誣告殺傷人,佗皆勿坐",説明在這道詔書頒布之前,任何老人犯罪均不在免刑之列。即以此詔而論,80歲以上老人犯誣告及傷人罪,仍加以處罰,與10歲以下者除殺人外不追究刑事責任比較,處罰仍顯嚴厲。

　　劉俊文認爲,漢制將老、小分爲三級,按節級減免刑事責任:老,七十以上當刑者完之,八十非誣告殺傷人皆不坐,八十以上非手殺人皆不坐;小,未滿十歲當刑者完之,未滿八歲非手殺人他皆不坐,未滿七歲賊鬬殺人及犯殊死上請。②這些資料排列在一起,似乎確實可以證明三級説的正確性,但這裏存在几個問題:首先,這些不同的資料分處不同的時期。如以老年人而言,第一條在惠帝即位時(前194年),第二條在漢宣帝元康四年(前62年),第三條在東漢時期。三條史料時間相隔如此懸遠,很難證明在同一時期同時存在這三個級别。其次,對史料中年齡段的區分有誤。按以上史料排列,老分爲70歲以上、80歲、80歲以上三個年齡段,小分爲10歲以下、8歲以下、7歲以下三個年齡段。80歲以上顯然以80歲

　　①　[漢]班固:《漢書》卷八《宣帝紀》,第258頁。
　　②　劉俊文:《唐律疏議箋解》卷四《名例律》,北京:中華書局,1996年,第306頁。劉俊文將三級説視爲沈家本的觀點,其實沈家本並不認同三級説。他在列舉了三個級别後明確指出,只有未滿八歲,八十以上爲律文,而其他規定或詔或令,不應視爲法律規定,見[清]沈家本:《漢律摭遺》,《歷代刑法考》,北京:中華書局,1985年,第1566頁。

爲始齡,很難設想,政府還會單獨爲 80 歲的老人另外制定律條;而小的減免,7 歲和 8 歲僅相隔一歲,這意味着 8 歲的幼小也有單獨減免的律條,這同樣不合情理。三個年齡段之所以存在齟齬,是因爲將不同時代的史料視爲同一時代所致。再次,没有細緻區分漢代幼小減免處罰在不同時期層級不同。

實際上,老、小按節級減免刑事責任並非漢代通制。如上所論,在《二年律令》時期,70 歲以上的老年一體對待,而小則分爲 10 歲以下、10—17 歲兩個等級。宣帝詔書頒布以後,無論老、小,刑事責任的減免均不按年齡層級劃分,只有一個年齡界綫,分別爲 80 歲以上、10 歲或 7 歲以下。以老年而論,漢文帝十三年(前 167 年)廢除了肉刑,漢初 70 歲免肉刑的律文名存實亡。80 歲不是一個獨立的年齡層級,上引宣帝詔明確説"年八十以上非誣告殺傷人,佗皆勿坐"。《漢書·刑法志》亦載此規定,但無"以上"兩字,這大概是 80 歲作爲一個獨立年齡層級的來源。不過,《刑法志》記宣帝此詔,與《宣帝紀》所載在文字上多有差異,省略"以上"兩字並非不可能。鄭衆注前引"幼弱""老旄"引東漢律云:"若今律令年未滿八歲,八十以上,非手殺人,他皆不坐。"從内容看,顯然脱胎於宣帝詔書,只是將"非誣告殺傷"改變爲"非手殺"。所以,從宣帝時期到東漢,老年減免處罰只有 80 歲以上的年齡層級。

小的情況與老有所不同。文帝廢肉刑後,10—17 歲(層級説定爲 10 歲,此處年齡按《具律》)同樣無法享受優待,但 10 歲以下除殺人外,不追究刑事責任的規定仍然可以繼續執行,宣帝詔僅規定對老年的減免而不涉及幼小,原因即在於此。可以説,文帝廢肉刑,客觀上導致幼小減免處罰也僅剩一個年齡層級。漢成帝時期,頒布了對幼小減免處罰的新規定,《漢書·刑法志》載成帝鴻嘉元年(前 20 年)詔:"年未滿七歲,賊鬥殺人及犯殊死者,上請廷尉以聞,得減死。"①按此前的法律規定,10 歲以下殺人是不判死刑的,這與成帝詔性質相同。如果此條律文繼續存在,成帝詔就

① 　[漢]班固:《漢書》卷二三《刑法志》,第 1106 頁。

失去了意義,因此,成帝詔的 7 歲是對幼小犯罪的重新規定,這個詔令出臺後,10 歲以下這個層級也許就不再存在了。所以,成帝時期,幼小也不存在兩個年齡層級。同樣,上引東漢律文"未滿八歲……非手殺人,他皆不坐",與成帝詔 7 歲以下的規定並存也有違情理,因此,這條規定可能是對成帝詔的改易,它的出臺代替了 7 歲以下這個層級,也就是説,東漢時期幼小減免刑事責任,也只有一個年齡層級,只是將西漢的 7 歲改爲 8 歲。

根據以上所論,西漢初期老年減免刑事責任,不按年齡層級區別對待,幼弱則有 10—17 歲、10 歲以下兩個年齡層級;宣帝至成帝時期,老年、幼弱均不再劃分層級,但對老年的處罰重於幼弱;一直到東漢時期,老年、幼弱才統一在同一條法律條文之下,不再區別對待。老幼處罰有別,主要是因爲對犯罪的處罰以責任能力爲標準,責任能力越强,處罰越重。按現代刑法,這種責任能力指行爲人辨認和控制自己行爲的能力,一般情況下,責任能力的有無强弱主要取決於年齡和精神狀況,未成年人和精神病患者或者不具備這種能力或者能力較弱,而正常的成年人則具備了完全能力,而且一般不會在進入老年以後隨之減弱乃至喪失。古人對責任能力的認識或許不如今人深刻、全面,但已經具備了這種意識是無可置疑的,上引《周禮》赦免幼弱和惷愚,即以此爲出發點。

對某些特殊群體刑事責任的減免,古人甚至包括現代學者一再從矜恤的角度加以申説。[1] 我們不否認這種看法有一定的道理,但對幼弱而言,仍然以責任能力爲衡量要素,否則既没有必要對其劃分年齡層次,也没有必要將他們與老年區別對待。《二年律令》規定:"年未盈十歲爲气(乞)鞫,勿聽。""年未盈十歲及戆(繫)者、城旦舂、鬼薪白粲告人,皆勿聽。"[2]法律禁止 10 歲以下的幼年上訴和控告他人,顯然是從其不具備責

---

[1]　典型者如《孔叢子·刑論》:"古之聽訟者,察貧窮,哀孤獨及鰥寡,宥老弱不肖而無告者,雖得其情,必哀矜之。死者不可生,斷者不可屬。若老而刑之,謂之悖;弱而刑之,謂之克;……老弱不受刑,先王之道也。"(傅亞庶:《孔叢子校釋》卷二《刑論》,北京:中華書局,2011 年,第 79 頁)《唐律疏議》:"爲矜老小及疾,故流罪以下收贖。"(劉俊文:《唐律疏議箋解》卷四《名例律》,第 298 頁)

[2]　彭浩等主編:《二年律令與奏讞書》,第 139、146 頁。

任能力或完全責任能力這一角度着眼的。這説明，無論對幼弱刑事責任的減免還是控訴權的界定，政府考慮的，主要是責任能力而不是矜恤幼弱。老年的情況有所不同，無論漢初還是宣帝以後，其刑事責任的減免，主要體現恤老原則。但是，受制於老年具有完全責任能力這一因素，減免只能是有限度的，這主要表現爲漢代初期老年既不分層級，亦不能免刑。宣帝以後，儒家思想對法律的影響日益明顯，恤老原則更受重視，因此特別規定 80 歲以上老人"非誣告殺傷人，它皆勿坐"，不過，處罰仍重於幼弱。東漢以後，法律儒家化的色彩愈益濃厚，老年刑事責任的減免終於獲得了和幼弱一致的待遇。發展至唐代，無論按年齡劃分的層級，還是責任的減免，老、小已經完全一致。至此，已經很難説清刑事責任的減免到底是以責任能力爲原則，還是以矜恤老幼爲原則了。

可以看出，與力役制度下的稱謂以身體能力爲標準不同，刑法制度下的稱謂是以認知能力爲標準的。標準的不同導致了兩者的稱謂出現了極大的差異，這主要表現在如下三個方面。

第一，稱謂名稱有別。力役制度下有"睆老""免老"，没有"老"；"小"固然存在，但具體到徵役時，細分爲"使小"和"未使小"。刑法制度下，"老""小"兼備，但不再細分爲"睆老"、"免老"及"使小"和"未使小"。

第二，稱謂含義及對應的年齡分層有別。以"老"而論，人入老年，智力基本不再發生變化，體力却日漸衰弱。因此，在力役制度下，漢初的老人分爲睆老和免老兩個層級，一般百姓的始齡分別爲 62 歲、65 歲。刑法制度下，漢初的"老"始終只有一個層級，包括了 70 歲以上的所有老人，宣帝以後指 80 歲以上者，雖然歲數有所變化，但在同一時期，"老"的處罰完全相同，所以，刑律中的"老"始終具有固定的含義，屬於特稱。以"小"而論，未成年人智力、體力變化較大，因此，在漢代早期，無論力役制度還是刑法制度，均將"小"劃分爲兩個層級，而其智力、體力基本呈同步狀態發展的狀況則導致了宣帝以後兩者年齡的接近甚至重合，如前者的"未使"爲 7 歲，後者則有 7 歲和 8 歲。但兩者對應的年齡層級仍有不同。力役制度下，漢代的"小"基本分爲 7 歲以下、7—15 歲兩個層級。刑法制度下，漢初的"小"分爲 10—17 歲和 10 歲以下兩個層級，且處罰有所差異，所以，"小"的含義並不固定，是一個概稱；宣帝以後未見"小"，只有具體的歲數，如果當時確實存在這類稱謂，則只指向 8 歲或 7 歲以下一個層級，且處罰完全相同，在這種情況下，"小"具有特定的含義，是一個特稱。

第三，稱謂發展的方向截然相反。漢代力役稱謂除睆老、免老外，"大""小"的指向相對較爲寬泛，前者包括了壯年和老年，後者則包括了"使小""未使小"。但在以後的發展過程中，所有稱謂趨於細化，西晋分爲"小""次丁""丁""老"，隋唐分爲"黄""小""中""丁""老"，①除晋代的次丁外，各種稱謂僅代表一個年齡層級，指向較爲固定。刑法制度下，"老""小"的變化則呈現出與此相反的趨勢。在漢代早期，"小"尚有層級之分，但之後和"老"一樣不再分層，含義是比較固定的；魏晋南北朝的情況不甚清楚，但到唐代，"老""小"均發展爲三個不同的年齡層級，前者與 70—79 歲、80—89 歲、90 歲以上相對應，後者與 7 歲以下、8—10 歲、11—15 歲相對應。② 每個層級承擔的刑事責任也各有不同，它們不再是一個含義明確、指向單一的特定稱謂。

力役稱謂與刑律稱謂的諸多差異表明，它們實際分屬不同的體系，各有不同的發展動因和發展規律，學界將兩者相提並論，籠統討論年齡分層及由此産生的各種權利、義務，未必妥當。

四、結　語

春秋戰國時期，自耕小農逐漸成爲社會的主體階層，政權的有效運轉主要依賴於這一階層承擔的賦税和力役。當時各國的賦税徵收主要以田地爲依據，口賦固然涉及人身，但按口數繳納，與身高、年齡無關。力役恰好相反，其承受能力取決於身體的强弱，而身體强弱一般由年齡特別是身

① ［唐］房玄齡等：《晋書》卷二六《食貨志》，第 790 頁；［唐］魏徵等：《隋書》卷二四《食貨志》，點校本，北京：中華書局，2011 年，第 680 頁；［唐］杜佑撰，王文錦等點校：《通典》卷七《食貨》，北京：中華書局，1988 年，第 155 頁。
② 劉俊文：《唐律疏議箋解》卷四《名例》，第 298—301 頁。

高決定,因此,根據年齡、身高合理分配力役成爲必然的選擇。在這種情況下,由年齡或身高產生的"大""小"等稱謂爲力役而不是賦税而設,也就順理成章了。《周禮》、銀雀山漢簡、睡虎地秦簡以及《漢書·食貨志》對百姓的劃分標準,有年齡、身高或兩相結合之別,但在反映勞動能力這方面却相當一致,《二年律令》將免老、睆老的法律規定置於《傅律》之中,也代表着相同的傾向。與此相反,將年齡、身高以及相關稱謂與賦税相聯繫的史料,在《二年律令》時代以前尚無一見。所以,按年齡、身高劃分層級以及與此相關的稱謂,在產生之初以及較早的發展階段均服務於力役而不是賦税。《漢儀注》記載漢代算賦、口賦按年齡繳納,但出現時代既晚,且層級標準與力役標準多有重合,很可能是對力役標準的參照和借鑒。由於廩衣、廩食同樣以年齡或身高爲主要判斷標準,因此也出現了與力役標準重合的現象,而且較賦税更爲突出,這既體現於年齡、身高的劃分完全一致,更體現於"大""小""使""未使""免老""睆老"等稱謂完全相同。不過,這仍然是廩衣、廩食對力役的借鑒而不是相反,畢竟政府首先關注的,是百姓應承擔的義務而不是應享有的權利。

　　學界經常論及漢代免除全役的"老"及其始齡,這是值得商榷的。按秦漢法律,老年人有免老和睆老之別,史料所見之"老"應該包括了這兩個群體,始齡則以睆老爲准。顯然,這個"老"與學界所説的免除全役之"老"不存在對應關係,與後者嚴格對應的是免老。既然免老是法律規定的稱謂,那麼表示同一含義的"老"就不可能同時存在。事實上,無論僅代表免除全役的"老",還是代表免老和睆老的"老",作爲固定稱謂從未見諸漢武帝以前的史料中。里耶秦簡中,不乏"大男""大女""小男""小女"等稱謂,但"老男""老女"從未出現;《二年西鄉户口簿》總人數由"大男""小男""大女""小女"各類人口組成,無"老男""老女";《二年律令·金布律》分別規定"大男""大女""使小男""使小女""未使小男""未使小女"等群體的廩衣標準,同樣不及"老男""老女"。凡此種種,充分説明當時是没有"老"這一稱謂的。《户口簿》只是徵役的基礎而不是派役的直接依據,廩衣也不是徵役,因此,免老和睆老不會出現,他們全部被歸入"大"中,這與"使小"

“未使小”歸入“小”是一個道理,而一旦派役,這些群體將還原回其具體的稱謂。

在漢代的刑法規定中,“老”是作爲特定稱謂而存在的。縱觀兩漢,儘管不同時期“老”的始齡有所變化,但在同一時期内,“老”始終只有一個年齡界限,任何入“老”之人,不分年齡層級,減免刑事責任完全相同,所以,刑法中的“老”是一個有固定含義,指向明確的特稱。學界認爲“老”有三個層級,各有不同的處罰規定,是對史料的誤解。與“老”有所不同,“小”在漢代早期分層級存在,不同層級刑事責任減免有異,而且對其處罰始終較“老”爲輕;自漢文帝廢除肉刑以後,“小”也成爲不分層級,與“老”處罰相同的特定稱謂。“老”“小”的差異,主要與刑事處罰以責任能力爲標準有關。“老”的責任能力不會隨年齡增長而降低,減輕處罰主要體現恤老原則,自然有一定的限度;“小”的責任能力隨年齡增長而增強,減免處罰主要體現責任能力原則,自然與年齡成比反例變化。隨儒家思想對法律的逐漸浸潤,兩者最終走向統一。

刑律稱謂側重於認知能力,力役稱謂側重於身體能力,標準的不同導致了兩者的本質性差異,這既表現在兩者稱謂名稱及其對應的年齡層級有別,也表現在兩者截然不同的發展方向上。學界對兩者等同視之,並據此探討與其密切相關的權利、義務等問題,是值得商榷的。

——原刊《簡帛》第 13 輯,上海:上海古籍出版社,2016 年。

從走馬樓竹簡論孫吳的户人

2003 年,《長沙走馬樓三國吳簡·竹簡》[壹] 公布,于振波據此撰文,專門討論孫吳的户人問題。① 我在探討漢唐户主資格的變遷時,對這一問題亦有論列,但只是將其視爲歷史進程中的一環進行了簡略考察。② 現在回頭看,這一部分内容頗有粗疏之嫌;而依據的資料和于文一樣,亦以竹簡[壹]爲主。近幾年,竹簡[肆]、[柒]先後問世,爲研究這個問題提供了更多的資料。因此,將舊有竹簡和新出竹簡結合起來思考,進一步討論孫吳的户人問題,既有必要,也有了可能。

一、户人概況及其選擇標準

現已出版的五卷竹簡中,名籍簡占有相當大的比重,記録了孫吳臨湘縣治下各鄉里每户家庭成員的基本構成狀況,是我們研究孫吳小農家庭的重要資料。現有名籍簡類别複雜,且大多已經散亂,很難分辨何者爲户籍,因此,確定哪位家庭成員是户主,並不容易。不過,有一類名籍簡明確記録了户主,其典型格式爲:

> 吉陽里户人公乘孫潘,年卅五,算一(130)
>
> 潘妻大女萬,年十九,算一(131)
>
> 潘子女□,年五歲(128)
>
> 凡口三事二,算二事,訾五十(129)③

---

① 于振波:《户人與家長》,《走馬樓吳簡續探》,第 1—24 頁。
② 韓樹峰:《漢唐承户制度的變遷》,《漢魏法律與社會》,第 146—153 頁。
③ 這組竹簡的編連順序係吳簡整理組所綴連,簡尾數字爲編號,非整理號,見走馬樓簡牘整理組編著:《長沙走馬樓三國吳簡·竹簡》[壹] 附録一"竹簡揭剥位置示意圖"説明,第 1116 頁。

户人即户主,係魏晉之前户主的專用名稱,西晉或者南北朝以後被户主代替,三國可能是"户人"概念存在的下限,①這一轉變爲我們分析孫吳户主的資格提供了有益的參考視角。這類户人簡是我們確定户主的唯一原則,除此而外,其他各類名籍簡中列名首位的家庭成員,本文一概不以户主對待。據此,户人總數及男、女户人數量在各卷竹簡中分布狀況如下:

表一　户人概况統計表

竹簡卷數	男户人數量	女户人數量	性別、年齡不明户人	户人總數
〔壹〕	334	14	62	410
〔貳〕	154	4	48	206
〔叁〕	100	5	27	132
〔肆〕	121	4	27	152
〔柒〕	504	12	94	610
總計	1,213	39	258	1,510

〔表注〕
資料來源:《長沙走馬樓三國吳簡·竹簡》〔壹〕、〔貳〕、〔叁〕、〔肆〕、〔柒〕。

我們對表中户人數量的統計作出以下説明,以俾讀者了解本文對户人的取舍標準:

第一,有的未明確記録户人,但可以推知爲户人的,統計時予以計入。例如簡壹·8781: ☐ 人 公乘李張年五十算一☐。簡前有殘缺,但頂格書寫,李張爲首位家庭成員無疑,"人"前所缺當爲"户"字,故計入《竹簡》〔壹〕户人總數及男性户人數量中。

第二,所謂"年齡不明",非指具體年齡不明,而是指年齡段不明確。如壹·4988:宜陽里户人公乘☐☐年☐八刑右手……;壹·5417:平樂里户人公乘龍☐年☐十六……;壹·5468:東陽里户人公乘魯開年☐五;

---

① 韓樹峰:《從"户人"到"户主"》,《漢魏法律與社會》,第96—101頁。

貳·3069：□□里户人公乘許春年六……☑；貳·3279：進渚里户人公乘胡頒年□五算一。諸簡所缺代表年齡的數字無法確定，屬於年齡段不明確。與此相反，貳·3091：高里户人公乘廖肫年五十□　☑，雖不能確定具體年齡，但可以肯定在 51—59 歲之間，這樣的户人視爲年齡明確。

　　第三，没有明確記録性別的户人簡，如根據現有資料可以推知性別者，分别計入男、女户人總數中。根據男、女户人的記録書式，大部分性別缺載的户人可以推知其爲男性。男性户人最全面的記録書式爲：里＋户人＋公乘＋名字（一般爲兩字，係單姓和單名的組合）＋年齡＋力役＋算一，如壹·7777：宜陽里户人公乘謝達年廿六算一給縣吏。女性户人書式爲：里＋户人＋公乘＋大女／老女＋名字（亦爲兩字）＋年齡＋算一，如壹·8500：曼渭里户人公乘大女黄客年五十算一　☑。兩相比較可以知道，男性户人一律不記性別，但可能著録力役；女性户人相反，注記大女或老女，但却一定不著録力役。因此，在户人簡中，公乘”和“年齡”之間如缺兩字，可以肯定爲男性；如缺三字或四字，則可以肯定爲女性，如公乘和名字之間缺一字或兩字，亦可肯定爲女性。同時，著録力役的，無論具體内容缺載多少，均可以確定爲男性。我們以如下兩簡爲例加以説明：□□里户人公乘□□年廿六刑左足（壹·9388）；高遷里户人公乘□□□山年卅（柒·4779）。前者中間所缺兩字應爲姓名，無大女、老女記録，可以肯定這位户人爲男性；後者缺三字，應爲“大女”和户人之姓，可以肯定這位户人爲女性。

　　根據這樣的規律，可以確定如下諸簡中的户人均爲男性：壹·1136、4111、4453、4477、4540、4815、5458、5617、7045、7229、7353、7503、8692、9010、9497［整理者注：本簡背面有反文“□□里户人公乘□□年十五（?)”］、9626、9716、10064、10298、10346；貳·101、2740；叁·131、3775、4344、5704、5895、6173、6542、7064；肆·408、671、871、2453；柒·438、499、647、843、845、877、922、948、1125、1686、1860、2309、2439、2624、

2680、2799、2994、3201、3226、3228、3679、3772、3823、3913、3970、4041、4052、4679、4908、5039、5163、5511、5819、6053。這些户人在下文均計入與其相應的男性户人年齡段中。如下兩枚簡雖年齡明確，但性別無法確定：☑□□里户人 公 乘 ……年六十 三 訾五十（貳・4802）；□□里 户 人 ……年七歲（柒・241）。兩簡中的省略號代表所缺字數不定，因此，無從辨別户人的性別，但簡柒・241中的户人年齡僅7歲，現有户人簡中尚未發現30歲以下女性爲户人者。所以，我們將此户人視爲男性，而前者則視爲性別不明。

第四，表中統計的户人數量存在同一人重複計入的可能性。女户人中，同名者不多，目前所見，有兩個黄姜（壹・3405、叁・6159）、三個劉姜（壹・3318、5249、叁・4292）、兩個烝肥。[①] 無論是黄姜還是劉姜，這些同名之人既不屬同里，歲數差別又比較大，再考慮"姜"在吴簡中爲通用名這一現象（吴簡中女性名"姜"者頗多），我們推測，黄姜、劉姜應爲同名而非同人。烝肥的情況有所不同，名籍簡記録兩個烝肥的内容如下：

　　　　高遷里户人大女烝肥年卅□　訾　五　十（叁・4411）
　　　　高遷里户人大女烝肥年卅□算一　訾　五　十（柒・2661）

可以看出，兩人不僅姓名相同，而且同里、同訾，並且也不能排除同齡的可能性；唯一的差異是，前者無算賦，後者著録"算一"。但是，這種差異並不能成爲兩者同名的證據，因爲類似的差異在男性户人中也屢屢出現。如果允許推測，這兩種稍有差異的記載，或許代表着兩種性質不同的名籍，對此，我們將另文討論，此不贅述。總之，從這兩種幾無差别的記録看，烝肥爲同一人的可能性遠大於同名。

男户人中同名者甚多，其中里、年齡、賦役、殘疾等各項内容稍有差異者固然不能排除同一人的可能性，如下記録完全相同的5人，同一人的可能性更大：

---

① 爲省篇幅，原簡不俱引，此處僅列簡號，以供讀者參考。

何練：

　　常遷里户人公乘何練年六十一腫兩足（壹・2910）

　　常遷里户人公乘何練年六十一　踵兩足（叁・6981）

張羅：

　　嘉禾五年常遷里户人公乘張羅年六十五（柒・1153）

　　常遷里户人公乘張羅年六十五（柒・5208）

張樂：

　　嘉禾五年常遷里户人公乘張樂年廿五給縣吏（柒・1050）

　　常遷里户人公乘張樂年廿五給縣吏（柒・5952）

烝得：

　　東陽里户人公乘烝得年八十四（壹・10271）

　　庾（?）陽里户人公乘烝得年八十四（柒・3868）

朱倉：

　　常遷里户人公乘朱倉年卅一算☐（壹・2694）

　　常遷里户人公乘朱倉年卅一　算一☐（叁・6956）

但是，我們現在還不能完全排除烝肥、何練等 6 人是同名的情況，出於謹慎，在統計户人總數及男、女户人數量時，仍然將他們全部囊括在内。簡貳・3091 與貳・3118 記載的户人廖肭，情況完全相同，按整理者注釋，兩簡分別爲同一枚簡的左半與右半，可以綴合，廖肭爲同一人確定無疑，因此，統計户人數量時，廖肭僅按 1 人計。

　　按于振波統計，在《竹簡》[壹]中，性別、年齡明確的户人共 426 例，其中 354 例明確注爲"户人"，較本文的 348 例多出 6 例，簡號分別爲壹・4988、5417、5468、7895、9656、10496。6 人年齡殘缺不全，于文推測其年齡在 15—60 歲之間，本文劃分年齡段基本以 10 年爲斷，所以這 6 人按年齡不確定對待。

　　于文中另外的 72 例，或從"簡文的布局和内容等方面"判斷，或從"有的注籍貫，有的不注籍貫，具備姓名、年齡、身體狀況等項"判斷，可以推定爲戶人(前者 9 例,後者 63 例)。① 關於"簡文的布局",于文未明確説明標準,根據他所列的 9 枚簡,大概指頂格書寫(可參其所列簡壹‧2645:☒ 公乘潘詳年九十四)。問題是,9 枚簡均以符號"☒"開始,殘缺字數難定,所録之人是否係首位家庭成員,並不明確。其增加的女戶人爲簡壹‧1318:☒ 女番獵年五十五腫兩足。該簡空格書寫,番獵顯然不是戶人。"簡文内容"或指戶人一律有姓氏,而普通成員不具備此項條件。但 9 例中,壹‧4095 有名無姓,且空格書寫,壹‧9111 姓名俱無。另外 7 例有姓氏者,也未必可以確定爲戶人,因爲竹簡中的不少普通成員也會注明姓氏,在此僅舉兩例:□從男姪公乘□□年卅四　　☒(柒‧597);從男姪谷楮年卅 八算一(柒‧5934)。如果"公乘""谷楮"前内容俱殘,且字數難定,簡文將用符號"☒"表示,與簡壹‧2645 形式完全相同,但這兩人以"從男姪"身份出現,不可能是戶人。特別是簡壹‧9111,内容極爲簡略:☒……年廿二真吏。年齡不是判斷戶人的標準,餘下可資判斷的内容只有"真吏",但于文特別强調普通成員亦可能是真吏,並列舉 6 例加以説明。② 因此,將壹‧9111 視爲戶人,無論如何欠缺説服力。

　　另外 63 例的推定,同樣有再考慮的餘地。于文列舉了其中 7 例,兹録三例如下:

　　　　老男胡公年六十一踵兩足(壹‧5162)
　　　　縣吏唐達年廿一(壹‧7631)
　　　　民張卒年六十二　　□妻　　☒(壹‧7678)

如果理解無誤,于文推定這 63 枚簡爲戶人簡,亦以頂格書寫和記録姓氏爲判斷標準。與上舉 9 例不同,這 3 枚簡簡首無代表字數殘缺難定的符號"☒",説明胡公、唐達、張卒在這類册書中確實列於首位。不過,這並不代表 3 人就是各户的户人,因爲到目前爲止,我們尚無確切證據證明注有"户

----

① 于振波對户人的取捨標準及統計可參其《户人與家長》,《走馬樓吳簡續探》,第 1—8 頁。
② 于振波:《户人與家長》,《走馬樓吳簡續探》,第 12 頁。

人"的册書即是户籍,這類未標注"户人"的册書當然更不是户籍,因此不宜確定胡公等人爲户主。我們可以州吏惠巴一户爲例説明這個問題:

州吏惠巴年十九　　巴父公乘司年六十七張(漲)病(貳·
1675)

司户下婢□長五尺　　司户下奴安長五尺(貳·1674)

貳·1674簡記爲"司户下婢""司户下奴",而不是"巴户下婢""巴户下奴",可見該户户主是惠司,而非列於簡首的惠巴。與惠巴相類,郡吏黄蔦、郡卒潘囊、縣卒謝午均列於家庭成員首位,其父則位於其後(可參貳·1720、1708、1696、1698、1699等簡),而郡吏黄士只有13歲,仍列於23歲的兄長黄追之前(簡貳·1623)。不能否認,在這些吏、卒中,有的可能身兼户主,但將其一概認定爲户人,仍嫌武斷。我們寧願相信,在這類册書中,吏、卒如有父、兄,大多數户人仍由父、兄擔任,而非吏、卒。户籍自然將户主置首,但這類册書並非户籍,而是孫吳政府對治下各户所做的分類統計,大致分爲吏、卒、民等各種類型,如爲吏户、卒户,無論吏、卒是否擔任户人,均置於首位,非吏、卒的父兄即使爲户人,也只能位於吏、卒之後。如一户均爲普通百姓,則爲民户,但何人置於民户之首,情況可能較爲複雜,有待進一步研究。此處所論只想説明,討論吳簡中的户主問題,將以吏、卒、民起首的家庭成員一概視爲户人,可能並不妥當。有鑒於此,本文統計户主時,將類似册書中位列首位的吏、卒、民一律排除。

竹簡中有一類師佐籍,是關於手工業者的記録,對探討小農家庭的户主没有太大參考價值,于文將其剔除在外,是正確的做法,本文亦不將其納入討論範圍。

總之,本文所説的户人,僅以明確記録"户人"或可確證爲户人的竹簡爲標準,身份存疑者一概排除。

二、户人與非户人數量、比例統計及分析

按現有竹簡,年齡明確的户人中,男性1,213人,分布於小自7歲,老

至 96 歲的各年齡段；女性 39 人，年齡介於 30—89 歲之間。無論男性、女性，户人年齡分布均比較廣泛，在這種情況下，僅以户人討論户人資格，很難得出有價值的結論。因此，我們將首先對户人的年齡段進行較爲詳細的劃分，以便比較不同年齡段的户人在户人總數中的比例；在此基礎之上，將各年齡段的户人與相應年齡段的同性非户人進行横向對比，以便進一步分析户人的資格。

于振波將户人劃分爲 14 歲以下、15—59 歲、60 歲以上三個年齡段。爲更細緻地觀察户主資格及其反映的户籍析合問題，本文將 20 歲以下分爲 1—14 歲、15—19 歲兩個年齡段；20 歲以上則以 10 年爲斷限，分爲 20—29 歲、30—39 歲、40—49 歲、50—59 歲、60—69 歲、70—79 歲、80—89 歲、90 歲以上八個年齡段。在社會觀念上，古人以 19 歲以下爲一個階段，《儀禮·喪服》："年十九至十六爲長殤，十五至十二爲中殤，十一至八歲爲下殤，不滿八歲以下皆爲無服之殤。"①《禮記·曲禮》疏："幼者自始生至十九時。"②《詩經·衛風·芄蘭》疏："童者，未成人之稱，年十九以下皆是也。"③這些看法是就生理而言的，即 19 歲以下身體、心智尚未發育成熟，20 歲以後方長大成人，具備完全的自立能力。但是，從政府角度而言，漢代將 15 歲以上視爲"大"，向其徵收算賦。孫吳情況不明，學界一般認爲與漢代相同，我並不同意這種看法，④但爲了便於討論家庭成員中何人擔任户人與政府是否存在關係，本文亦以 15 歲爲界綫，將 19 歲以下分爲如上兩個年齡段。20 歲以上之所以分爲八個年齡段，是因爲這樣才能具體考察各年齡段的人在什麽情況下出任户主，以及在什麽情況下户籍發生分合。

根據表一，年齡明確的户人中，男性占絶大多數，比例高達 96.88％，女

---

① ［漢］鄭玄注，［唐］賈公彥疏：《儀禮注疏》卷三一《喪服》，上海：上海古籍出版社，2008 年，第 951 頁。

② ［漢］鄭玄注，［唐］孔穎達疏：《禮記正義》卷一《曲禮》，第 1232 頁。

③ ［漢］鄭玄箋，［唐］孔穎達疏：《毛詩正義》卷三《衛風·芄蘭》，［清］阮元校刻：《十三經注疏》，第 326 頁。

④ 韓樹峰：《走馬樓吳簡中的大、小、老》，《漢魏法律與社會》，第 221—243 頁。另外，竹簡中出現了 14 歲以下男性納算的記録，柒·5439：常遷里户人公乘朱 張 年十 二 算一；肆·820：衹男弟頭年十四算一。

性則爲 3.12％。在此我們按照以上年齡段的劃分標準,對男性户人情況進行統計,女性在後文中附帶討論。各年齡段男性户人分布狀況如下表:

表二　各年齡段男性户人數量統計表

年　齡　段		户　人	户人比例 1	户人比例 2
第一階段	1　1—14	6	0.49	1.73
	2　15—19	15	1.24	
第二階段	3　20—29	181	14.92	88.96
	4　30—39	330	27.21	
	5　40—49	192	15.83	
	6　50—59	204	16.82	
	7　60—69	172	14.18	
第三階段	8　70—79	73	6.02	9.32
	9　80—89	32	2.64	
	10　≥90	8	0.66	
總　　計		1,213	100	100

　　從表二可以看出,各年齡段男性户人占比變化呈抛物綫型,第一年齡段僅占 0.49％,第二年齡段也只有 1.24％,但第三年齡段比例陡增,爲 14.92％,第四年齡段則達到抛物綫的頂點,爲 27.21％,第五年齡段又出現陡然下降之勢,爲 15.83％,基本回歸到第三年齡段的比例,第六、七兩年齡段保持穩定狀態,與第三、五年齡段比例相當接近,到第八年齡段,再次大幅下降,爲 6.02％,第九、十年齡段持續走低,由 2.64％降至 0.66％。

　　如果概括觀察,第一階段的户人占比最低,僅 1.73％,第三階段比例也不高,只有 9.32％,第二階段户人占比最高,達到 88.96％。根據以上資料可以推定,現有男性户人的歲數主要集中於 20—69 歲之間,19 歲以下、70 歲以上的户人相當少見。但是這並不意味着,20—69 歲的男性成爲户人的概率大大超出 19 歲以下或 70 歲以上的男性,因爲以上所有資料僅是户人間縱向比較的結果。要充分了解男性成爲户人的概率,只有將户人與同年齡段的男性總數進行橫向比較才能獲得,爲此,我們對竹簡中與户人相應的各年齡段男性數量進行了統計,並將其與户人加以比較,製成下表:

表三　各年齡段男性户人與普通成員數量對比表

年　齡　段			户人	普通成員	總計	户人比例 1	户人比例 2
第一階段	1	1—14	6	2,374	2,380	0.25	0.79
	2	15—19	15	257	272	5.51	
第二階段	3	20—29	181	287	468	38.68	65.83
	4	30—39	330	124	454	72.69	
	5	40—49	192	49	241	79.67	
	6	50—59	204	40	244	83.61	
	7	60—69	172	60	232	74.14	
第三階段	8	70—79	73	58	131	55.73	54.07
	9	80—89	32	31	63	50.79	
	10	≥90	8	7	15	53.33	
數量總計及平均比例			1,213	3,287	4,500	26.96	26.96

表三中普通成員的取舍標準與户人大體相同,排除了以下兩類名籍中的普通成員:第一,以吏、卒、民、子弟、大男、老男等身份起首且頂格書寫的名籍。這類名籍簡排除的,只是連記簡中的普通成員,如簡貳·1818: 民 大女郭思年八十三,思子公乘□年六十一給子弟;肆·3891:郡

吏蔡慎,弟領年廿二;柒·1181:大男□□年六十,□侄子男有年十四,□妻□年☑。但對於一人一簡的單記簡,由於册書已經散亂,無法將其與户人簡中的普通成員完全區别開來,因此,在統計過程中,凡單記簡中的普通成員均不予排除。第二,師佐籍。這類名籍中的普通成員比較容易判斷,簡末一般有"見""留""在本縣""别使行""屯將行"之類的注記。凡有類似注記的普通成員,一概排除。

竹簡中有一類叛走簡,書式如簡壹·7868:縣吏毛車世父青年卅九,以嘉禾三年十二月十七日叛走;壹·7903:軍故吏灷□兄蓉年卅九,嘉禾四年四月十八日叛走;壹·7905: 郡 吏谷漢兄子□年廿九,嘉禾三年二月十九日叛走。走馬樓出土過一枚孫吳東鄉勸農掾殷連對吏家屬進行調查的大木牘:"東鄉勸農掾殷連被書條列州吏父兄人名、年紀爲簿。輒科核鄉界,州吏三人,父兄二人刑、踵、叛走,以下户民自代。"[1]竹簡中則有如下標題簡:" 諸 鄉 謹 列 郡縣吏兄弟叛走人名簿。"(壹·7849)綜合觀察,簡壹·7868、7903、7905 等並非户籍,而是"郡縣吏兄弟叛走人名簿"的組成部分,因此,這類叛走簡也不在普通成員統計範圍内。

竹簡中還有一些性别缺載或性别不可辨認,但可以根據記録内容推知性别的普通成員,如簡壹·7645:孫子仕伍陵年九歲,□□仕伍漢年六歲;貳·2038:□弟公乘□年七歲 踵 (腫)□□,□□仕伍 佰 年一歲。兩枚簡記録的仕伍,可以肯定爲男性,且年齡明確,類似的普通成員有 15例,分别計入各年齡段普通成員之内。

竹簡中的普通成員數量龐大,統計時固然難免會有遺漏,即使在剔除過程中也不免存在失誤,但同樣由於數量龐大,使得有可能遺漏或誤增的普通成員不會對本表的統計產生決定性影響。

爲研究孫吳户籍的析合,我曾對各年齡段男性普通成員在户内的身份進行過統計,爲便於下文的論述,將其逐録於下。此表中的親屬關係取

---

① 釋文參侯旭東:《三國吳簡兩文書初探》,《歷史研究》2001 年第 4 期,第 173 頁。

含標準比較複雜,限於篇幅,此處不再一一列舉。需要稍作説明的是,該表中普通成員的總數爲 3,272 人,較表三少 15 人。這 15 人性別、年齡確定,但親屬關係不明,所以不在此表統計範圍之内。

表四　各年齡段男性普通成員身份統計表

年　　　齡			10—14	15—19	20—29	30—39	40—49	50—59	60—69	70—79	80—89	≥90	總計
序　　　號			1	2	3	4	5	6	7	8	9	10	
親屬關係	直系親屬	祖	○	○	○	○	○	1	○	2	2	1	6
		父	○	○	○	○	2	3	21	31	16	3	76
		子	764	81	111	39	11	4	5	1	○	○	1,016
		孫	21	1	○	○	○	○	○	○	○	○	22
	旁系親屬	兄	6	2	4	18	7	11	13	○	1	○	62
		弟	1,235	109	112	38	16	12	3	3	○	○	1,528
		從父	○	○	3	6	1	5	8	11	5	○	39
		從子	293	50	42	13	9	○	1	○	○	○	408
		從兄	○	2	5	2	3	2	5	6	5	1	31
		從弟	6	1	4	3	○	1	1	○	1	1	18
		侄孫	1	○	○	1	○	○	○	○	○	○	2
	異姓親屬	外公	○	○	○	○	○	○	○	○	1	○	1
		舅父	1	○	○	1	○	○	1	1	○	○	4
		外甥	1	○	○	○	○	○	○	1	○	○	2
		外孫	4	○	○	○	○	○	○	○	○	○	4
		外侄	10	○	2	○	○	○	○	○	○	○	12

續　表

年　　齡			10—14	15—19	20—29	30—39	40—49	50—59	60—69	70—79	80—89	≥90	總計
序　　號			1	2	3	4	5	6	7	8	9	10	
親屬關係	異姓親屬	外從弟	○	1	○	○	○	○	○	○	○	○	1
		婿	○	○	○	2	○	○	○	○	○	○	2
		妻親	22	9	3	○	○	1	○	2	○	1	38
總計			2,364	256	286	123	49	40	60	56	31	7	3,272

從表三"戶人比例"的統計數字可以看出,無論各年齡段還是各階段的男性擔任戶人的比例與表二戶人在戶人中所占的比例比較,出現了很大的背離。以各階段而言,19歲以下的男性擔任戶人的,僅有0.79%;20—69歲的男性戶人雖然高達65.83%,但與其在男性戶人中所占的比例相較,下降了23.13%;70歲以上的男性戶人則出現了相反的變化,在同年齡段中所占的比例高達53.89%,較其在男性戶人中所占的比例上升了44.75%。這些較爲概括的數字意味着,19歲以下的男性除非有特殊情況,一般是不會擔任戶人的;20—69歲的男性擔任戶人的比例儘管大大低於其在戶人中的百分比,但仍有將近2/3的人擔任了戶人;70歲以上的男性儘管在戶人中的百分比相當之低,但實際上仍有一半以上擔任戶人,另有不足一半的男性則與其他人共籍。

以具體年齡段而論,14歲以下的2,380例男性中,6人爲戶人,即平均397個男性中僅有1人擔任戶人。6例戶人中5人年齡在10歲以上,分別爲:12歲2人,13歲1人,14歲2人。其中1人爲7歲:□□里戶人……年七歲(柒·241)。此簡殘缺字數不定,這位7歲的家庭成員位於簡末,這意味着只有在單記簡的情況下,他才可能是戶人。但與該簡整理號相近的戶人簡,一般均記錄了兩到三位家庭成員,考慮到這點,他作爲普通成員的可能性要大於户人。退而言之,即使他確實是户人,與 2,380 例男性相較,也幾乎可以忽略不計。上述情況説明,14 歲以下的男性一般不會擔任户人,偶爾爲之者,年齡也在 10 歲以上,而 10 歲以下的男性擔任户人的概率更是微乎其微。

與此形成鮮明對比的是,在唐代敦煌吐魯番文書中,14 歲以下的男性充當户主者俯拾皆是。以唐中宗神龍三年(707 年)西州高昌縣崇化鄉點籍樣爲例,點籍樣共記録了 21 例男性户主,其中 6 例户主的年齡在 14 歲以下,分別爲:康義集 2 歲、李醜奴 5 歲、康恩義 9 歲、安德忠 13 歲、康壽感 7 歲、蕭望仙 3 歲。① 6 例中除李醜奴户僅户主一人外,其餘 5 户或有寡妻,或有丁女,或兩者並存,但充任户主的却均爲小男甚至黄男。唐開元 25 年(737 年)令:"諸户主皆以家長爲之。"我們知道,這一規定並非新制,而是唐初早已存在的舊規,同時這一規定又是以男性爲對象的,②因此,康義集等黄男、小男充任户主,是政府硬性規定的産物。吴簡研究者一般認爲,15 歲爲政府規定的大、小年齡分界綫,竹簡中 6 例 14 歲以下的户主均爲單記簡,有無其他家庭成員難以確定,所以,孫吴政府對"小"充任户主是否有禁止性的規定不得而知。但可以明確的是,如小男甚至大男與成年女性同户,政府並不强制男性充當户主,以下 6 簡是典型的例證:

萬歲里户人大女菅妾年冊八,子男 難 年十一,難 男弟符年九歲(柒·202)

富貴里户人大女□□年□九　子男黨年十三風病　子女姑年七歲(柒·510)

新成里户人大女 唐 命年五十, 子 男 板 年十七(柒·4028)

上 鄉 里户人大女王 妾 年七十六,子男壬年廿六 左 □,壬妻思年廿六(柒·531)

---

① 唐長孺主編:《吐魯番出土文書》[叁],北京:文物出版社,1996 年,第 533—539 頁。
② 韓樹峰:《漢唐承户制度的變遷》,《漢魏法律與社會》,第 131—135 頁。

　　萬 歲 里户人大女□妾年七十一，子 男 智 (?)年卅一，妾 姪子
女汝年十歲(柒・198)

　　萬歲里户人大女□ 買 年七十七　　子男高年 卅 六 踵 足
(柒・310)

　　前兩簡中，3 個小男爲普通成員，户主是其母親；其他四簡中的男性均爲
大男，有的年齡高達 46 歲，但他們亦以普通成員的身份出現，户主由母親
充當，這與唐代的情況大相徑庭。我們無從得知，在成年女性與小男——
特別是母親與其子——共户的情況下，孫吳政府是否强制成年女性充任
户主。有類似規定自不必論，即使百姓自己選擇，如無經濟因素摻雜其
中，女性出任户主的概率也遠高於小男，因爲 14 歲以下的小男畢竟缺乏
自立能力，更遑論持家主事了。正是由於這個原因，大大降低了 14 歲以
下男性充任户主的概率。

　　15 歲以上的男性開始進入學界所説的大男階段。15—19 歲的大男
任户人的比例爲 5.51%，是小男的 22 倍。于振波認爲：大男是力役之徵
的主要承擔者，官府在户籍中設立户人的目的，是便於賦税徭役的徵
發。[①] 如果允許推論，這一看法意味着，竹簡中的大男擔任户人，是政府
硬性干預的結果，15—19 歲的男性户人比例較小男陡增，似乎確實印證
了這一點。問題是，這一陡增是以小男基本不擔任户主爲前提條件的，而
這一年齡段的户人比例實際只有 5.51%，概率仍然相當低。第三、四、五、
六年齡段的男性同屬大男，但其中的户人所占比例高達 64.46%（907÷
1,407），較 15—19 歲增加了 58.95%。如果成爲大男擔任户人是政府制
度規定，我們必須面對如下幾個問題：15—19 歲爲什麼只有 5.51%的大
男擔任户人？其餘 95.49%的大男爲什麼不是户人？爲什麼 20—59 歲這
一階段户人占比陡增？這三個問題歸結到一起就是：既然政府設立户人
的目的是爲了賦役的徵發，爲什麼不硬性强制所有大男擔任户主？

----

　　①　于振波：《户人與家長》，《走馬樓吳簡續探》，第 14—15 頁。

在我看來,這些問題與政府規定的大男身份可能並不存在密切關係。15—19 歲的 15 例男性戶主中,可以明確與普通成員共籍的有如下兩例:

東陽里戶人公乘樂蔦年十九,蔦男弟□年十二(壹·4096)

宜 陽 里戶人朱鵰年十六縣 卒 ,母 巔 年五十三, 鵰 男弟 湖

年七歲……(柒·369)

樂蔦、朱鵰之弟分別爲 12 歲、7 歲,如父親在世,即使兄長單獨立籍,其弟大概也不會棄父隨兄,特別是朱鵰之母,如丈夫在世,無論如何也不會與夫分籍。另外,按吳簡書式,這類名籍注録家庭成員,一般先父後弟,先父後母,但這兩簡著録了戶主的母、弟,却未見其父。將兩者結合,可以推定,樂蔦、朱鵰的父親已經去世。在這種情況下,他們作爲兄長、長子,自然接替了父親的戶主之位。其餘 13 位戶主均爲單記簡,家庭成員狀況並不清楚,推測起來,其中一部分大概和樂蔦、朱鵰一樣,是代父承戶的。與14 歲以下的男性相比,15—19 具備了一定的自立能力,父親去世後,少數人選擇單獨立戶而不是與其他旁系親屬合籍,是可以理解的。但是,這一年齡段畢竟尚未完全成人,投靠近親屬以維持生存,可能是他們的主要選擇。而且需要注意的是,即使父親已經去世,如母親在世,也不排除其母充當戶主的可能性,上舉簡柒·4028,户人是母親唐命,17 歲的兒子爲普通成員。15—19 歲這一年齡段的男性既接近成人,又尚未完全獨立,這種生理上的兩重性,可能是導致其在戶人中的比例與第三、四、五、六年齡段反差巨大的主要原因。

這一年齡段的男性如果已婚,對其擔任戶主有無影響,也是需要考慮的一個因素。作爲戶主,樂蔦、朱鵰未婚可以肯定,其他人則不得而知。按現有竹簡,15—19 歲的男性已婚者共有 10 例,其中貳·2027、2119 爲吏、卒名籍,不在討論範圍之内,剩餘 8 例僅占總數的 2.93%(8÷273),而且無一例外均附屬於其他親屬戶籍之下。① 這説明,這一年齡段的男性

① 爲省篇幅,此處僅列簡號以供參考:貳·1727、1737、2904;叁·4490;柒·2488、2491、2912、3792。

即使已婚，與其他親屬合籍也是絶大多數人的選擇，當然，這仍然是由其不具備完全的成人能力導致的。所以，婚姻對這一年齡段的男性是否擔任户主，不會産生決定性的影響。

結合表四的統計資料，對 19 歲的以下男性一般不會出任户主會有更深刻的理解。與直系尊長如祖、父或親兄長合籍，屬正常情況，但 19 歲以下的男性與較遠的旁系親屬（指表中從父以下的身份）及異姓親屬合籍的情況也相當普遍，共有 401 人，占總數的 15.31％（401÷2,620）。這説明，這類男性在直系尊長去世後如無兄長，也會儘量附籍其他親屬名下，除非迫不得已，他們是不會自立爲户，成爲户人的。

第三、四、五、六、七五個年齡段爲 20—69 歲之間的男性。作爲第二大階段，户人占比高達 65.83％。概括地説，孫吴男性在這一階段充任户人的比例達到最高峰，但是，這五個年齡段的户人比例仍有較大的差異。20—29 歲爲 38.68％，儘管較 15—19 歲出現了巨幅上揚，但在第二階段中比例最低；30—39 歲與 60—69 歲的比例相當接近，分別爲 72.69％、74.14％，相差僅 1.45 個百分點；40—49 歲與 50—59 歲的比例比較接近，分別爲 79.67％、83.61％，相差 3.94 個百分點。

20 歲以上的男性，已經長大成人，西漢"民年二十受田"，景帝"令天下男子二十始傅"。沈家本認爲，男子二十而傅，爲古民受田之義，最爲得中。他又認爲，丁年有八等，十六過早，廿五過晚，是惟二十爲得其中。二十有成人之目，不得謂非丁强，以此爲斷，不違經典。隋唐以 20、21 歲作爲成丁的標準，與經書中服制或冠禮的成年相合，是一個得其中庸的年齡。① 也就是説，無論從政府還是社會角度考慮，20 歲均已成人，可以自立。

在這種情況下，如父親去世，20—29 歲的男性作爲長子，代父承户是一個自然的結果，即使有母親存在，其成爲户主的概率也相當之高。現有户人簡中，20—29 歲男性與母親共籍者 4 例，除上舉簡柒・531 中的母親

---

① ［清］沈家本：《丁年考》，《歷代刑法考》，第 1336—1337 頁。

爲户人外,另外 3 户的户人均爲兒子(柒·175、283、3972)。與弟共籍的
4 例中(柒·203、211、360、3928),均爲户人;與兄共籍的,亦有 4 例(叁·
4308、柒·199、220、248),但均爲普通成員。這些例子表明,這一階段的
男性與母、弟共籍時,基本擔任户主,只有與兄長共籍時,才以普通成員身
份出現。除户人簡中的 4 例以外,按表四,這一年齡段與兄長共籍的,另
有 112 例。這些男性雖著録爲"弟",但究竟是上一成員之弟還是户人之
弟不得而知。而且 112 例中,著録妻子的僅 12 例,比例爲 10.71%。與此
形成鮮明對比的是,《竹簡》[柒]中 66 例 20—29 歲的男性户人中,有 12
例已婚,占比達到 18%。我們不能遽然斷定其他 100 名男性均未成婚,
但可以肯定,其中相當一部分人未婚。這似乎暗示着,這一年齡段的男性
與兄共籍,在一定程度上與獨身有關,如果已婚,多數人可能就選擇分籍
立户了。

　　按正常情況,在 20—29 歲這一年齡段,父親的年齡一般界於 40—60
歲之間,但根據現有户人簡中的連記簡,父親與子女年齡相差 30 歲以上
的情況也比較常見,因此,此處將父親的年齡延展至 70 歲,即第五、六、七
年齡段的男性基本就是 20—29 歲年齡段男性的父輩。按表三,第五、六、
七年齡段的男性總數較第三、四年齡段減少將近一半,我們當然不能據此
認爲前者的死亡率是後者的 2 倍,但由於相當一部分人已經逐漸老齡化,
推測其死亡率大大高於後者,應該與事實相去不遠。父親去世後,20—29
的男性或代父承户,或因已婚與兄長分籍,與 19 歲以下男性相較,成爲户
人的概率大增,比例因此大幅上揚也就可以理解了。不過,在 40—70 歲
之間,男性的死亡率也不會達到不可想像的程度,這三個年齡段的男性在
世時,與 20—29 的兒子共籍,户人一般仍由父親充當,這種情況在以下 6
枚竹簡中有明確反映:

　　　　宜陽里户人□□年廿四軍吏　父荔年六十一　荔妻□年卅……
(柒·2293)

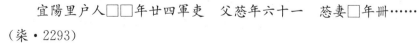

（柒·499）

　　宜陽里户人鄧平年六十五　　妻妾年五十四　　子男棠年廿六（柒·147）

　　平陽里户人鄧□年六十二　　妻□年六十六　　子男沈年廿（柒·157）

　　平陽里户人葷還年七十　　還子男勉年廿一　　勉妻 俗 年廿（柒·160）

　　 宜 陽里户人黄(?)□年 七 十 　　妻客年六十二　　 子 男 帛 (?)年廿三（柒·541）

6例户人中,除第一簡由24歲的兒子任户主外,其他5例户人均由父親充任。實際上,父親充當户人,成年兒子附籍,是一種普遍現象,並非僅僅發生在上述年齡段的父子之間。除以上6例外,另有17枚簡爲父親與成年兒子共籍,簡號分別爲:貳·3325;柒·4765、3993、374、434、471、225、569、162、356、396、500、281、284、443、519、2347。除前3簡户人爲兒子外,後14簡中的户人均爲父親,其中年齡有老至89歲者（柒·519）;而作爲普通成員的兒子,除柒·374簡外（此例户人年齡不明）,年齡均在30歲以上,有的甚至高達64歲（柒·284）。父親與成年兒子共籍,由父親充任户主是當時的通例,而50—70歲之間的男性——特別是40—59歲之間的男性作爲父親,應該還有不少人在世,這在相當程度上降低了20—29歲的男性成爲户人的概率。所以,後者在同一年齡段中充任户主的比例,一方面遠較1—19歲的年齡段爲高,另一方面却又與同一階段的其他各年齡段存在着相當大的差距。

　　30—39歲的男性在同齡中作爲户人的比例,較上一年齡段有較大增長。這一階段的男性,其父年齡介於50—80歲之間,在世者比例大大降低,他們代父承户的概率也隨之大大提高。按表四,上一年齡段以子身份附籍的爲111例,占總數的23.77％（111÷467）,而這一年齡段以子身份附籍的,只有39例,比例驟降至8.61％（39÷453）。同時,這一年齡段的男性絕大多數已經結婚生子，但是，其子年齡大多應在 19 歲以下，尚未成人，充當户主尚顯稚嫩，這就要求父親必須親自擔負起户人之責。同時，這一年齡段與妻子、兒女組成了自己的家庭，所以一般不會附籍其他親屬。按表四，這一年齡段以弟身份屬籍者共 38 例，僅占總數的 8.39％，而 20—29 歲的男性以同樣身份屬籍的，爲 112 例，占總數的 23.98％。兩相比較，可以肯定，代父承户、與兄弟析籍，是導致 30—39 歲年齡段男性户人比例上揚的主要原因。

40—49 歲、50—59 歲兩個年齡段的男性擔任户人的比例比較接近，爲所有年齡段的最高峰，可以合併討論。處於這兩個年齡段之間的男性，其父多已去世，户人之位現在幾乎全部由他們接替。此時他們的子輩有不少已經成人，但如前文所論，與兒子共籍時，户主大多仍由父親充當。儘管表四中以父屬籍的有 5 例，但可以確定爲户人之父的，只有上舉簡柒·3993；而簡柒·457、5896 先記侄、弟，後記父，按照吴簡書式，"父"顯然不是針對户主而言。如果有兄長存在，兄長年齡較大，也基本不會成爲他們依附的對象。表四中，這一年齡段以子、弟附籍的，分别爲 15、28 人，僅占總數的 6.80％（33÷485）。阻礙此前各年齡段男性擔任户人的各種因素，此時基本不復存在，這是這兩個年齡段户人占比達到最高峰的主要原因。

60—69 歲這一年齡段的男性擔任户主的比例，與 30—39 歲相當接近。但是，比例相近並不意味着性質相同。後者延續了此前各年齡段的增長趨勢，前者則是第六年齡段的户人比例達到最高峰後的拐點，拉開了此後各年齡段的下降序幕。實際上，50—59 歲年齡段的男性户人占比達到最高峰的同時，也開始出現了下降的徵兆。表四中，50—59 歲以兄、從兄、從父身份屬籍的，共 18 人，占總數的 7.38％（18÷244）。而此前兩個年齡段以相同身份屬籍的，分别爲 26、11 人，所占總數比例分别爲 5.74％（26÷453）、4.56％（11÷241）。在 60—69 歲這一年齡段，這一情形更爲突出，以同類身份屬籍的多達 26 人，占總數比例上升至 11.21％（26÷232）。以父身份屬籍的有 21 人，所占比例爲 9.05％（21÷232），與前一數字相差不大,似乎父親屬籍兒子名下也是導致這一年齡段户人比例下降的重要原因,這顯然違背了前文所説父子同籍,基本由父親出任户人的通例。但實際上這 21 例父親附籍的情況與第五、六兩個年齡段相似,其中有 6 例"父"前之字不可辨認(壹·8469、8493、10142、10221;貳·6698;叁·1919),另有 1 例先記弟,後記父(貳·1675),可以確定不是户主之父,其他 14 例雖明確記爲父,但可以確定爲户主之父的,僅有 1 例(柒·2293)。如果其中一部分爲從父,11.21%這一比例將會有很大程度的增長。可以説,60—69 歲的男性附籍其他親屬,是導致其户人比例下降的最重要因素,而其他親屬又以旁系爲主。

更可注意的是,這一年齡段的男性中,以舅父、妻父、妻兄身份分別附籍外甥、女婿、妹夫的,各有 1 例(柒·1722;壹·9492、9430)。這種附籍旁系親屬特別是異姓親屬的情況,似乎是對 14 歲以下年齡段的男性附籍同類親屬的回歸。確實,這兩種情況有共同性,附籍者只能是無所依靠,逼不得已,才作出了這一選擇。但是,不同的是,14 歲以下的附籍,是由於附籍者年幼不能自立,伴隨着年齡增長,這種情況必然逐漸減少,成爲户人的概率則會逐漸增加;而 60—69 歲的附籍,則是由於附籍者年老逐漸失去自理能力,伴隨着年齡的增加,這種情況必然越來越突出,他們成爲户人的概率肯定會越來越低。緊承其後的第三階段即 70 歲以上各年齡段的户人比例出現大幅下降,主要是由於這一原因造成的。

70—79 歲、80—89 歲、90 歲以上三個年齡段的男性户人比例分別爲 55.73%、50.79%、53.33%。各年齡段比例的接近意味着,他們擔任户人的情況基本上處於穩定狀態,同時也意味着,他們面臨的共同問題導致了户人比例的下降。70 歲以上的男性均已進入暮年,如果有兒子存在,他們自然與其共籍,而且絕大多數仍然擔任户主。前文所舉父子共籍的 23 個例子中,有 10 例父親年齡在 70 歲以上,除簡貳·4765 外,其餘 9 例户人均爲父親。此外另有一例,92 歲的父親宋兒擔任户人,8 歲的盲子附籍(柒·517)。宋兒在耄耋之年繼續擔任户主,也許與其子尚未成年且盲一目有關,但是,即使其子已經成年,他作爲户人的可能性依然很大。簡壹·8396 是吳簡中少見的祖孫三代共籍的家庭：思子男伸年六十常限客，伸子男碓年廿六。思之子伸已經 60 歲，其孫碓也已成人，思的年齡至少 70 餘歲。該簡未明確記録户人，但按常情，在直系三代男性俱存的情況下，一家附籍其他親屬的可能性不大，該户户人很可能是祖父思，這進一步佐證了直系尊卑共籍，一般尊長擔任户主的通例。

這一階段的户人占比之所以高於 29 歲以下各年齡段，尊長與直系卑幼共籍，並由尊長擔任户主，起到了主要作用。但是，70 歲以上的男性如無子嗣或子嗣去世，同時自己的身體又每況愈下，這時，投靠其他較爲疏遠的旁系親屬，甚至是異姓親屬，就成爲他們主要的選擇。按表四，這一大階段以從父、從兄弟身份屬籍者 30 例，以外公、舅父、外甥、妻父身份屬籍者各 1 例，合計 34 例，占總數的 16.26%（34÷209）。考慮到 50 例以父身份附籍者也有大量不能確定爲户人之父的情況，這一比例將會更高。

與直系卑幼共籍擔任户主，保證了這一年齡段的男性仍占有較高的户人比例，而投靠旁系或異姓親屬以維持生存，又在相當程度上降低了其擔任户人的概率，兩者結合，最終使這一階段的男性户人比例維持在 50% 的穩定狀態。

概括而言，第一、二年齡段的男性因身體發育尚未成熟，主要附籍父兄以及其他親屬，擔任户主的相當少見。第三年齡段的男性已經成人，部分已經結婚，父親去世的情況也在增多；但另一方面，這一年齡段同樣有不少未婚者，而父親離世也並不普遍。幾種因素叠加，導致這一年齡段户人的比例遠高於第一、二年齡段的男性，同時又與第四、五、六、七年齡段的男性有較大的差距。第四年齡段的男性大多已婚，父親在世的比例也大大降低，其子多數尚未成人，這使其代父承户、與兄析籍的可能性較上一年齡段大大增加；但另一方面父親去世的比例與第五、六兩個年齡段仍有一定差距，所以，這一年齡段的户人比例尚無法達到峰值。第五、六年齡段的男性，父親基本已經去世，而與子共籍，通例亦以其爲户人，可以說，影響此前各年齡段擔任户人的因素基本消失，其擔任户人的比例遂攀至最高峰。第七年齡段的男性已經進入老年，有子嗣可以依賴者，與子嗣共籍,無子嗣但身體尚可者,仍自立爲户,這時他們大多仍爲户人;但是,身體狀況出現問題又無子嗣者,只能依靠較疏遠的旁系或異姓親屬。因此,這一年齡段的户人比例一方面仍維持着峰值時期的慣性,但也開始出現明顯的下降。第八、九、十三個年齡段的男性,身體狀況更爲惡化,能够自理者逐漸減少,此時無子嗣者只能附籍較疏遠的旁系或異姓親屬,户人比例因此較第七年齡段進一步降低;但另一方面,與子共籍者仍擔任户主,加上部分能够自理者仍獨立爲户,使得這一年齡段的户人比例仍能維持在 50%以上。

三、户人的確立與政府硬性干預、百姓自由選擇的關係

户籍作爲政府掌管的文書檔案,對政府行政具有重要影響。那麽,户人作爲户籍中最重要的成員,孫吳政府對其有無硬性規定呢? 按于振波的分析,政府在户籍中設立户人,主要是爲了便於賦役的徵發。父親年滿60 歲,可以免除賦役,而根據《竹簡》[壹],年滿 60 歲的百姓可以把户人傳給家庭中的繼任者,這説明,户人主要爲官府服務,體現官府與民户之間役使和被役使的關係。[①] 如果允許推測,這些論述暗含着如下結論:未滿 60 歲的户人不可以將户人之位傳於他人,政府對什麽人充當户主,有明確的法律或制度規定。事實是否如此呢?

按學界通論,大、小、老係政府爲徵發徭役而做的制度規定,各有各的年齡界綫,14 歲以下爲小,15—59 歲爲大,60 歲以上爲老。不難看出,于振波對户人的研究,是以大、小、老爲出發點的。暫且不論吳簡中的大、小、老是否是政府規定,退而言之,即使情況屬實,如上文所論,吳簡中户人的確立,也與大、小、老没有關係,而是由生理發育、身體健康、婚姻以及直系尊長存世與否等情況決定的。因此,從政府設定的大、小、老角度觀察户人,所得結論仍有再考慮的餘地。本文將户人和普通成員分爲十個

---

① 于振波:《户人與家長》,《走馬樓吳簡續探》,第 15、18、22 頁。

年齡段,三大階段。三大階段按 19 歲以下、20—69 歲、70 歲以上區分,而不是按大、小、老三個年齡段區分,原因即在於此。

但是,即使戶人與政府界定的大、小、老身份没有關係,也不意味着政府對戶人人選没有干預,因爲政府同樣可以從生理發育、身體健康、婚姻及直系尊長存世與否等方面對戶人人選作出制度性的規定,唐代"諸戶主皆以家長爲之"即可證明此點。考慮到政府行政對戶籍的極度依賴,似乎没有理由認爲,政府會聽任百姓自由選擇戶主。不過,這只是邏輯上的推論,而事實未必一定與邏輯相符。

西漢《二年律令·置後律》對戶主人選有相當詳細的規定:"死毋子男代戶,令父若母,毋父母令寡,毋寡令女,毋女令孫,毋孫令耳孫,毋耳孫令大父母,毋大父母令同産子代戶。同産子代戶,必同居數。"①據此,戶主去世後,繼承其位的人選依次爲:兒子、父母、寡妻、女兒、孫子、曾孫、祖父母、同居兄弟。如果嚴格執行這一規定,不會出現父親附籍兒子的情况,但同樣按該條文,父母在其子去世後爲第二順位代戶人選,説明在此之前父親是以普通成員身份附籍於其子的。從迹象上看,西漢代戶法只是爲預防代戶發生糾紛而設,一般情况下,政府對戶主的人選並不干預,而是聽憑百姓自己確定。②孫吳是否有代戶法之類的規定不得而知,不過,從現實情况分析,即使存在代戶法,和漢代一樣,對現實中的戶主人選也不會産生太大影響,戶人由何人充當,基本由百姓自己選擇,與政府無關。

我們仍然從大、小、老角度對這個問題展開分析。政府如果干預戶主的人選,無疑出於經濟利益的考量,利益最直接的表現則是賦役之徵。假設一戶之内大、老、小兼備,那麽,政府應該强制大男擔任戶主,因爲他是賦役的主要承擔者。但事實並非如此。前文所引簡柒·147、157、160、541,父親年齡在 62—70 歲之間,按學界通説,身份爲老,不承擔賦役;兒

---

① 彭浩等主編:《二年律令與奏讞書》,第 238 頁。
② 韓樹峰:《漢唐承户制度的變遷》,《漢魏法律與社會》,第 142 頁。

子年齡在 20—26 歲之間，身份爲大，應承擔賦役。但是，4 户的户人均爲
父親而不是兒子。除此而外，60—70 歲的父親爲户主，大男附籍者另有
以下兩例：

宜　陽　里户人 李 □ 年六十一　　子男頭年十九　　頭 妻□年十
□（柒·2383）

下 㚇 里户人□□ 年 七 十　　妻 起年 五 十 五　　子男高
年卅六縣吏（柒·396）

杜正勝認爲，漢代 70 歲以上方可免老，高敏推測三國老免年齡的起
點可能也是 70 歲，[1]而西晉丁中制則以 66 歲以上爲老，4 位 70 歲以下的
父親擔任户人似乎由此可得到解釋。不過，吳簡中 70 歲以上的父親任户
人，成年兒子附籍的情況也有 7 例：

富貴里户人陳取年七十五　　子男葚年十八　　葚女弟視年十三
（柒·288）

富　貴　里户人吳（?）舊（?）年七十五　　妻 姑 年七十　　子男
承（?）年廿二（柒·356）

下 㚇 里户人劉䅘年七十三踵足　　妻始年七十三　　子男□年卅
九（柒·500）

下 㚇 里户人蔡倉年八十二　　倉妻□年六十二　　子男奴年五十
三刑左手（柒·281）

下 㚇 里户人鄧□年八十□□　　子男惕年六十四腫右足　　惕妻
□年五十五（柒·284）

萬　歲　里 户　人 □□年八十七　　妻□年□□　　子　男 □
年□十郵卒（柒·443）

---

① 杜正勝：《編户齊民——傳統政治社會結構之形成》，第 14—15 頁；高敏主編：《魏晉南北朝
經濟史》（下），上海：上海人民出版社，1996 年，第 533 頁。

　　　　富貴里户人唐恚年八十九刑足　　妻思年五十四　子男主年五十

腹心篤病(柒・519)

以上諸例中,父親年齡最小的 73 歲,最大的已經 89 歲,7 位父親均爲典
型的老人,但他們仍然擔任户人,其子則以普通成員的身份附屬其名下。
在上舉簡壹・8396 中,思、伸、碓祖孫三代共籍,伸 60 歲,其父思當然也
是老男,碓 26 歲,户人同樣是年齡最老的思,而不是碓。

　　老年母親任户人,兒子作爲大男附籍的情况同樣存在。前文所舉簡
柒・198、531、310 中的母親□妾、王妾、□買,雖著録爲"大女",但年齡分
别爲 71、76、77 歲,實爲老人,兒子年齡爲 31、26、46 歲,正處於青壯年時
期,爲典型的大男,但是,3 户的户人均爲母親。

　　如果政府從利益角度確立户人,那麼在小男與老男、老女共籍時,應
選擇小男當户,因爲竹簡中的小男並非如學界所説,不繳納賦税:

　　　　衼男弟頭年十四算一(肆・820)

　　　　常遷里户人公乘朱張年十二算一(柒・5439)

整理者懷疑簡柒・5439"十二"以上有脱字,意即朱張年齡在 20 歲以上,
但這一懷疑並無史料依據。漢代 14 歲以下的百姓儘管不納算,但有口賦
的義務,孫吴將算賦下延到 14 歲以下,並非絶無可能。研究者推測,曹魏
13—15 歲可能是半丁,西晋則明確規定,13—15 歲爲次丁,次丁男承擔的
賦役爲丁男的一半。孫吴政策未必與曹魏、西晋一致,但其勞動力是比較
短缺的。孫休時期,由於政府徵調徭役過度,"至於家事無經護者",爲此
孫休下詔:"其有五人,三人爲役,聽其父兄所欲留,爲留一人。"[1]5 人徵調
3 人已算減輕,在此之前幾乎闔家從役了。從這種情况分析,孫吴對 12—
15 歲的男性徵調半役的可能性完全存在。按前文統計,14 歲以下的户人
只有 6 例,其中 5 例在 12—14 歲之間,比例尚不足同年齡段男性的

----

① ［晋］陳壽:《三國志》卷四八《吴書・三嗣主・孫休傳》,點校本,北京:中華書局,2011 年,
第 1157 頁。

0.25％。當然,在這一年齡段,其父絕大多數正處於壯年時期,兒子附籍父親名下,對賦役之徵不會產生什麼影響。但是,按簡柒·226、379,老男、老女與這種有可能承擔賦役的男性共籍時,户人均由前者充任,而後者以普通成員身份附籍前者名下。

確立户人如果以承擔賦役的能力爲原則,老男與大女共籍時,應以大女爲户主,下文討論的西晋户主即存在此種情況,但這種情況在吳簡中從未出現。相反,老男、大女作爲夫妻,一律以老男爲户人,妻子附籍,這種例子吳簡中比比皆是,不必一一列舉。老男與成年女兒共籍,同樣以老男爲户人,如簡柒·383: 萬 歲 里户人周 息 (?)年七十六,妻客年六十二,子女 婢 年廿二。在上舉簡柒·284 三位家庭成員中,老男、大男、大女共籍,户主爲老男,大女附籍。

從前文的統計可以看出,大男附籍較疏遠的旁系親屬甚至異姓親屬的,不在少數。於這些大男而言,這可能是迫不得已的選擇,但如果政府考慮到賦役之徵,應硬性强制他們自立爲户並擔當户人,而不是聽任其附籍他人。這一現象暗示着,大男是自立爲户,還是與他人合籍,政府並不干涉,而是任其自由選擇。

承擔賦役的大男、大女以及可能承擔賦役的 12—14 歲男性與無賦役負擔的老男、老女共籍時,經常由後者擔任户人,前者則作爲普通成員出現;同時有不少承擔力役的大男附籍較遠的旁系或異姓親屬。這些情況表明,政府或許沒有因爲賦役的原因,對户人人選作出硬性規定,即使有此規定,也基本爲具文。户人的確立與賦役無關,也與政府無關。

以上分析排除了政府從經濟利益角度干涉户主人選的可能性,那麼,老與大、小共籍,老爲户人,是否出於政府的硬性規定呢? 或者説,政府考慮到尊卑長幼各自的地位,因而規定老男爲户人呢? 答案同樣是否定的。父子共籍,父爲户主固然是常見的現象,但是,相反的情況同樣存在,前引簡柒·2293 即是顯著例證。除此而外,另有如下 3 簡:

東陽里户人公乘陳和年卅　　　和父秃六□☑(貳·3325)

陽貴里户人公乘縣卒□□年…… □父□年七十三苦腹心病（柒・4765）

宜陽里户人公乘□鼠年卅六 鼠父□年五十四 鼠 (?)病（柒・3993）

例證雖少,却足以證明,孫吴政府並未出於父尊子卑的考慮,硬性規定父爲户人。

吴簡中女性户人占絶對少數,于振波認爲,這是男尊女卑觀念影響的結果,具體表現爲相關法律規定對女性成爲户人的限制。[①] 他所説的法律規定即前文所引的西漢代户法,這一規定孫吴是否繼承不得而知,但可以肯定的是,在現實生活中,孫吴政府並不禁止母親擔任户人,兒子附籍。無論大女、老女,與子共籍,均可爲户人,上文所引簡柒・202、510、4028、531、198、310 足可證明此點。當然,由此反推母子共籍,母爲户主是法律規定,同樣是錯誤的,因爲相反的例證更爲常見。簡柒・173、175、283、348、351、366、397、421、433、468、549、1240、1742、1916、2368、2625、3989 等,是兒子爲户主,作爲老女的母親附籍的例子;簡柒・369、3908、3972 則是身份爲大女的母親附籍的例子。可見,與父子共籍情況相同,對母子共籍時何人擔任户人,政府同樣没有從尊卑、長幼角度作出硬性規定。

相對而言,父子共籍時,父親擔任户人者居多;母子共籍時,兒子擔任户人者居多。這種現象在一定程度上反映出當時存在的父尊子卑、男尊女卑的觀念,但是,這並不代表政府會硬性規定户主的人選,否則就不會出現上文所舉的衆多反證了。正是由於政府對户人人選不加干預,所以,在父子、母子共籍時,按照社會的主流觀念,百姓大多作出了父、子當户,子、母附籍的選擇。這可以視爲民間的通例,但却不是制度規定;當然,同樣由於没有政府的干預,少數百姓作出了相反的選擇。

---

① 于振波:《户人與家長》,《走馬樓吴簡續探》,第9頁。

　　男性結婚後，有三種可能，一是附籍父母兄長名下，爲普通成員；二是接替父親户人的位置，成爲户人；三是從父、兄籍析出，單獨立户，成爲户人。第一種情況中，附籍於父的比較清楚，如上舉簡柒・284 以及簡柒・2383：宜 陽里户人李□年六十一，子男頭年十九，頭妻□年十□；柒・160：平陽里户人蕈還年七十，還子男勉年廿一，勉妻俗年廿；柒・162：上鄉里户人吳宗年六十，宗子男射年卅 二，射妻□年 廿。附籍於母的，有前舉柒・531 簡。附籍於兄的，在户人簡中缺乏例證，但非户人簡中，有不少以弟的身份附籍，如簡壹・8614：桓男弟平年廿二，平妻姑年十八；貳・1727：璠（?）弟公乘橋年十八盲左目，橋妻大女連年十九算一；柒・2488：巴男弟骸年十五，骸妻大女澂年廿一；柒・3792：了男弟啓年十六鼠（?）病，啓妻大女南年廿二。這些竹簡均空格書寫，弟是普通家庭成員是没有問題的。這樣的例子相當之多，可以肯定，其中一部分人爲户人之弟。

　　第二種情況未見直接的例證。上舉母子共籍，子爲户人的例子中，户人大多已婚，其户人之位應該承襲自父親。當然，承襲未必發生在結婚之初，但也未必一定在父親年過 60 以後。上舉柒・3993 中的父親 54 歲，但已經不再擔任户主，也許在很早以前，他就將這一位置傳給了兒子。

　　第三種情況吳簡中基本没有例證，簡貳・816 有如下記載：右三户口食六人過年別户各有父母兄□。這 3 户似乎是從父母兄長籍下析出另立的新户，是否已婚不得而知，但既然未婚者可以析籍，已婚者當然更不在禁止之列。另外，在表四中，隨年齡的增長，附籍於兄的人數明顯減少，這大概是已婚男性從兄籍中析出，單獨立户的結果。

　　男性結婚後，或繼續附籍於父兄，或接替父親户人之位，或單獨立户，在現實生活中均有例證，這種多樣性的形態表明，男性結婚後是否成爲户人，政府亦不加干涉，形態多樣化是百姓自由選擇的結果。

　　身體發育與健康狀況有很大的彈性，既然政府没有根據年齡、婚姻狀況限定户人人選，當然更不可能根據身體發育和健康狀況對其加以限制。尚未發育成熟的 19 歲以下男性，固然大多附籍他人，但也有自立爲户的，儘管這種情況相當少見。進入老年以後的男性，固然因身體原因或傳户人之位於兒子，或附籍較遠的旁系或異姓親屬，但也有堅持自爲户人的，簡貳·2980 與柒·5488 中的烝豨、蔡寧，年齡高達 97 歲，但他們自己仍擔任户人。這種多樣性的狀況，同樣是百姓自己選擇的結果。

大、小、老共籍，他們皆可爲户人；父、子共籍，父、子皆可爲户人；母、子共籍，母、子皆爲户人；男性已婚，可以繼續附籍父兄名下，也可以接替父親户人之位，還可以析籍自爲户人；19 歲以下及進入老年的男性，可以附籍他人，也可以自立爲户。這種多樣甚至相反狀況的存在，證明孫吳户人的確立與政府無關，而是百姓自由選擇的結果，因爲政府如果對户主人選有硬性規定，是不可能出現如此駁雜不純特別是相反的狀況的。

孫吳政府對何人充當户人不加干預，説明這時的户人並不比同年齡段的普通成員承擔更多的義務和責任，這可能暗示着，孫吳的賦役制度一仍兩漢之舊，重丁而非重户，賦役的徵納帶有强烈的個人化色彩。吳簡記錄的孫吳賦役情況特別複雜，另文專論方可明晰。在此，我們對西晉户主與賦役的關係稍加分析，以爲孫吳户人的參照。《晉書·食貨志》："又制户調之式：丁男之户，歲輸絹三匹，綿三斤，女及次丁男爲户者半輸。"[1]政府按户主承擔責任的能力大小決定户調數額，即丁男爲户者繳全額，丁女及次丁男爲户者減半，次丁女及老、小爲户者免繳。在這樣的賦税政策下，如果聽任百姓自由選擇户主，先後順序必定是：第一，老、小、次丁女；第二，丁女、次丁男；第三，丁男。對政府而言，這種選擇意味着財源的流失。因此，現有資料雖未見西晉有代户法，但政府對何人充當户主必定有硬性規定，其順序與百姓選擇恰好相反，即：户主首先由責任能力最强的丁男擔任，其次爲丁女及次丁男，逼不得已，才由次丁女及老、小充當。有了類似規定，必定不會出現孫吳竹簡中户主駁雜不純、無規律可循的現

---

① 〔唐〕房玄齡等：《晉書》卷二六《食貨志》，第 790 頁。

象。也正是從這裏開始，户主對政府所承擔的經濟義務及應負的法律責任逐漸超過一般成員，其重要性日漸凸顯，相應地，政府對户主人選愈加重視，對户主的控制亦日趨嚴格。[①]　從這個角度説，西晉對户主的硬性限制拉開了中古時代的序幕，而孫吳聽任百姓自由選擇户人，則是上古時代的尾聲。

　　——原刊《魏晉南北朝隋唐史資料》第 31 輯，上海：上海古籍出版社，2015 年。

---

① 韓樹峰：《從"户人"到"户主"》，《漢魏法律與社會》，第 106—113 頁。

走馬樓吳簡所見的真吏與給吏

　　吏作爲魏晋南北朝時期的一個特殊社會階層，在走馬樓吳簡出土之前，就頗受學界關注。唐長孺對吏身份的演變及吏役進行了深刻地闡述，①爲相關研究奠定了基礎。此後，曹文柱、高敏、汪征魯等人也分別撰文，對吏進行了探討。②《長沙走馬樓三國吳簡·嘉禾吏民田家莂》《長沙走馬樓三國吳簡·竹簡》[壹]出版後，與吏有關的新資料的披露再次引起學界對吏的研究興趣，不少研究者以吳簡爲基礎，著文對吏籍、吏户、吏役及吏身份的演變進行探討，③進一步豐富了對吏階層的認識。

　　除州吏、郡吏、縣吏這些普通的名稱外，吳簡中還出現了其他與吏有關的概念，如真吏、給州吏、給郡吏、給縣吏。給州吏、給郡吏、給縣吏性質相同，我們可以將其統稱爲"給吏"。隨着竹簡的陸續公布，吳簡中還出現了給軍吏、給新吏、給庫吏、給佃吏、給州卒、給郡卒、給縣卒、給度卒、給驛卒、給郵卒、給驛兵、給監運兵、給子弟佃客、給限佃客、給佃帥、給常佃、給家種客、給鍛佐、給□乞兒、給三州倉父、給養官牛、給習射、給私學、給朝

　　① 唐長孺：《三至六世紀江南大土地所有制的發展》，上海：上海人民出版社，1957年，第41—45頁；唐長孺：《魏晋南北朝時期的吏役》，《山居存稿續編》，北京：中華書局，2011年，第133—152頁。
　　② 曹文柱：《略論東晋南朝時期的"吏"民》，《北京師院學報》1982年第2期，第53—60頁；高敏：《論漢代"吏"的階級地位和歷史演變》，《秦漢史論集》，鄭州：中州書畫社，1982年，第213—254頁；汪征魯：《魏晋南北朝選官體制研究》，福州：福建人民出版社，1995年，第85—126頁。
　　③ 高敏：《從〈嘉禾吏民田家莂〉中的"諸吏"狀況看吏役制的形成與演變》《關於〈嘉禾吏民田家莂〉中"州吏"問題的剖析——兼論嘉禾五年改革及其效果》，《長沙走馬樓簡牘研究》，桂林：廣西師範大學出版社，2008年，第44—66頁；王素：《説"吏民"——讀長沙走馬樓三國吳簡札記》，《中國文物報》2002年9月27日第7版；汪小烜：《走馬樓吳簡户籍初論》，北京吳簡研討班編：《吳簡研究》第1輯，武漢：崇文書局，2004年，第143—159頁；黎虎：《"吏户"獻疑——從長沙走馬樓吳簡談起》，《歷史研究》2005年第3期，第53—68頁。

丞、給官瓦師、給□任帥、給郡醫、給亭復人、給亭雜人、給縣帥、給州私學、給郡園父、給困父、給關父，①等等。"給某某"名稱紛繁複雜，但從概念的結構看，與給州、郡、縣吏性質並無不同，因此，我們亦將其納入給吏的範圍一併考察。爲論述的方便，下文將給吏從事的工作統稱爲"給役"，給吏家庭稱爲"給户"。

《竹簡》［壹］發布後，我曾對真吏、給吏的性質以及兩者與吏的關係進行過探討，認爲真吏與州、郡、縣吏性質相同，不屬於一般百姓，其吏名具有身份性；給吏雖有吏名，但並不是吏，他們只是暫時從事吏的工作，儘管有演變爲吏的可能，其身份仍爲普通百姓。② 此後黎虎提出了完全相反的觀點，認爲給吏即吏，批評我"囿於'吏户'論思維定式"，"故所論勢必難以完全符合歷史實際"。③ 後來我根據新出版的吳簡，撰文對自己的觀點再次做了補充完善。④ 本文綜合三篇小文，以吳簡爲主，結合文獻資料，擬概括論述這一問題，以期對真吏、給吏的性質及其與吏的關係作出我的結論性意見；同時，對給户的地位及其與北朝雜户的關係提出一些不成熟的看法。當然，我的論述是否貼近"歷史實際"，仍要等待更多出土資料的驗證，特別是最後一部分的討論，相當粗疏，聊備參考而已。

一、吳簡中的真吏與給吏

《竹簡》［壹］中出現了大量的真吏、給州吏、給郡吏、給縣吏。真吏主

① 給亭雜人與給亭復人或是同一種給役，"雜""復"字形接近易誤。園、困、關三字也有形似之處，給郡園父、給困父、給關父也存在着是同一種役的可能。
② 韓樹峰：《走馬樓吳簡中的"真吏"與"給吏"》、《論吳簡所見的州郡縣吏》，長沙簡牘博物館、北京吳簡研討班編：《吳簡研究》第 2 輯，武漢：崇文書局，2006 年，第 25—55 頁。
③ 黎虎：《説"給吏"——從長沙走馬樓吳簡談起》，《社會科學戰綫》2008 年第 11 期，第 88 頁。作者在《"吏户"獻疑——從長沙走馬樓吳簡談起》一文中曾對"吏户"論進行反駁，認爲吳簡中的"吏"稍優於普通編户，其實並不存在學界所説的吏户。我同樣認爲孫吳時期不存在吏户，只是指出此時的吏地位不高，正在逐漸走向卑微化，卑微化的終點將是"吏户"的形成。我與黎文觀點有異確屬事實，但所謂筆者"囿於'吏户'論思維定式"云云，則純屬其基於推測産生的誤判。
④ 韓樹峰：《孫吳時期的"給吏"與"給户"》，長沙簡牘博物館、北京大學中國古代史研究中心、北京吳簡研討班：《吳簡研究》第 3 輯，第 88—108 頁。

要出自宜陽里：

  1. 宜陽里戶人公乘信化年卅五真吏盲左目（壹·2872）

  2. 宜陽里戶人公乘利豫年卅四真吏（壹·5387）

  3. 宜陽里戶人公乘劉桓年卅九真吏（壹·8928）

  4. 宜陽里戶人公乘區規年廿二真吏（壹·8962）

  5. 宜陽里戶人公乘番霸年廿二真吏（壹·9007）

  6. 宜陽里戶人公乘劉豔年廿四 真 □ 吏（壹·9065）

  7. 宜陽里戶人公乘徐熙年卅四真吏（壹·9085）

  8. 宜陽里戶人公乘夏隆年卅一真吏（壹·9090）

  9. 宜陽里戶人公乘許紹年卅五真吏（壹·9129）

  10. 宜陽里戶人公乘劉温年卅三真吏（壹·9142）

  11. 宜陽里戶人公乘桓 彝 年卅五真吏（壹·9143）

  12. 宜陽里戶人公乘黃高年廿五　真吏（壹·9146）

  13. 宜陽里戶人公乘陳顏年五十六真吏（壹·9156）

  14. 宜陽里戶人公乘靳佑年廿四真吏（壹·9207）

  15. 宜陽里戶人公乘徐營年廿三真吏（壹·9219）

  16. 宜陽里戶人公乘徐朝年廿一真吏（壹·9289）

  17. 宜陽里戶人公乘文慎年卅三真吏（壹·9309）

  18. 宜陽里戶人公乘郭像年廿九真吏（壹·9323）

  19. 宜陽里戶人公乘莫先年廿五真吏（壹·9341）

  20. 宜陽里戶人公乘呂詔年廿一真吏（壹·9345）

  21. □陽里戶人公乘何統年六十一真吏（壹·9356）

  22. 宜陽里戶人公乘黃阿年八十一真吏（壹·9360）

  23. 宜陽里戶人公乘文□年廿□真吏（壹·9384）

  24. 宜陽里戶人公乘□禮年卅四真吏苦腹心病（壹·9396）

  25. 宜陽里戶人公乘文胤年卅五真吏（壹·9495）

  26. 宜陽里戶人公乘陳□年卅五真 吏 （壹·9618）

　　27. 宜陽里户人公乘□□年廿五眞吏　☑（壹・9716）①

宜陽里眞吏多達 27 人,均没有負擔口算錢的記載。② 對此,羅新認爲,法律上所有人都需要交口算錢,但身爲眞吏者一概免除,故户籍書寫時乾脆不寫口算了。③ 無論眞吏原本没有口算的義務,還是本有此義務,後來得到了復除,均顯示其與下文所舉繳納口算的給吏有别。

　　宜陽里有 3 例給縣吏、給州吏的記載:

　　　　28. 宜陽里户人公乘謝達年廿六算一給縣吏（壹・7777）

　　　　29. 宜陽里户人公乘謝□年廿六算一給縣吏（壹・9588）

　　　　30. 宜陽里户人公乘勇顗年卅四算一給州吏（壹・10139）

給吏僅 3 人,均標注了"算一",對給吏而言,向政府繳納口算錢似乎是必須承擔的義務。

　　如果説宜陽里三枚給吏簡數量太少,尚不足以反映給吏、眞吏之間的區别的話,以下諸簡記載的給吏,爲我們進一步認識這個問題提供了更多證據:

　　　　31. 谷陽里户人公乘鄭䕫年卅六算一給州吏復（壹・3323）

　　　　32. 高遷里户人公乘□□年卅三算一給縣吏（壹・7353）

　　　　33. 高遷里户人公乘挾聲年卅一算一給州吏（壹・7432）

　　　　34. □陽里户人公乘桑鼠 年 廿六 算 一給郡吏（壹・8127）

　　　　35. 露妻筍年廿　露男弟頭年廿給縣吏（壹・8400）

---

　　① 本文簡首阿拉伯數字序號均係作者爲論述方便所加。
　　② 目前所見有算賦記録的眞吏僅有 1 人,簡壹・3346:子公乘生年廿三算一眞吏復。孟彦弘認爲,納算與否不能成爲區分眞吏與給吏的一個標準,因爲眞吏也可納算,他舉出了郡吏納算的兩個例證:郡吏公乘李□年卅二算一　☑（貳・2460);郡吏區邯年卅□八　　邯妻大女平年廿二算一（貳・2417）(孟彦弘:《吳簡所見的"子弟"與孫吳的吏户制》,《出土文獻與漢唐典制研究》,北京:北京大學出版社,2015 年,第 85 頁）。後一簡並非郡吏區邯納算,應爲誤舉。前簡如記載無誤,確可證明作爲眞吏的郡吏納算。通覽竹簡,州、郡、縣吏納算者,僅此一枚,也許不能排除誤記的可能。大量的眞吏與給吏簡確實有不注記"算一"與注記"算一"的區别,似乎不是偶然現象,因此,我仍然傾向認爲,是否納算或是否注記算賦,是區分眞吏與給吏的標準之一。
　　③ 羅新:《"眞吏"新解》,《中華文史論叢》2009 年第 1 期,第 129 頁。

36. 東陽里户人公乘丞謂年廿二算一給州吏(壹·8646)

37. 小成里户人公乘五陵年卌六給縣吏復(壹·9435)

38. 宜陽里户人公乘謝□年廿六算一給縣吏(壹·9588)

39. 吉陽里户人公乘胡恕年卌四算一給郡吏(壹·10042)

40. 高遷里户人公乘松棐年卌四算一給縣吏(壹·10080)

41. 吉陽里户人公乘籥追年廿九算一給州吏(壹·10149)

42. 吉陽里户人公乘逢□年卌二算一給郡吏(壹·10169)

43. 吉陽里户人公乘廖□年廿七算一給郡吏(壹·10175)

44. 吉陽里户人公乘張惕(?)年廿八算一給縣吏(壹·10182)

45. 宜都里户人公乘吴□年十九算一給州吏(壹·10201)

46. □陽里户人公乘謝鼠(?)年卌三算一給郡吏(壹·10232)

47. 高遷里户人公乘□□年卌三算一給郡吏(壹·10298)

48. 吉陽里户人公乘區張年廿八算一給州吏(壹·10367)

49. 高遷里户人公乘[賈]約年卌四算一給郡吏(壹·10398)

50. 高遷里户人公乘蔡嬰年十七算一給縣吏(壹·10401)

51. 高遷里户人公乘張喬年卌算一給縣吏(壹·10412)

上述給吏一共 21 人,分布於不同的里,除簡 35、37 外,都有口算錢的負擔,與宜陽里 3 名給吏的情況完全相同。簡 35 是一支普通家庭成員簡,可能與户人簡格式有異,因此未記載口算錢,但這並不意味着他無需繳納。簡 37 亦未載口算錢,此簡的户人"給縣吏"被"復",可能口算錢也在復除範圍之内,抄寫者因此省略,另外,也存在漏記的可能。總之,這支簡不能作爲給吏不納口算錢的例證。按其餘 20 例,給吏須繳納口算錢是没有疑問的。

真吏簡與給吏簡的記載説明,真吏無須繳納口算錢;給吏繳納口算錢則是一種無法避免的義務,就此而言,給吏與普通百姓没有什麽不同。

二、真吏與吏的關係

真吏身份如何,竹簡記載已説明一些問題,爲進一步了解其性質,我們再簡略考察一下文獻資料。《漢書·蘇武傳》:"武與副中郎將張勝及假吏常惠等募士斥侯百餘人俱。"顏師古注:"假吏猶言兼吏也。時權爲使之吏,若今之差人充使典矣。"①從顏注可以知道,常惠並不是國家正式吏員,可能由於他具有某種特長,因此假以吏名,令其出使匈奴,"假",含有臨時、暫時之義。《後漢書·光武帝紀》載建武七年(31年)罷"罷輕車、騎士、材官、樓船及軍假吏",李賢注:"軍假吏謂軍中權置吏也,今悉罷之。"②這裏的"假"指臨時設置。《晉書·潘岳傳》載司馬瑋派公孫宏誅殺外戚楊駿僚佐,公孫弘以潘岳只是楊駿假吏爲藉口,將其放免,③顯然"假吏"指非正式之吏。

　　有限的文獻資料告訴我們,假吏是一種臨時設置之吏。如果考慮到"真""假"的相對性,似乎可以作出這樣的推測: 真吏是正式的吏。

　　魏晉南北朝時期,吏有兩種含義: 其一指官府屬吏;其二指在官府服役性的吏。④ 那麼,吳簡中的真吏是國家法定官員,還是國家吏役的正式承擔者呢? 前引竹簡中的真吏,年齡最大者達81歲,早就超過了國家官員的致仕年齡。他們的爵位均爲公乘,也就是説屬於民爵的範圍;而且簡1、24中的户人,或"盲左目",或"苦腹心病",均身有殘疾,難以勝任官員的職任。

　　種種迹象表明,真吏並非國家正式官員,而是國家吏役的正式承擔者。與普通百姓比較,他們雖然少了口算錢的負擔,但却終身難以擺脱吏的身份,可以説,對國家具有很强的依附性。

　　孫吳大木簡中有許多州、郡、縣吏。這些吏無論耕種二年常限田,還是餘力田,均要向政府繳納賦税,這一點與普通百姓没有什麼不同。但是,目前尚未見到這類吏繳納口算錢的記録,這與竹簡中的真吏相似,與普通百姓比較,表現出很大的差異性。這是否暗示着這些吏就是竹簡中

---

①　[漢]班固:《漢書》卷五四《蘇武傳》,第2460頁。

②　[南朝·宋]范曄:《後漢書》卷一《光武帝紀》,第51頁。

③　[唐]房玄齡等:《晉書》卷五五《潘岳傳》,第1503—1504頁。

④　汪征魯:《魏晉南北朝選官體制研究》,第85—101頁。

的真吏呢？或者説竹簡中的真吏是否就是木簡中的州、郡、縣吏呢？竹簡中以下兩簡值得注意：

> 52. 郡吏黄士年十二（壹·7638）
> 53. 郡吏黄蔦年十三（壹·8494）

黄士、黄蔦只有 12、13 歲，他們的郡吏身份不可能是國家正式官吏，這與前引簡 21、22 中的何統、黄阿分别爲 61、81 歲，仍任真吏的情况相似，不過有少年、老年之分罷了。

有一個現象值得注意，《嘉禾吏民田家莂》大木簡共記載了 39 名州吏、58 名郡吏、70 名縣吏，但却没有涉及竹簡中屢屢出現的真吏，這似乎很難用木簡數量不多，尚不足以反映所有吏的身份來解釋。最大的可能是，真吏是一個總稱，而州吏、郡吏、縣吏則是具體性的名稱。各種具體名稱出現後，總稱也就無須提起了。

細緻比對木牘與竹簡，基本可以認定，州吏、郡吏是真吏的組成部分：

> 桐唐丘州吏徐熙，佃田三町，凡卅六畝（4·314）①
> 宜陽里户人公乘徐熙年卌四真吏（壹·9085）

竹簡中的徐熙身份是真吏，木牘中的徐熙則是州吏。同一人名在木牘、竹簡中出現的情况比較常見，不宜遽然判定兩個徐熙是同一人。但竹簡中宜陽里的真吏，在木牘中以州吏、郡吏身份出現的，除徐熙外，尚有以下五例：

> 横浿丘州吏黄阿，佃田五町，凡七十九畝（4·461）
> 宜陽里户人公乘黄阿年八十一真吏（壹·9360）

---

① 走馬樓簡牘整理組編著：《長沙走馬樓三國吳簡·嘉禾吏民田家莂》（上册），北京：文物出版社，1999 年。括號中"·"前的數字有 4、5 之别，分别代表嘉禾四年（235 年）、五年，後面的數字代表簡號，如 4·314，指嘉禾四年田家莂中的第 314 簡。下文引自田家莂的木簡均循此例，不另注書名和頁碼。

新成丘州吏陳顏,租田卌畝(5·791)

宜陽里户人公乘陳顏年五十六真吏(壹·9156)

□丘州吏桓彝,佃田五町,凡六十五畝(4·509)

宜陽里户人公乘桓彝年卅五真吏(壹·9143)

□□郡吏黃高,佃田五町,凡五十七畝(4·569)

宜陽里户人公乘黃高年廿五真吏(壹·9146)

逢唐丘郡吏劉溫,佃田九十六畝(5·591)

宜陽里户人公乘劉溫年卅三真吏(壹·9142)

黃阿、陳顏、桓彝、黃高、劉溫同出宜陽里,均爲真吏,而在木牘中他們再次出現,其身份或爲州吏,或爲郡吏。如果全係同名,未免過於巧合。因此,判斷他們是同一人或其中幾人是同一人並無不妥。[①] 這説明,真吏至少包括了州吏與郡吏。至於縣吏,尚未發現其是真吏的具體例子。

　　與《嘉禾吏民田家莂》有州、郡、縣吏,未見真吏的情况相反,在《竹簡》［壹］的户人簡中,有真吏,無州、郡、縣吏;此後出版的《竹簡》［柒］、《竹簡》［捌］的户人簡又呈現出相反的變化,有州、郡、縣吏,無真吏。[②] 兩相對比,似乎可以説明州、郡、縣吏就是真吏。《嘉禾吏民田家莂》是田家納税的券書,田家身份不同,納税標準有異。同爲真吏,州吏與郡吏、縣吏相比,就受到了政府的優待。[③] 在這種情况下,必須對諸吏的身份進行細緻區分,而不能籠統地記爲真吏。户人簡只是對諸吏户口的登記,與納税標準並無密切關係,因此,凡爲州吏、郡吏、縣吏者,可以標注具體名稱,也可

---

　　① 黃高之名在田家莂中又分別見於簡5·391、5·704、5·741,身份均爲"男子",宜陽里黃高與他們的關係不易確定。
　　② 標注州、郡、縣吏的户人簡形式如下:夫秋里户人公乘州吏黃星(?)年卅七(柒·5709);春平里户人公乘郡吏況 習 年廿六(柒·6123);富貴里户人公乘縣吏孫義年廿五(捌·1309)。
　　③ 高敏:《關於〈嘉禾吏民田家莂〉中"州吏"問題的剖析——兼論嘉禾五年改革及其效果》,《長沙走馬樓簡牘研究》,第55頁。

以籠統稱爲真吏,只須將其與普通百姓區別開來就可以了。

有限的材料可以幫助我們謹慎地作出如下推測:真吏在官府中正式服役,是一種身份性的吏,州、郡、縣吏是它的具體組成部分。換而言之,凡以"州吏""郡吏""縣吏"爲稱者,均係在政府中正式服役的身份性的吏。

三、給吏與吏的關係

以上討論了真吏與州、郡、縣吏的關係,那麽,與真吏相對的給吏性質如何? 它是否也屬於吏的範疇? 黎虎討論給吏,引用了不少文獻資料,據以論證給吏即州、郡、縣吏。但我認爲,給吏並不是吏,只是在官府臨時服吏役的普通百姓,性質與假吏相似。這個稱呼並不像州吏、郡吏、縣吏一樣,具有表明身份的作用。

(一) 文獻中的"給事縣爲吏"與"給吏"

我們首先分析文獻中與給吏有關的資料。

兩漢傳世文獻中,並未直接記載給吏,可以見到的,只有如下幾條"給事縣爲亭長"和"給縣爲吏"的資料:西漢朱博,東漢吳漢、逢萌等,皆因"家貧,給事縣爲亭長";①鄭玄"給縣爲吏,得休不歸家"。② 據此,黎虎指出:"在本州郡縣'給吏'的吏員,'給縣吏'即爲'縣吏','給郡吏'即爲'郡吏',同理,'給州吏'亦即爲'州吏'。'給吏'與'州郡縣吏'是一而二,二而一的。"③如果按這一邏輯推演,朱博、吳漢、逢萌等人擔任了亭長之職。但是,三人"給事縣爲亭長",是因爲家境貧困,被逼無奈。亭長職位固然不高,在基層却有一定的權力和影響力,政府不可能任命他們擔任亭長之職。特別是朱博,年齡較小,是無法勝任亭長這一繁劇的職務的。他們"給事縣爲亭長",應該是出於維持生計的需要。吕思勉引吳漢事,將他視

---

① [漢] 班固:《漢書》卷八三《朱博傳》,第 3398 頁;[南朝·宋] 范曄:《後漢書》卷一八《吳漢傳》、卷八三《逸民·逢萌傳》,第 675、2759 頁。

② [唐] 虞世南:《北堂書鈔》卷七七《設官部》"吏"條引《續漢書》,北京:中國書店,1989 年,第 283 頁。

③ 黎虎:《説"給吏"——從長沙走馬樓吳簡談起》,《社會科學戰綫》2008 年第 11 期,第 91 頁。

爲亭長的寄食賓客。① 亭長未必有賓客，但他們"給事縣爲亭長"時，身份較低是確定無疑的。翟方進年十二三，"失父孤學，給事太守府爲小史"，經常遭受掾史的詈罵；郭太"家世貧賤，早孤，母欲使給事縣廷"，但仍因其爲"斗筲之役"而拒絕。② 從以上諸人"給事"的背景及遭遇看，無論如何不會是兩漢政府的吏員。

兩漢以後的傳世文獻中，直接記載給吏的資料僅有五條。《三國志·楊洪傳》："（張）裔流放在吳，洪臨裔郡，裔子郁給郡吏，微過受罰，不特原假。"同書《孫休傳》載孫休詔書："諸吏家有五人，三人兼重爲役，父兄在都，子弟給郡縣吏，既出限米，軍出又從，至於家事無經護者，朕甚愍之。其有五人三人爲役，聽其父兄所欲留，爲留一人，除其米限，軍出不從。"③《華陽國志》記漢桓帝時巴郡郡掾趙芬等十六人向太守但望請求分郡，但望應其請，向朝廷提出了分郡的建議。他們在上書中都提到了一個與給吏有關的理由，前者云："郡境廣遠，千里給吏。"後者謂："給吏休謁，往還數千。"④《宋書·宗慤傳》："時從兄綺爲征北府主簿，綺嘗入直，而給吏牛泰與綺妾私通，慤殺泰，綺壯其意，不責也。"⑤《三國志》中的給郡吏、給郡縣吏是具體記載，《華陽國志》與《宋書》中的給吏則是概括記載。就使用方式分析，前三條中的給郡吏、給郡縣吏、給吏屬動賓詞組，後兩條中的給吏則爲名詞。吳簡中既有具體的給州吏、給郡吏、給縣吏，亦有概括性的給吏，同時亦有動賓與名詞兩種使用方式：

54. 嵩男弟恭年十九先給州吏（叁·1807）

55. 其一人先給郡吏在 武 昌（叁·3835）

① 呂思勉：《蒿廬札記》"漢世食客之多"條，《論學集林》，上海：上海教育出版社，1987年，第711頁。

② ［漢］班固：《漢書》卷八四《翟方進傳》，第3411頁；［南朝·宋］范曄：《後漢書》卷六八《郭太傳》，第2225頁。

③ ［晉］陳壽：《三國志》卷四一《蜀書·楊洪傳》，第1014頁；卷四八《吳書·三嗣主·孫休傳》，第1157頁。

④ ［晉］常璩撰，任乃強校注：《華陽國志校補圖注》卷一《巴志》，上海：上海古籍出版社，1987年，第19、20頁。

⑤ ［南朝·梁］沈約：《宋書》卷七六《宗慤傳》，點校本，北京：中華書局，2011年，第1971頁。

56. 買男弟蔣年廿四先給縣吏（貳・6654）

57. ☑□華詣府給吏☑（壹・296）

58. ・其四人任給吏（貳・6655）

59. 忠子男仲年十五　任　給　吏（叁・1805）

顯而易見，前四例中的給州吏、給郡吏、給縣吏、給吏屬動賓結構，後兩例中的給吏爲名詞，使用方法完全與上引文獻資料相合。

張郁"給郡吏"在蜀漢建興元年（223 年），[①]孫休詔書頒布於永安二年（258 年），兩者與形成於嘉禾年間的孫吳名籍簡一前一後。[②]《華陽國志》所載分郡事，在漢桓帝永興年間（153—154 年），這是傳世文獻中確切記載給吏的最早資料，對認識給吏的性質有重要的參考價值。因此，以上三條記載應該是討論給吏最可信賴的文獻資料，其中尤以《華陽國志》提供的信息較爲豐富。《宋書》所載過於簡略，對分析給吏性質幫助不大，可以忽略不計。

在但望的上書中，郡境遼闊廣遠，造成給吏往還艱難，成爲其建議分郡的理由之一，而趙芬等郡吏更是將此作爲分郡的唯一理由。同時，兩份上書還包含了一些與給吏有關的其他信息，爲認識給吏的性質提供了很大的幫助。黎虎認爲，給吏指趙芬等郡吏，他們要求分郡係爲己謀，因此上書中説，如有"嘉報"，則"芬等幸甚"。但望上書既云"給吏休謁，往還數千"，又稱"遥縣客吏，多有疾病"，也證明給吏即吏。[③]

將最高行政區劃一分爲二，是一個重大的變動，没有充足的理由，朝廷自然是不會應允的。在此之前，趙芬等人就曾"歷政訟訴"，即屢次作分

---

① 張郁"給郡吏"時，其父張裔尚在孫吳。張裔因雍闓反叛被流放於吳在劉備去世時（223 年），也就在這一年，鄧芝出使孫吳，請求其遣返張裔，裔因此得以回歸蜀漢。雍闓與張裔事，見［晋］陳壽：《三國志》卷三三《蜀書・後主傳》，第 894 頁；［晋］常璩撰，任乃强校注：《華陽國志校補圖注》卷四《南中志》，第 240—241 頁。

② 名籍簡制定的確切時間不詳。竹簡多係嘉禾年間册書，而現有各種名籍册書的起首簡均記録嘉禾年號，如簡壹・9088：南鄉謹列嘉禾四年吏民户數（?）口食人名年紀簿；貳・1131：南鄉謹列嘉禾五年限佃人户口食人名簿　☑；貳・1798：廣成鄉謹列嘉禾六年吏民人名年紀口食爲簿；貳・7957：縣鄉謹列嘉禾四年人名年紀爲簿　☑。推測名籍簡形成於嘉禾年間，當與事實相去不遠。

③ 黎虎：《説"給吏"——從長沙走馬樓吳簡談起》，《社會科學戰綫》2008 年第 11 期，第 89—90 頁。

郡之請,但却"未蒙感寤"。此前要求分郡的理由不得而知,但數次碰壁之後,趙芬等人必定會想盡千方百計,提出更爲充足的理由,以促成分郡。僅僅將郡吏往返不便這種僅涉及少數人利益的情況作爲分郡之請,不但朝廷不會允許,甚至也不能打動太守但望。所以,從情理上講,趙芬等人此次分郡之請,也許不能排除有爲己謀的因素,但所持理由肯定冠冕堂皇,超越了郡、縣吏等少數人的狹隘利益,所謂"千里給吏"的"給吏"涵蓋面應該更爲廣泛。但望似乎明白,即使如此,分郡之請也未必蒙獲朝廷批准,所以在上疏中,他又從經濟、治安、司法、監察、政治、環境、風俗等方面,進一步論證了分郡的必要性。[①] 即便列出了如此之多的理由,最終結果仍是"朝廷未許"。

　　向但望訴請分郡的郡吏共 16 人,其籍貫按距離巴郡治所江州(今重慶市)由近到遠分布如下：江州 6 人,墊江(今重慶市合川區)3 人,臨江(今重慶市忠縣)3 人,安漢(今四川南充市)1 人,宕渠(今四川渠縣東北)1 人,閬中(今四川閬中縣)1 人,弘農(今河南靈寶縣北)1 人。可以看出,按距離江州的遠近,郡吏人數分布呈反比例變化。往返江州距離最遠、最困難的,當屬閬中、宕渠,均只有 1 人;出於當地江州的,則多達 6 人;墊江距離江州僅 70 公里,亦有 3 人,這些人占了上書人數的 2/3。如果説這 9 名郡吏要求分郡係爲己謀,所謂"千里給吏"的理由實在是過甚其詞。而且將巴郡一分爲二,分治臨江、安漢的建議一旦得以實施,對墊江尤其是江州郡吏而言,不僅無利,而且有害。出於弘農的馮尤,家鄉距離江州自然不止千里之遙,是否分郡,對他而言基本沒有太大的意義。所以,如果爲自己着想,馮尤以及江州、墊江的郡吏根本沒有參與分郡活動的必要。

　　當然,巴郡吏員不止這 16 人,但是,江州經濟、文化發達,又係政治中心,巴郡人才的籍貫應該以江州爲中心,向四周輻射,這也符合人才的一般分布規律,上述諸人的籍貫分布也證明了此點。這意味着,距離江州越

---

① 但望所列分置巴郡的理由見[晋] 常璩撰,任乃强校注:《華陽國志校補圖注》卷一《巴志》所載但望上疏及任乃强注,第 20—24 頁。

近的地區，所出郡吏、縣吏越多。如果上書所言給吏往返艱難主要針對吏員，能够代表的也僅是吏員中的少數。趙芬等人不會不明白，以極少數人的利益作爲分郡的理由，無論如何是不會打動但望的，當然更不會打動朝廷。他們所説的給吏只能是另有所指，即距離江州遥遠的大多數人。

趙芬等人所持分郡的理由超越了吏員等少數人的利益，在訴請書中是有明確體現的。訴請書云："天之應感，乃遭明府，欲爲更新。童兒匹婦，歡喜相賀：'將去遠就近，釋危蒙安。'"書末又云："人鬼同符，必獲嘉報。芬等幸甚。"意謂分郡之請，人鬼所願，必獲批准。① 郡户曹史枳對但望則云：答應分郡，係"爲民庶請命救患"。從中不難看出，趙芬等人極力向但望表示，分郡之請並非少數人的要求，而是全郡百姓的心願。至於"芬等幸甚"，係古時書信慣用語，上書即爲趙芬等郡吏所爲，綴以此語契合情理，據此得出分郡係爲郡吏、縣吏謀，是不妥當的。當然，還應該注意，此書前有"自訟"二字，黎文未曾提及，似乎可以證明趙芬等郡吏上書確係爲己謀。任乃强注："謂主動建議，爲本身利害謀也。"②但他所説的利害與黎文不同，並非指趙芬等本人，而是推測其家族鄰里均參與了給吏之役。我推測，"自訟"有可能是《華陽國志》作者常璩對趙芬等人上書的目的所下的主觀判斷，並不代表他們所持分郡的理由是爲己謀。

在但望向朝廷建議分郡的奏疏中，講到"給吏休謁，往還數千"這一理由後，續言郡境遼闊給司法、監察帶來的困難，多達 71 字。然後又云："郡治江州，時有温風。遥縣客吏，多有疾病。"意謂江州時有瘴氣，"遥縣客吏"水土不服，以致"多有疾病"，這一問題顯然是獨立的，與司法、監察存在的問題無關，當然也與"給吏休謁，往還數千"毫無關係。黎文對此視而不見，謂"'給吏休謁，往還數千'，以致'遥縣客吏，多有疾病'"，顯係剪裁失當，有悖原文本意，在此基礎上得出給吏即遥縣客吏的結論，自然也就不攻自破了。即使忽略介於兩者之間的司法、監察方面的理由，將"給吏

---

① "人鬼同符"之意不難理解，劉琳注爲："人與鬼神都一致希望分郡。"見［晋］常璩撰，劉琳校注：《華陽國志校注》卷一《巴志》，成都：巴蜀書社，1984 年，第 47 頁。
② ［晋］常璩撰，任乃强校注：《華陽國志校補圖注》卷一《巴志》，第 21 頁。

休謁"與"遙縣客吏"相連,勢必導致"郡治江州,時有溫風"下無所接,語意不完。僅僅是"郡治江州,時有溫風"就成爲但望請求分郡的一個理由,上報給朝廷未免過於可笑。所以,"給吏休謁,往還數千"與"遙縣客吏,多有疾病"没有任何聯繫,而是各自構成了但望請求分郡的一個理由,從中難以得出給吏即"遙縣客吏"的結論。任乃强注"遙縣客吏"云:"外州來此服官職者。"①如果再加上"外郡",或許更符合但望原意。總之,"客吏"與本郡的給吏並無關係,給吏不是吏,而是普通百姓。

(二) 吳簡對給吏與吏的區分

吳簡中既有給吏的記録,亦有州吏、郡吏、縣吏的記録:吉陽里户人公乘胡恕年卅四算一給郡吏(壹·10042);下伍丘郡吏廖裕,田廿町,凡卅六畝 (4·24);模鄉郡吏潘真故户上品 出 ▢ (壹·1303);入廣成鄉嘉禾二年租米十七斛僦畢三嘉禾二年十月廿五日世丘郡吏唐雷關邸閣董基付三州倉吏鄭黑受(壹·3213)。關於這兩種不同的記録,黎文認爲係語境不同所致,而在本質上,給郡吏即郡吏,前者反映其正在履行吏役,後者則反映其身份。② 這幾枚簡牘的語境確實有所不同,但以此抹殺給郡吏與郡吏的區別,顯然過於武斷。文獻中多有某人"爲郡吏"的記載,其與張郁"給郡吏"事語境是否相同,由於資料所限,難下定論。但分析孫吳名籍簡,可以發現,在語境完全相同的情况下,記録者仍對給吏與吏進行了區分。

名籍簡類型複雜,其中一類侯旭東已經復原,定名爲"吏民人名年紀口食簿"。經科學發掘整理的《竹簡[肆]》,比較完整地保存了此類册書的集計簡,其格式與要素如下:

　　60. 集凡 五 唐 里魁周▢領吏民五十户口食二百八十九人

(肆·380)

---

① [晉] 常璩撰,任乃强校注:《華陽國志校補圖注》卷一《巴志》,第 23 頁。
② 黎虎:《説"給吏"——從長沙走馬樓吳簡談起》,《社會科學戰綫》2008 年第 11 期,第 90 頁。

61. 其一百六十二人男(肆‧379)

62. 其一百廿七人女(肆‧378)

63. 其四戶縣吏(肆‧377)

64. 其二戶郡吏(肆‧376)

65. 其□戶州吏(肆‧374)

66. 其五戶給新吏(肆‧373)

67. 其一戶縣卒(肆‧372)

68. 其一戶佃帥(肆‧371)

以下兩簡應該也是這類册書的組成部分：

69. ‧其三戶給州吏(貳‧2674)

70. 其一戶州吏(貳‧2049)

這種册書是政府爲了徵發徭役而製作,主要統計一里之中的不應役户,最後確定應役户。無論吏還是給吏,由於已經有役在身,本户均屬不應役户。政府在登記各里所服之役時,給州吏與州吏分别記録,顯而易見,兩者是存在差異的。

給吏與吏的區分,並不僅局限於"吏民人名年紀口食簿"中,也體現在確定户等的册書中：

71. 其七戶給郡吏下品(壹‧5447)

72. ☑其十二戶給郡吏下品(壹‧5677)

73. 其十二戶給縣吏下品(壹‧5467)

74. ☑其十三戶給縣吏下品(壹‧5648)

75. ‧其六戶郡吏中品……　　☑(貳‧4490)

76. 其二戶縣吏下品　　☑(貳‧3307)

擴大範圍觀察,除了給吏與吏,給卒與卒在"吏民人名年紀口食簿"中也被有意識地區別開來：

77.　•其三户給郡縣卒(貳•2318)

78.□　　　•其四户郡縣卒(貳•2298)

在語境完全相同的情况下,記錄者仍進行如上區分,只能説明給吏與吏性質並不相同。如果兩者之間没有差别,鄉吏統計時,應該將兩者合二爲一,分别記錄則有畫蛇添足之嫌。

給吏與吏的不同,在如下木牘中也有明確體現:

> 廣成鄉勸農掾區光言:被書條列州吏父兄子弟伏處、人名、年紀爲簿。輒隱核鄉界,州吏七人,父兄子弟合廿三人。其四人刑、踵、聾、歐病;一人被病物故;四人其身已送及,隨本主在官;十二人細小;一人限佃;一人先出給縣吏。隱核人名、年紀相應,無有遺脱。若後爲他官所覺,光自坐。嘉禾四年八月廿六日破莂保據。①

牘文係對廣成鄉七個州吏的"父兄子弟"所做的調查。給縣吏是與在官府中正式服吏役的七個州吏相對而言的,也就是説,給縣吏並不是州吏,可能是由於政府人手不够,將州吏的家屬徵調而來,其所服亦係吏役,但身份仍不同於州吏,屬臨時性質。

當然,也可以作另外一種解釋:給縣吏是真正的吏,重點强調其在本縣服役,不同於在州服役的州吏,所以調查時要特意標明"給縣吏"。但是,前引孫休詔書對這種解釋構成了疑問。詔書首先只是籠統地説"諸吏",未指明是州吏、郡吏還是縣吏,下文仍言其"子弟給郡縣吏",這些"給郡縣吏"的子弟係相對概括性的"吏"而言,顯然不是"諸吏"中的一員。②詔書説明,除了"諸吏"本身在州、郡、縣正式服役外,如區光簡所反映的那樣,他們的子弟有時還被政府臨時徵發,在郡、縣服吏役。當然,給吏不具有身份性,不過,他們以普通百姓的身份服吏役,仍然可以看作負擔的加

---

① 釋文據侯旭東:《三國吳簡兩文書初探》,《歷史研究》2001年第4期,第173頁。

② 孟彦弘對此的解釋完全相反,認爲無論木牘中的"先出給縣吏"者,還是孫休詔書中的"給郡縣吏"者,作爲吏的家屬,本身即是吏(孟彦弘:《吳簡所見的"子弟"與孫吳的吏户制》,《出土文獻與漢唐典制研究》,第83—86頁)。不過,從給吏、吏分别記載的竹簡分析,給吏顯然不同於吏,更爲具體的論述可參下文。

重,因爲他們並不能免除賦税負擔,但却額外加上了吏役。由於"給郡縣吏"係普通百姓臨時服吏役,不具有吏的特定身份,因此,孫休下令聽留一人在家"經護家事"時,不必特別表明免除他們吏的身份以誇耀自己的政績,因爲他們本身就不是吏,孫休所做的,只是不再令這些普通百姓服吏役而已。

如果對"吏民人名年紀口食簿"進一步觀察,可以發現,給吏與吏存在着諸多相異之處。首先是書式方面。在登録家庭成員狀況時,給吏之類的名稱係最後一部分内容,無置於姓名之前者:

> 79. 民男子蔡若年卅七給驛兵　　若妻大女賜年卅算一(貳·1781)

> 80. 民男子楊明年八十六給驛兵　　明妻大女敬年六十二(貳·1778)

> 81. 民男子周車年五十三腹心病給困父　　•車妻大女屈年五十(貳·1686)

> 82. •□男姪□蔿年九歲　　•敢(?)父公乘利年八十給子弟(貳·1680)

與此相反,對吏的登記,各種具體的吏名稱均置於姓名前,無置於最後者:

> 83. 州吏惠巴年十九　　巴父公乘司年六十七張(漲)病(貳·1675)

> 84. 郡吏黄蔿年廿五　　蔿父公乘署年五十七(貳·1720)

> 85. 縣吏鄧橋年廿七　　橋(?)妻大女金年廿一算一(貳·1729)

> 86. 軍吏朱謙年卅五　　謙妻大女壹年廿六算一(貳·1723)

> 87. 郡卒潘囊年廿三(貳·1708)

> 88. 縣卒謝牛年廿四(貳·1698)

其次,登記家庭成員時,如該户有民有給吏,給吏即可以列在家庭成

員之首,如上引第 79—81 簡,也可以列於作爲民的首位家庭成員之後,如下簡:

89. 民 大女郭思年八十三　　思子公乘□年六十一給子弟

(貳·1818)

吏的情況則有所不同。一户之中,民、吏俱存時,列於首位的,肯定是吏而不是民,如簡 83—86。大概正是由於這個原因,吏即使不是一户之主,但在牽涉徭役時,其家庭仍被稱爲"吏户"或"吏家"。政府對待給吏就有所不同了,他們在"吏民人名年紀口食簿"中的位置,視其在家庭中的地位而定。如果他們本身就是父兄,自然而然就列在首位,如第 79—81 簡的給驛兵、給困父。如果父兄在世,他們則作爲一般家庭成員附於父兄之後,如第 89 簡的給子弟。這種記録方式與一般百姓没有任何差異,之所以如此,是因爲給吏是民而不是吏,與其他成員身份並無二致,政府自然没有區别對待的必要。

再次,給吏家庭與吏家庭在"吏民人名年紀口食簿"册書中的位置似乎有異。在該籍簿中,吏户集中排列在册書的後一部分,民户則主要集中在前一部分,因此,侯旭東懷疑,吏民簿的編制可能是先列民户,後列吏户。[1] 上引第 79、80 簡即在民户簡中,這意味着,給驛兵是按民户對待的。當然,後一部分亦雜有少數民户,先民後吏是否是吏民簿編制的基本原則,尚待更多出土資料的驗證,但其所體現的基本傾向,仍爲我們思考給吏與吏的區别,提供了一定的想像空間。

以上所論給吏與吏的種種不同之處,也許有的尚待驗證,比如他們在"吏民人名年紀口食簿"中的不同位置,但只要有一項差異存在,就可以證明給吏不同於吏。事實上,給吏是普通百姓,在竹簡中是可以得到證

---

① 侯旭東:《長沙走馬樓吳簡〈竹簡[貳]〉"吏民人名年紀口食簿"復原的初步研究》(以下簡稱《"口食簿"復原的初步研究》),《近觀中古史:侯旭東自選集》,上海:中西書局,2015 年,第 103—104 頁;《長沙走馬樓吳簡"嘉禾六年(廣成鄉)弦里吏民人名年紀口食簿"集成研究:三世紀初江南鄉里管理一瞥》,《近觀中古史:侯旭東自選集》,第 119 頁。

明的。

(三) 給吏向吏的轉化

給吏不是吏,但與吏並非没有關係,給吏發展的終點很可能就是州、郡、縣吏之類的吏。以下以《嘉禾吏民田家莂》、《竹簡[壹]》爲基本依據,對此進行分析:

> 下伍丘縣吏張惕,田廿五町,凡五十七畝(4・21)
> 新唐丘縣吏張惕,佃田八町,凡五十八畝百六十步,皆二年常限(5・800)
> 吉陽里户人公乘張惕(?)年廿八算一給縣吏(壹・10182)

> 伻 丘縣吏松棐,田卌,凡一頃卌畝(4・250)
> 武龍丘縣吏松棐,佃田卌八町,凡一頃卅三畝二百廿步,皆二年常限(5・345)
> 高遷里户人公乘松棐年卅四算一給縣吏(壹・10080)

> 伻丘縣吏張喬,田卅町,凡一頃卅畝(4・262)
> 高遷里户人公乘張喬年卅算一給縣吏(壹・10412)

> 石下丘縣吏謝達,佃田六町,凡十二畝一百卌步,皆二年常限(5・231)
> 宜陽里户人公乘謝達年廿六算一給縣吏(壹・7777)

張惕、松棐、張喬、謝達四人中,可能存在同名者,但將其全部視作同名,也不合情理。特别是松棐和張喬,在吏民簿中,二人同出高遷里,同爲給縣吏;在《田家莂》中,又都出現了同名的縣吏,而且都在伻丘。同名雖不能完全排除,但概率相當之低,將其視作同一人,應該没有太大問題。高遷里、吉陽里、宜陽里吏民簿製作於何時,竹簡無載,但樂鄉、南鄉、小武陵鄉吏民簿均在嘉禾四年製成:

90. 集凡樂鄉領嘉禾四年吏民合一百七十三戶口食七百九十五人（壹・8482）

91. 南鄉謹列嘉禾四年吏民戶數(?)口食人名年紀簿（壹・9088）

92. ☑小武陵鄉□嘉禾四年吏民人名妻子年紀簿（壹・10153）

高遷里、吉陽里、宜陽里屬何鄉不能確定，但其吏民簿也應制定於嘉禾四年。張惕、松棐、張喬在嘉禾四年吏民田家莂中，上繳米、布、錢的時間分別在 11 月和 12 月，已經到了年底。正常情況下，吏民簿的製作應早於他們上繳米、錢、布的時間。[1] 也就是説，他們的給縣吏身份在前，縣吏身份在後，這意味着他們從給縣吏變成了縣吏。[2]

迄今爲止，吳簡中既未見到給縣吏轉化爲郡吏、州吏的例子，也未見到給郡吏、給州吏轉化爲郡吏、州吏的例子，其中原因不得而知。或者因爲郡吏、州吏層次較高，不能直接從給吏轉化而來。但是，隨之而來的問題是，給縣吏可以轉變成縣吏，那麼，給郡吏、給州吏又向何方向轉變呢？當然，這種現象也可能與竹簡公布數量有關，隨着新竹簡的陸續公布，也許會出現給郡吏、給州吏轉化爲吏的例子。

嘉禾四年吏民田家莂共有八名縣吏，除以上 3 人外，另有鄭黑（4・403）、周岑（4・97）、謝難（4・266）、陳雅（4・316）、黃某（4・364）。鄭黑如果就是吳簡中那個頻繁以"倉吏"或"三州倉吏"身份出現的鄭黑，那麼早在嘉禾二年他就是縣吏了。剩餘四人，簡牘中没有與其同名者，很難推定其來源。能確定來源的前三個縣吏均出自給縣吏，這四人來自給縣吏的可能性也很大。即使排除這四人，嘉禾四年的縣吏來自於給縣吏者仍占很大比重。也許在嘉禾四年建立吏民簿時，政府乘機將大量的給縣吏調整爲縣吏，因此給縣吏構成了縣吏的重要來源。

---

① 兩漢時期有八月案比户口的制度，孫吳對東漢制度多所繼承，也許"吏民簿"的制定就在嘉禾四年八月。

② 竹簡壹・9435 中的五陵也是一位給縣吏：小成里户人公乘五陵年冊六給縣吏復。壹・1361、壹・5589 中有典田掾五陵。典田掾當然是吏，但兩簡均未記載年代，假若他們是同一人，難以確定其給縣吏、典田掾身份的先後。謹附記於此，以備參考。

認識到縣吏由給縣吏轉化而來,並非毫無意義。給吏只是在官府中臨時服吏役,他們的身份並不是吏,而是普通百姓。[①]東漢的賤吏由小吏構成,南朝的賤吏主要來自普通百姓,[②]而孫吳時期具有普通百姓身份的給縣吏演變爲縣吏,則構成了魏晋南北朝時期賤吏的來源由小吏向普通百姓轉變的中間環節。大量給吏轉變爲縣吏,必然導致吏數量的急劇膨脹,這預示着吏的地位將進一步下降。可以説,孫吳嘉禾年間是吏地位發生變化的關鍵時期,也許嘉禾四年就是一條重要的分界綫。

四、嘉禾年間吏的卑微化

孫吳時期吏地位的逐漸下降,在州、郡吏繳納租税方面也有體現。在嘉禾四年吏民田家莂中,田家耕種二年常限熟田時,向政府繳納的租税有税米、租米之别,前者爲郡吏、縣吏、軍吏、郡卒及百姓所繳納,畝收税米一斛二斗;後者係州吏所納,畝收租米五斗八升六合。嘉禾四年以前,州吏較郡吏、縣吏享有很大的優惠,但到了嘉禾五年,州吏所繳租米基本改稱税米,而且除個别州吏仍在享受嘉禾四年的優惠外(如木牘5·702、5·791),其耕種的二年常限熟田也變成了畝收一斛二斗,也就是説,到嘉禾五年,州吏在繳納租税方面享受的優惠基本被取消。這表明,州吏在諸吏中的特殊地位已發生變化,州吏有與郡吏、縣吏趨同化的傾向。[③]

事實上,州吏耕種的二年常限熟田由租田改稱税田,繳納的租税由租米改稱税米,[④]在郡、縣吏身上同樣發生過,只不過在時間上較州吏爲早。我們看一下竹簡中租米的繳納情況:

①　當然,給吏也有身份化的迹象,在竹簡中統計户品時,直接將户標爲"給某吏"。如壹·5447:其七户給郡吏下品;壹·5452:☑　其一户給州吏下品;壹·5467:其十二户給縣吏下品。
②　唐長孺:《魏晋南北朝時期的吏役》,《山居存稿續編》,第140—148頁。
③　《嘉禾四年吏民田家莂解題》、《嘉禾五年吏民田家莂解題》,長沙走馬樓簡牘整理組編著:《長沙走馬樓三國吳簡·嘉禾吏民田家莂》(上册),第71、165頁;高敏:《從〈嘉禾吏民田家莂〉中的"諸吏"狀況看吏役制的形成與演變》、《關於〈嘉禾吏民田家莂〉中"州吏"問題的剖析——兼論嘉禾五年改革及其效果》,《長沙走馬樓簡牘研究》,第44、66頁。
④　關於租米與租田、税米與税田的對應關係,可參侯旭東:《走馬樓吳簡的限米與田畝記録——從"田"的類型與納"米"類型的關係談起》,長沙簡牘博物館、北京吳簡研討班編:《吳簡研究》第2輯,第160頁。

93. 入□鄉嘉禾二年租米八斛就畢➣嘉禾二年九月廿八日叟丘縣吏潘孔關邸閣董基付倉吏鄭黑受(壹‧2869)

94. 入平鄉嘉禾二年租米九斛胄畢➣嘉禾二年十月廿三日□□丘張溏關邸閣董基付三州倉吏鄭黑受(壹‧2934)

95. 入□鄉嘉禾二年租米十五斛一斗胄畢➣嘉禾二年九月四專丘縣吏謝□關邸閣董基付三州倉吏谷漢受(壹‧3006)

96. 入廣成鄉嘉禾二年租米十斛胄畢➣嘉禾二年十月廿五日州吏潘明關邸 閣 ☒ (壹‧3057)

97. 入中鄉租米三斛胄畢➣嘉禾二年九月廿八日東平丘縣吏伍訓關邸閣董基付倉吏谷漢受(壹‧3061)

98. 入廣成鄉嘉禾二年租米十七斛僦畢➣嘉禾二年十月廿五日世丘郡吏唐雷關邸閣董基付三州倉吏鄭黑受(壹‧3213)

99. 入西鄉嘉禾二年租米十二斛五斗胄畢➣嘉禾二年十月廿日前丘男子雷貉關邸☒(壹‧3214)

100. 入平鄉嘉禾二年租米六斛胄畢➣嘉禾二年十月廿八日東丘番有關邸閣董基付三州倉吏鄭黑受(壹‧3221)

101. 入平鄉嘉禾二年租米□斛□斗胄畢➣嘉禾二年十月廿八日東丘烝堂關邸閣董基付三州倉吏……受(壹‧3249)

102. 入桑鄉嘉禾二年租米十三斛胄米畢➣嘉禾二年十月五日東平丘郡吏吳盧關邸閣董基付倉吏谷漢受(壹‧3500)

103. 入 廣成鄉嘉禾二年租米八斛胄畢➣嘉禾二年十月廿六日租仵丘郡吏谷☒(壹‧3567)

104. ☒嘉禾二年租米五斛胄畢➣嘉禾二年十月十六日溫丘潘崇關邸閣☒(壹‧4527)

105. ☒年租米六斛二斗➣嘉禾二年十二月十六日平樂丘謝 春 (?)關邸閣董 基 ☒(壹‧5607)

106. 入平鄉嘉禾二年租米六斛三斗胄畢〓嘉禾二年十月廿七
日石□丘郡吏石□關邸閣董基付三州倉吏 鄭 ☒（壹·7316）

107. 入 樂 鄉 嘉 禾二年租米卅四斛胄畢〓嘉禾二年十月廿
四日大□丘郡吏□□ 關 邸 閣 董基付三州倉吏鄭黑受（壹·7339）

上引諸簡中,可以確定租米繳納者身份的有：州吏 1 人（簡 96）、郡吏 5 人
（簡 98、102、103、106、107）、縣吏 3 人（簡 93、95、97）、普通百姓 1 人（簡
99）；不能確定身份者有 5 人（簡 94、100、101、104、105）。也就是説,在能
够確定身份的十個租米繳納者中,州、郡、縣吏占九例,普通百姓只有
一例。

據此可以肯定,嘉禾二年租米繳納者主要爲諸吏,而非普通百姓。嘉
禾四年吏民田家莂中,州吏耕種租田,每畝交租米五斗八升六合,較郡、縣
吏和普通百姓耕種税田畝納一斛二斗的税米有很大優惠。竹簡中缺少租
田畝數的記録,嘉禾二年租米的畝繳納額度無從得知,但有一點可以肯
定,包括州吏在内主要由諸吏繳納的租米額度不會太高。大膽一點説,嘉
禾四年繳納租米的制度很可能是嘉禾二年租米制度的延續,只是被允許
繳納租米者僅剩下了州吏。而在嘉禾二年,郡吏、縣吏與州吏一樣,同樣
享受着政府給予的優惠政策,他們在此時的地位不會比繳納税米的百
姓低。

嘉禾二年普通百姓是否也耕種租田、繳納租米呢？從簡 99 記載的情
況看,答案似乎是肯定的。如果事實確實如此,政府的納租政策針對的對
象可能是田家。但是,百姓繳納租米,只有雷貉一例,屬單文孤證,與竹簡
中大量百姓繳納税米的情況形成鮮明對比,因此,僅憑此簡得出這一結論
有武斷之嫌。對於身份不能確定的五例,侯旭東將 100、105 簡的番有、謝
春視作普通百姓。[1] 其實,這些未標明身份者未必就是普通百姓,也可能

---

① 侯旭東：《走馬樓吳簡的限米與田畝記録——從“田”的類型與納“米”類型的關係談起》,長
沙簡牘博物館、北京吳簡研討班編：《吳簡研究》第 2 輯,第 162 頁。

是吏。番有其人,在竹簡中不止一次出現,如壹‧3828:入平鄉嘉禾二年吏番有子弟限米十☐。這個番有與簡100中的番有均屬平鄉,可能是同一人。如果説同鄉範圍過大,同名的概率較高,那麽,《嘉禾吏民田家莂》中出現的縣吏番有與簡100中的番有則屬同丘:東丘縣吏番有,佃田廿町,凡六十二畝一百廿步(5‧418)。基於此,推斷繳納租米的番有與縣吏番有爲同一人,應無問題。因此,簡100中的番有是吏的可能性很大。另外,《嘉禾吏民田家莂》中屢屢出現的庫吏番有、潘有,也應該就是這個繳納租米的番有。我們不能就此認定其餘四例也是吏身,但將其視作普通百姓恐怕也未必妥當。

對於普通百姓繳納的租米,侯旭東推測是百姓耕種餘力田繳納的餘力租米,不同於州吏耕種租田所交的租米。不過,政府記錄徵收租税的名目時,爲防混淆,一般標明各種米的具體名稱,將餘力租米省稱爲租米的可能性不大。如州中倉吏郭勳、馬欽、張曼與周棟,在某年正月廿三至廿六日所受雜米名目中,記有"其廿二斛五斗餘力租米",不省稱"租米"。又如田家耕種火種田繳納的米,在竹簡中記爲"火種租米"或"火種田租米",也不省稱"租米":

108. 入廣成鄉嘉禾二年火種田租米二斛☐(壹‧2970)

109. 右小武陵鄉入火種租米六斛(壹‧3126)

110. 入廣成鄉嘉禾二年火種租米二斛四斗就畢☰嘉禾二年十月廿五日彈浈丘潘孟關邸閣董基付☐(壹‧3957)

111. ☐禾二年火種租米四斛☰嘉禾二年十二月☐(壹‧4224)

所以,簡99男子雷貉繳納的租米可能不是餘力租米。但是,如上所論,將其視作具有優惠性質的租米也有疑問。也許倉吏記錄時出現了筆誤,比如,雷貉本是吏,倉吏誤將其記作"男子",或者雷貉繳納的本是税米,倉吏誤記爲租米,後一種筆誤可能性較大。當然,這僅僅是一種推測。

上引諸吏繳納租米的時間全部在嘉禾二年,事實上,早在嘉禾二年之前,就有租米這一名目:

112. 入黄武五年租米卅八斛五斗　四月三斛未入（壹・9562）

113. 其卅斛八斗三升黄龍元年租米（壹・1965）

114. 其卅五斛二斗一升黄龍二年租米（壹・2166）

115. 其九百五十九斛二斗六升黄龍三年租米（壹・2266）

116. 入民還二年所貸嘉禾元年租米四斛　☑（壹・1150）

可見，無論是孫權稱王的黄武年間（222—228年），還是稱帝的黄龍年間（229—231年），均有租米這一名目，只是嘉禾二年以前何人繳納租米在竹簡中未得到反映，估計應該和嘉禾二年情況相同，主要由州、郡、縣吏繳納。也就是説，最晚從黄武五年開始，一直到嘉禾二年，在繳納賦税方面，州、郡、縣吏可能一直享受着優惠政策，這從一個方面反映，在孫吳早期，吏的地位並不低賤，甚至還高於普通百姓，這種現象與《三國志・吳書》中有關孫吳早期吏可以晋升爲官員的記載比較吻合。

嘉禾三年没有繳納租米的記載，但根據《嘉禾四年吏民田家莂》，最遲至嘉禾四年，繳納租米者只剩下了州吏，郡吏、縣吏與普通百姓一樣，全部繳納税米，原來享受的優惠政策被取消，這從另外一個角度折射出郡吏和縣吏地位的下降。這一點與上文所論嘉禾四年是吏地位發生變化的關鍵時期恰相契合。

孫吳爲何取消郡、縣吏在繳納賦税方面享有的優惠政策，走馬樓吳簡中没有反映，我們只能從文獻資料中進行簡略的探討。孫吳立國早期，基本繼承東漢制度，雖然這時吏的地位有所下降，但仍高於普通百姓。[①] 在政治上，他們可以通過各種途徑獲得晋升，甚至躋身要職；[②]在經濟上，州、郡、縣吏則享受繳納租米的優惠。在雙重利益的鼓動下，許多人尤其是大姓子弟勢必步入吏的行列，從而造成州、郡、縣吏人數的膨脹。《吳書・朱治傳》載朱治爲吳郡太守時，“公族子弟及吳四姓多出仕郡，郡吏常

---

①　這裏的吏並非僅指功曹、五官掾、主簿等之類的大吏，而是包括了所有吏。下文所引享有特權的吳郡千數郡吏顯然不僅是郡大吏。

②　侯旭東：《長沙走馬樓三國吳簡所見“鄉”與“鄉吏”》，北京吳簡研討班編：《吳簡研究》第1輯，第107—108頁。

以千數".① 這裏説的是孫吳建立政權初期吳郡的情況。②

　　吳郡屬於大郡,又是大族聚集之地,可能郡吏人數較多。其他郡、縣也各有大姓,其子弟充當郡、縣吏者也不會太少。孫吳郡、縣吏人數史書無載。唐長孺認爲,如果孫吳滅亡時的三萬二千個吏員僅指郡吏數,大概與事實相差不遠,這樣,孫吳滅亡時每郡領吏將近百人。③ 事實上,孫吳前期每郡所領吏員可能高於此數。與孫吳對峙的曹魏,正始(240—248年)及嘉平年間(249—253年),弘農郡吏均多達二百餘人,④正始年間的河東郡領吏也不會少於二百人。⑤ 孫吳之前的兩漢,每郡吏員多達數百人。孫吳嘉禾以前,郡領吏額即使不高於漢、魏,也不會相差太遠。孫吳每縣領吏缺少相關記載,大概不會比兩漢每縣數百吏差多少。⑥ 孫吳嘉禾年間,大概領郡二十左右,縣一百六十左右。⑦ 按每個郡、縣領吏二百人計算,則郡、縣吏共有三萬六千人。

　　嘉禾二年以前,郡、縣吏耕種二年常限熟田,畝納租米五斗八升六合,較之普通百姓的一斛二斗少一倍有餘。如果郡、縣吏按耕種十畝常限熟

---

　　① ［晋］陳壽:《三國志》卷五六《吳書·朱治傳》,第 1305 頁。

　　② 朱治任吳郡太守長達三十一年,卒於黄武三年,此時孫吳立國未久。四姓子弟充任郡吏當更在此前。

　　③ 唐長孺:《魏晋南北朝時期的吏役》,《山居存稿續編》,第 138 頁。孫吳滅亡時領郡四十二,郡領吏員不足百人。

　　④ ［晋］陳壽:《三國志》卷一六《魏書·杜恕傳》注引《魏略》;卷一五《魏書·梁習傳》注引《魏略·苟吏傳》,第 506 頁、471 頁。

　　⑤ 《晋書》卷四五《劉毅傳》:"僑居平陽,太守杜恕請爲功曹,沙汰郡吏百餘人。"(第 1271 頁)平陽僅沙汰掉的郡吏就多達百餘人,未沙汰前應該不會少於二百人。據《三國志》卷一六《魏書·杜恕傳》,杜恕曾任河東郡守,當時,河東郡下轄平陽縣。平陽立郡在正始八年(247 年),《晋書》云劉毅僑居平陽,是按立郡後的情況而言。杜恕任河東太守年余,遷淮北都督護軍,不久以疾去,但很快又拜爲御史中丞(第 505 頁)。洪飴孫將其任中丞時間係於正始中(［清］洪飴孫:《三國職官表》,二十五史刊行委員會編:《二十五史補編》,北京:中華書局,1955 年,第 2781 頁),也就是在正始四、五年間。那麼杜恕任職河東,應該在正始二、三年間。

　　⑥ 關於兩漢郡、縣領吏數額,參唐長孺:《魏晋南北朝時期的吏役》,《山居存稿續編》,第 134—135 頁。

　　⑦ 這只是一個大致數字。根據吳增僅、楊守敬所列孫權統治時期郡數目(［清］吳增僅、楊守敬:《三國郡縣表附考證》,二十五史刊行委員會編:《二十五史補編》,第 2931—2968 頁),扣除嘉禾之前置而復罷及之後設置的郡,共得二十四郡。縣的置廢更爲複雜,按《三國志》卷四八《吳書·孫皓傳》,孫吳滅亡時有四十二郡、三百一十三縣,每郡平均領縣八個左右。嘉禾年間如郡爲二十個,則縣爲一百六十個。

田計算，①則三萬六千人每年享受的優惠高達二十萬斛。這意味着孫吳政府每年減少二十萬斛米的收入。何況還有不少人不斷加入享受優惠的隊伍行列中，使政府的財政收入持續減少。當政府財政入不敷出，發生困難時，節流的目光瞄向數量龐大的郡、縣吏，應該是自然的事情。

　　嘉禾三年，孫吳連續遭受自然災害的襲擊，農業損失嚴重。《吳書·吳主傳》："三年春正月，詔曰：'兵久不輟，民困於役，歲或不登。其寬諸逋，勿復督課。'""九月朔，隕霜傷穀。"同書《孫登傳》："時年穀不豐，頗有盜賊。"②政府雖然蠲免了百姓以前所欠賦税，但要保持正常的財政收入，只能對賦税制度進行改革。可能就在此時，政府取消了對郡、縣吏在繳納賦税方面的優惠政策，令其與普通百姓一樣，按每畝一斛二斗的標準納税。至於州吏，由於地位較高，而且孫權統治時期只有揚、荆、交三州，州吏數量不會太多，因此未將其作爲開闢財源的目標，其享受的優惠持續到嘉禾四年。嘉禾五年，州吏享受的優惠政策也被取消，至此，所有州、郡、縣吏在納税方面享受的特權不復存在，這預示着其地位的進一步低落。

　　高敏對政府取消州吏在納税方面的特權評價頗高，認爲是導致臨湘國境內租佃關係大發展的重要因素之一。③ 我認爲，從經濟角度言，嘉禾五年的改革並沒有太重要的意義，遠不能與嘉禾三年的改革相提並論，因爲州吏的人數畢竟遠少於郡、縣吏，取消對他們的優惠，於政府財政增加可謂杯水車薪，更不會導致臨湘國境內租佃關係的大發展。政府的這一舉措，政治意義大於經濟意義，意在表明：州吏不過是諸吏的組成部分，其政治地位没有任何特別之處，並不高於供職郡、縣的諸吏。這樣，隨着諸吏地位的整齊劃一及在納税方面特權的取消，吏作爲一個整體，其地位

---

　　① 《嘉禾吏民田家莂》中，田家耕種二年常限熟田的數額相差很大，有的甚至没有熟田，但多達幾十畝的也並不少見，更多的是十餘畝。每名郡、縣吏耕種的熟田平均數量，即使保守估計，也不會少於十畝。

　　② ［晋］陳壽：《三國志》卷四七《吳書·吳主·孫權傳》、卷五九《吳書·孫登傳》，第1140、1364頁。

　　③ 高敏：《關於〈嘉禾吏民田家莂〉中"州吏"問題的剖析——兼論嘉禾五年改革及其效果》，《長沙走馬樓簡牘研究》，第62、65頁。

朝着卑微化的方向又邁進了一步。

五、給 吏 與 民

吳簡出土以後，給吏的性質引起關注，但此前並非無人措意。任乃强釋給吏云："'給吏'爲封建時代邊區郡縣一種差徭制度之名稱。凡政府人員因公行役，居民皆當供應其行旅食宿一切方便。"①據此，給吏所給之役係爲因公出行的政府人員提供行旅食宿。《竹簡》[壹]、[貳]、[叁]、[肆]所載除給州、郡、縣吏外，尚有各種各樣的給吏，可謂不一而足。如果將這些花樣繁多的名稱全部視爲給役的承擔者，那麼，給役似乎未必僅僅局限於供應行旅食宿。細味前引孫休詔書語氣，給役可能遍及孫吳全境，也並非僅係邊區郡縣所供之役。儘管任説有需要修正之處，但其給役主體係居民即普通百姓的看法，仍值得重視。

文獻中有關給吏的資料十分稀少，任注如此詳盡，是出於推測還是有一定的依據，不得而知。如果是後者，其主要憑證大概來自前引趙芬等人的上書。事實上，這份上書確實爲認識給吏即民，提供了一定的綫索。如前所論，分郡之請並不僅僅是少數郡吏、縣吏的願望，而是"人鬼同符"，這暗示着苦於"千里給役"的主體是普通百姓。上書中提到"千里給吏"帶來的具體困難，似乎也處處針對普通百姓而不是郡、縣吏。上書云：

> 郡境廣遠，千里給吏。兼將人從，冬往夏還，夏單冬複。惟踰時之役，懷怨曠之思。其憂喪吉凶，不得相見。解緩補綻，下至薪菜之物，無不躬買於市。富者財得自供，貧者無以自久。②

東漢末年，小吏雖已被認爲是賤役，但所承擔之役乃是職役，屬於本職工作，③自然談不上"踰時"不"踰時"。因服役導致的"怨曠之思"也與吏無

---

① ［晉］常璩撰，任乃强校注：《華陽國志校補圖注》，第 21 頁。
② ［晉］常璩撰，任乃强校注：《華陽國志校補圖注》，第 19 頁。
③ 唐長孺：《魏晉南北朝時期的吏役》，《山居存稿續編》，第 135—136 頁。

關。且不説郡、縣之吏没有配偶的可能性不大，①即使情況屬實，因此産生的曠夫、怨女也只是極少數，與全郡一百八十七萬人口相比，可謂微不足道，以此作爲分郡的理由，恐怕上書人自己也未免覺得小題大作。給吏親自到市場上預購薪柴飯菜，以備千里服役之用，更不會是爲官府工作的趙芬等郡吏、縣吏所爲。無論"怨曠之思"，還是"憂喪吉凶，不得相見"，以及"薪菜之物，躬買於市"，所指必定是全郡較爲普遍的現象。從這個角度理解，"千里給吏"的主體不會是郡吏、縣吏等少數人，只能是普通百姓。僅就給役的主體而言，任乃强釋爲居民，是符合原文文意的。

　　較分郡活動略晚，擔任武都太守的李翕因郡内交通困難，"沮縣士民，或給州府。休謁往還，恒失日晷"，於漢靈帝建寧五年(172)在析里建造了郙閣橋，以便利往來。②"給州府"之人是否爲給吏，這裏没有交待。黎虎把"給州府"解爲"屬縣給吏於州府"，並引《李翕西狹頌》③中武都郡吏立碑紀念李翕修建西狹道爲證，認爲李翕是爲了屬縣給吏即吏之方便而築橋修道。④ 築橋修道爲"給州府"之人解決困難是實，但這些"給州府"者是民而不是吏。《析里橋郙閣頌》明確指出"沮縣士民，或給州府"，即"給州府"者有士有民，並未局限於郡縣之吏。至於立碑者爲武都郡吏而不是民，是完全可以理解的，畢竟他們是當地百姓的喉舌，其所作所爲，至少在形式上可以代表合境百姓的心願，金石資料中，舉凡爲地方長官樹碑立傳以歌頌其政績的，落款一般爲當地之吏就是這個原因。因郡吏立碑頌德而將李翕築橋修道解作主要爲了這些郡吏，而且罔顧"沮縣士民，或給州府"的記載，直接將"給州府"與吏等同，未免迂曲牽强，難以服人。

　　如果説上述資料提供的信息尚不够明晰，不足以論證給吏是一般百

---

① 趙芬擔任的文學掾作爲學官，雖然權輕但頗受尊重，直到曹魏時期仍受人豔羡。《三國志》卷二九《魏書・管輅傳》注引《輅別傳》："(管)輅爲華清河所召，爲北黌文學(《管輅傳》作"文學掾")，一時士友無不欽慕。"(第 819 頁)其他十五位郡吏，既能直接與最高地方長官溝通，身份仍高於一般百姓。任乃强認爲這些人"皆郡中大姓之入仕於郡職者"，不是没有道理。類似這樣的郡、縣之吏，一般情況下不會没有配偶。

② ［清］王昶輯：《金石萃編》卷一四《李翕析里橋郙閣頌》，北京：中國書店，1985 年，第 6 頁。

③ ［清］王昶輯：《金石萃編》卷一四《李翕西狹頌》，第 1 頁。

④ 黎虎：《説"給吏"——從長沙走馬樓吳簡談起》，《社會科學戰綫》2008 年第 11 期，第 91 頁。

姓的話,這一問題在竹簡中就不復存在了。上文指出,在"吏民人名口食簿"中,給驛兵主要排列於民籍之中,與吏有別,而在家庭成員的記載格式上,給驛兵的家庭也完全等同於一般民籍,兩者均與吏有別,這已經在相當程度上暗示了給吏與民存在密切關係。可以完全證實給吏是普通百姓的,是前引簡 79—81。蔡若、楊明、周車等人是民,但又是給驛兵、給困父。《嘉禾吏民田家莂》中亦有名蔡若者:彈浭丘男子蔡若,佃田七町,凡十八畝,皆二年常限(5·946)。廣成鄉居民似與彈浭丘存在着密切關係,除蔡若外,廣成鄉黄鼠、黄張亦見於彈浭丘:[①]

117. 民男子黄鼠年卌四盲右目　　鼠妻大女汝年卌一算一(貳·1801)

118. 彈浭丘男子黄鼠,佃田十町,凡廿六畝,皆二年常限(5·944)

119. 民男子黄張年五十三踵(腫)兩足　　盲張妻大女庶(?)年卌三算一(貳·1724)

120. 彈浭丘男子黄張,佃田二町,凡十二畝一百六十四步,皆二年常限(5·943)

上引第簡 52 中的郡吏黄士在《田家莂》中屬單浭丘:

121. 單浭丘郡吏黄士,佃田七町,凡廿四畝,皆二年常限(5·942)

在《田家莂》中,單浭丘夾雜在彈浭丘中間,"單"應是"彈"的簡寫或偽寫。[②]《田家莂》中的四人同屬彈浭丘,爲家庭核心成員,而吏民簿中的四人則均屬廣成鄉(里),亦爲核心成員。從這些迹象推測,這些人應該不是同名,而是同一人。作爲給驛兵的蔡若,不但在吏民簿中記爲民,在《田家莂》中的身份也是民。與此類似,廣成里吏民與《竹簡》[壹]名籍中的吏

---

①　侯旭東推測,貳·1536 以後的一千枚簡中的名籍類簡可能均屬於廣成鄉"吏民人名年紀口食簿"册書的組成部分(侯旭東:《"口食簿"復原的初步研究》,《近觀中古史:侯旭東自選集》,第 100 頁)。

②　《嘉禾吏民田家莂》整理者注此簡:"單"通"彈",故本券書歸入彈浭丘。

民亦多有同名者。侯旭東懷疑，《竹簡[壹]》中的一部分名籍可能是該里的另一册書，除其所舉之例外，簡 80、89 中的楊明、郭思亦見於《竹簡》[壹]：

122. 民楊[明]年八十五（壹·8405）

123. [民]大女[郭]思年八十二（壹·8471）

所以，這些人也不是同名同姓，而是同一人，只是《竹簡》[壹]中的百姓較[貳]相差一歲，這是造册年份不同所致。無論在嘉禾五年，還是嘉禾六年，楊明的身份均是民。廣成鄉（里）還有一位給驛兵蔡喬，身份亦爲民：

124. 民男子蔡喬年六十二給驛兵　　橋妻大女典年卅八[算]（貳·1903）

結合蔡若、楊明的例子，給驛兵屬於普通百姓是確然無疑的。

在"吏民人名年紀口食簿"中，民僅標注於首位家庭成員之前，而大多數給吏是作爲一般家庭成員出現的，並未明確注爲民：

125. 邪兄公乘炭年卅五給佃帥　　炭妻大女陵年卅四（貳·1562）

126. ·賢男桓年卅六給習射　　桓子女主年十一（貳·1592）

127. 豪（?）子公乘齎（?）年卅一給官瓦師　　齎（?）妻大女思年廿四算一（貳·1657）

128. □姪子口年卅九給子弟　　□妻大女衰（?）年廿六算一（貳·1754）

129. 郭子男仕伍禿年八歲　　志男姪公乘屑年廿給縣卒（貳·2063）

130. ·馬男姪碩年卅給驛卒　　□妻□年廿四（貳·2285）

131. ☑　　尾（?）兄成年五十給常佃　　□妻……踵（腫）兩足

（貳·2306）

132. □姪子公乘客年廿五給 塚 種 客（貳·2501）

133. 妻大女汝年八十　　孝姪子公乘升年卌三算一給卒（貳·4791）

134. ·動叔父泥年五十二 給 官□□（貳·6873）

135. □男弟期年五十腹心病給□吏　期妻事年卌七（壹·8934）

這些家庭到底是民户還是吏户，並不清楚，但吏民簿中民多吏少，這其中應該有不少屬於民户，只是由於首位家庭成員缺失，其形式不如簡 89 郭思户典型罷了。既然作爲首位家庭成員的給吏是民，那麼民户中的給吏作爲附屬成員，當然也屬於民。倘若身份爲吏，也就列於家庭之首了。當然，也不排除以上諸簡中存在吏户。上文已論，在吏户家庭中，以吏爲主，父兄附列，按照這個原則，似乎簡 125、131 屬於吏户。不過，這並不意味着，作爲給吏的炭、成也是吏。事實上，如上所舉簡 83—86 的吏户家庭中，除首位成員爲吏外，其餘諸人均爲民。吏户家庭成員從事給役，如《廣成鄉州吏父兄子弟伏處、人名、年紀簿》及孫休詔書所示，似乎是比較普遍的現象，而簡 125、131 中的給佃帥、給常佃，就是吏家屬從事給役的具體例證，[1]他們和簿書、詔書中的"給縣吏""給郡縣吏"一樣，與作爲核心成員的吏有别，身份只能是民。

　　吳簡中各類名籍頗多，但是，只有"吏民人名、年紀口食簿"在簡首有"民男子""民大女"之類的記録，其他名籍簡如户人簡則否。迄今爲止，吏民簿中尚未見到具體家庭成員"給州吏""給郡吏""給縣吏"的實例，這大概與吏民簿簡數量不多有關。我們知道，在吏民簿中，作爲小結簡的"其三户給驛兵"（貳·1571），是有身份爲民的"給驛兵"對應的，[2]那麼，"其

____

① 上文所舉簡 59（叁·1805）與"州吏鄧忠"（叁·1804）相鄰，似乎爲同一户。如果情況屬實，這是吏家屬從事給役的又一個例證。

② 侯旭東推測，簡貳·1536—1660 亦應是廣成里"吏民人名年紀口食簿"册書的組成部分（侯旭東：《"口食簿"復原的初步研究》，《近觀中古史：侯旭東自選集》，第 99 頁）。如果情況屬實，那麼這枚小結簡就是對蔡若、楊明家庭類别的統計。

三户給州吏”（貳・2674）、“其一户給郡吏”（貳・2556），也應該有身份爲民的“給州吏”“給郡吏”相對應。

六、給户與雜户

吴簡記録的給吏名目繁多，在一定程度上反映了他們在孫吴社會中的重要性。但是，除概括性的名稱“給吏”及具體性的名稱“給縣吏”“給郡縣吏”在傳世文獻中偶有所見外，其他名目没有一點綫索可尋，僅依據現有吴簡，難以對給吏的發展變化進行深入的討論。在此，僅就“給户”的地位及其與北朝“雜户”的關係提出一點推測性的意見。

從“吏民人名年紀口食簿”的名稱分析，孫吴政府控制下的百姓基本劃分爲吏、民兩種類型，並無第三種類型存在，《嘉禾吏民田家莂》也反映了同樣的狀況。但是，問題可能並不如此簡單。給吏固然是民的身份，可是，在統計吏、民户口類型時，他們却分別與自己所從事的給役相對應，被標注爲給户，其具體形式如：“其三户給驛兵。”目前所見給户類型繁多，可以肯定，凡簡首家庭成員爲給吏者，皆按相應的給户對待。① 現有小結簡尚未發現標有民者，但有“定應役民廿户”之類的竹簡，口食簿顯係爲統計徭役而編制的册書。小結簡中分列一里之中各種不應役的吏及給吏户數，將這些户扣除，剩餘的即爲應役民，也就是民户。所以，口食簿事實上反映了民户、吏户、給吏各自存在的狀況。

如果民户、給户兩存，那就意味着，二者有一定的區別，儘管給户的身份是民。“給鍛佐”“給官瓦師”之名爲我們了解這種區別提供了一絲綫索。竹簡中有“鍛佐”之名：鍛佐醴陵蔡員年□（叁・436），乾鍛佐、乾鍛師更爲多見，官瓦師當亦是同類。師、佐係孫吴手工業者，他們受政府的控制，地位低於一般平民。與此類似的，尚有給卒、給郡醫。卒在魏晋時

---

① 與吏不同，有的給吏並不列於家庭之首，而是作爲一般成員出現，如簡89，母親郭思並非給吏，子爲給子弟。此種家庭屬於民户還是給户不得而知，我懷疑可能也按給吏對待，也就是説，在口食簿中，一户有從事給役者，即爲給户，在免役之列。否則，百姓爲追求利益最大化，必然紛紛將給吏列於册書首位。

期地位之低下自不待言，醫在漢代與受歧視的商賈、百工並提，魏晉時期歸入方術、方技類，有時與"卜"並提，①屬於世襲性的特殊戶口，有別於一般百姓。② 給子弟佃客、給佃帥、給常佃、給豕種客、給□乞兒之類的工作難以確知，但從名稱上看，似乎也都是賤役。給役包含的內容五花八門，也許可以視爲正役之外的雜役。這些雜役不但煩雜，而且不受人尊重，非一般百姓所樂爲。既然如此，是否可以說，百姓被徵從事給役，意味着身份較平民有某種程度的下降呢？

與此相應，在有關戶等的記載中，上品無一給戶，中品亦只有兩戶給庫吏（壹·5472），下品則集中了許多給戶，目前所見，有給州吏、給郡吏、給縣吏、給軍吏、給州卒、給縣卒、給度卒、給鍛佐、給三州倉父等。從事給役的百姓，多有年過六十者，如前舉簡80、82、89、124，除此而外，尚有以下諸例：

136. ☑年六十一給驛兵（壹·8976）

137. ·張 父公乘齋年六十五給子弟　　齋妻大女舉(?)年五十四踵右足（貳·1904）

138. □□烝勤年六十八苦腹心病給養官牛（貳·2498）

低於六十歲的給吏，也多有殘疾，如簡81中的周車以及以下幾例：

139. 兄子男公乘蓢廿雀(截)左手給子弟（貳·2034）

140. ·□寡嫂和年八十二　　和子公乘曰年卅五腹心病給□□□（貳·2418）

141. 兄公乘桐年卅五給習 射荆右手　　妻大女難年卅二算一（貳·2492）

---

① 《漢書》卷二八《地理志》："漢興，六郡良家子選給羽林、期門。"如淳注："醫、商賈、百工不得豫也。"（第1644頁）《晋書》卷七〇《應詹傳》載應詹上疏："都督可課佃二十頃，州十頃，郡五頃，縣三頃，皆取文武吏醫卜，不得擾亂百姓。"（第1860頁）
② 唐長孺：《魏晋南北朝時期的吏役》，《山居存稿續編》，第140頁。

　　既然從事給役者多爲老弱病殘,也就不難理解爲何絶大多數給户列於下品了。中國古代有優禮體恤老弱的傳統,年過八十者,一子不從政,以侍養老者;身患篤疾,歷代政府亦有相應救濟法則。可是,孫吴的一些老弱病殘却在從事着類似賤役的力役。所以,他們從事給役,並非政府救濟弱勢群體的惠政,而是這個群體迫不得已、自謀生路的生存手段。按上引簡122、80,80多歲的楊明在嘉禾五年未從事給役,但到了嘉禾六年,却成爲給驛兵。按正常情况,這位高齡老人應該在家頤養天年,享受天倫之樂,他現在却以風燭殘年之軀承擔給役,如果不是生活所迫,還能有什麽原因呢? 正是由於貧困無助,類似楊明這樣的老弱病殘,只能從事一般百姓所不樂爲的賤役——給役。

　　我們不想説,給吏已經與民完全區别開來,畢竟在吏民簿中,他們是被標注爲民的。但是,當一般平民不樂爲之,而主要由平民中的下户承擔給役時,給役主體的專一化也就逐漸形成了,給役似乎有身份化的趨勢,其承擔者當然也就走在了卑微化的道路上。如果沿着這條道路繼續發展下去,他們可能會最終成爲與民有别的一個社會階層——賤民階層。

　　給户的出現,爲我們思考北朝雜户的淵源提供了一絲綫索。雜户係專爲官府從事各種徭役的特殊户,包括伎作(工户)、屯户、牧户、樂户、驛户等,[①]徭役的性質既繁又賤,與給户從事的給役相當近似。當然,兩者也有相異之處。就身份而言,我們只是看到了給户較平民下降的迹象,但其本質仍爲平民;而雜户的卑微身份在法律上已經固定下來,與平民之間存在着一道難以踰越的鴻溝,必須經政府放免方爲平民。就户籍隸屬而言,給户仍歸地方郡縣管轄;而雜户直屬各相關部門,不隸郡縣。就所服徭役而言,給户所服之役只具有暫時性,更不必世襲;雜户之役則有世襲固定的傾向。[②] 但是,這些差異或許可以從賤民階層的不同發展階段得

---

　　① ［日］堀敏一著,韓國磐等譯:《均田制的研究》,福州:福建人民出版社,1984年,第335頁;高敏:《雜户考》,《魏晋南北朝社會經濟史探討》,北京:人民出版社,1987年,第282頁。
　　② 關於雜户的性質、特徵,可參唐長孺:《拓跋國家的建立及其封建化》,《魏晋南北朝史論叢》,北京:三聯書店,1955年,第227—243頁;［日］堀敏一著,韓國磐等譯:《均田制的研究》,第335—345頁。

到解釋，即孫吳的給户可能反映了賤民階層萌芽階段的特徵，而北朝的雜户則是賤民階層已經形成的具體體現。暫且不論拓跋國家性質的變化對雜户的出現有何影響，僅從制度上説，北朝雜户亦非無源之水、無本之木，這個源頭也許就是孫吳時期的給户。

　　——原刊長沙博物館編：《走馬樓吳簡研究論文精選》，長沙：岳麓書社，2016 年，題名略有改動。

走馬樓吳簡師佐籍考

　　長沙走馬樓三國吳簡中有一批記載孫吳師、佐及其家屬狀況的竹簡。師、佐種類複雜,就目前所見,分別有乾鍛師、治師、鑪師、鐮師、鎌師、剛師、觚慰師、皮師、貫連師、貫田師、模師、絖師、乾鍛佐、鑪佐、鐮佐、剛佐、鎗佐、錢佐、綃白佐、錦佐、別佐、汱佐等。從名稱上看,師、佐應該是具有一技之長的手工業者。傳世文獻中有關三國手業者的資料十分稀少,師佐籍簡的問世,使這種缺憾在某種程度上得到彌補,對了解孫吳政權中的手工業狀況有很大幫助。本文擬對師、佐的基本狀況加以討論,但是,這批竹簡殘損嚴重,本文據此進行的研究,有些方面只能算是推測,難言定論。

一、師佐籍書寫格式

　　研究吳簡中的師佐,首先要做的工作是對師佐籍册書進行復原。由於師佐籍册書出土時遭到破壞,編繩也已朽爛,而且與一般户籍簡相比,數量少得多,要做到完全復原是不可能的,在此我們只能大致復原一下其書寫格式。師佐籍簡數量較少,師、佐重名的可能性比一般户籍簡小得多,把同一名字的師佐簡及其親屬當作一個家庭應該是没有太大問題的。下面以此爲綫索,列出幾個師佐的家庭成員:

　　　　貫田師臨湘魯章年卅一(壹·6607)

　　　　☐章☐妻姑年廿七　　見(壹·5923)

　　　　☐　章子男伯年三歲　　☐(壹·6794)

　　　　章姪子男世年十歲　　見(壹·5838)

　　　　☐剛☐師臨湘楊棟年☐三　　見(壹·6006)

樑妻巨年卌五　見(壹・5961)

樑子男經年十六　見(壹・5966)

樑子男節年六歲　見(壹・5826)

章男弟樑年十五在本縣章姪子男□年廿七 在 本 縣(壹・5830)

☑□區表年卌七　見(壹・5895)

表妻汝年卌在本縣　留(壹・5896)

☑表小妻姑年卌一　見(壹・5852)

表子女小年十三在本縣留(壹・6011)

表子女參年四歲　見(壹・6771)

由上可見,師佐籍册書以師、佐爲中心,第一支簡首先記載師、佐的情況,其後各簡則分別記載師、佐家庭成員,而且基本是一人一簡,也有兩人合用一簡的情況,但比較少見。師佐家庭成員主要包括妻子、兒女、子姪,此外還包括母親或兄弟:

樵母思年五十七　見(壹・5898)

□□師臨湘益買兄並年五十六在本縣(壹・5832)

值得注意的是,師佐之父在册書中的附籍情況:

□□佐建塱劉□父□年卌六在本縣(壹・7484)

物故乾鍛佐永新□東父紀☑(壹・7554)

☑　嵩父王年五十一在本縣　留(壹・8409)

當然,民籍記載其父的情況也比較常見:

車父公乘平年九十九　平妻大女肆年七十(壹・0945)

佃父公乘廷年八十二刑右手☑(壹・2625)

強母父年八十二(壹・7426)

但兩相比較可以發現,民籍的"父"多爲高齡之人,他們均已過了繳納租賦的年限。制定民籍的目的是統計繳納租賦的人口,既然民籍中的"父"已不再繳納租賦,那麼在建立民籍時,不以其爲户主是自然之事,對這些老年人的處理方式是附於其子之後,注明年齡,有疾病者則要注明爲何種疾病。上引簡中,師佐之父的年齡要年輕得多,分别爲46、51歲。制定師佐籍的主要目的是爲政府徵調手工業者提供可靠的依據,因此,師、佐列於首位。即使師佐之父尚在壯年,但只要不是手工業者,只能附於作爲師佐的其子之後。

師佐籍家庭中似乎還有奴婢:

> 廣奴德年十歲　見(壹·6621)

根據上引師佐籍簡,師佐的著録格式爲: 某師/某佐＋某縣＋人名＋年齡＋見。與民籍中的户主簡不同之處是,前者籍貫爲某縣,後者籍貫則爲某里。另外,前者幾乎無一例外地在簡末加一"見"字,後者則無。這種區别不是不可以解釋的。師、佐作爲從事專門生産的手工業者,屬稀缺資源,主要集中在縣,由縣府直接控制,因此在編制册書時,以縣爲單位。

政府統計師佐及其家屬,是爲了徵調他們服役,但並非全部徵發,有些家屬成員仍可以留在本縣,上述區表之妻及其大女就是這種情況。不被徵發者在簡末寫一"留"字,而"見"正是相對於"留"而言的。民籍是政府徵税的依據,因此只要在簡中注明"算若干"即可,而不必注"見"字。另外,民籍中的户主姓名前一般都有爵位,而師、佐則無。這説明,孫吴政府授爵的對象主要是農民,師、佐被排除在外。

師佐家庭成員的記録方式一般記其與師佐的關係、名字、年齡,如被徵發,和師佐一樣,在簡末注一"見"字,否則在年齡後記"在本縣",然後末尾注"留"字。如果已經去世,則在"在本縣"後記其去世的具體年、月、日:

> 陽子男山年廿一在本縣嘉禾三年六月十一日物故(壹·5887)
>
> 舟姪子男取年廿四在本縣嘉禾元年十一 月 十日物故(壹·

6023）

如果另有任務，不能隨師、佐發送至郡，也要在簡中注明：

　　□子男生年九歲在本縣　　屯將行（壹・5924）

　　小妻姑年廿七在本縣　　屯將行（壹・6705）

　　☑　□妻□年卅一在本縣　　屯將行（壹・6766）

　　□子男水年廿一別使行　　屯將行（壹・6715）

"屯將行"不知是何含意，或許是屯聚在一起，將要出發執行其他任務。可以肯定的是，政府徵調他們另有事情可做，因此就不必隨師、佐到郡去從事手工業生產了。

　　除了有妻室的師、佐外，師佐籍對單身的師佐也加以記錄，與一般師、佐不同之處是在年齡後注明"單身"：

　　□鍛攸張生年廿一　　單身　　見（壹・6641）

　　☑建寧黄民年廿一　　單身　　見（壹・6656）

　　☑下雋監軍年廿四　　單身（壹・6710）

　　舮慰師醴陵侯曹年廿八　　單身　　見（壹・6720）

　　將全縣的師、佐及家庭成員單獨統計完畢後，還會有一個概括性的統計，説明全縣領有師佐及其家庭成員的總人數，如：

　　凡吳昌領師佐十四人弟妻子卅七人合五十一人（壹・5908）

　　右永新領師佐五人妻子七人合十二人（壹・5915）

　　凡下雋領師佐十八人母妻子卅七人合五十五人（壹・6727）

　　□劉陽領師佐一十二人母兄妻子廿九人合卅一人（壹・6757）

　　凡醴陵領師佐廿六人母弟妻子六十二人合八十八人（壹・7470）

由於每個師、佐前均已注明縣名，那麼在某縣師、佐家庭之後出現的概括性統計自然是指此縣，特別是出現"右"字，其所指向的縣更是十分明瞭，因此，從格式上講，並不要求必須在這類簡上注明何縣，下簡就是這種情況：

　　右見師佐廿一人兄弟妻子及奴七十八人合九十九人（壹·6708）

　　師佐的家屬並不一定全部被徵發，因此，在總人數之後尚須分別記録發送至郡和留在本縣的人數：

　　其十四人師佐弟妻子廿一人見今送（壹·5907）
　　其師佐五人妻子五人見今　送（壹·5974）
　　其師佐十八人母妻子廿二人見今送（壹·7507）
　　其十六人弟妻子在本縣（壹·5978）
　　其二人在本縣（壹·8205）
　　其二人在本縣　☐（壹·7918）

"見今送"即發送至郡的意思。就已發現的師佐籍而言，所有師、佐均被徵發。也就是説，一縣所領的師、佐與發送至郡的師、佐人數應該是相等的。如果將兩縣師佐人數偶合的因素排除在外，那麽，壹·5907、5974、7507分別是吳昌、永新、下雋三縣發送至郡的人數。壹·5978 記留本縣的家庭成員人數爲 16 人，與壹·5907 發送至郡的家庭成員 21 人相加，恰好等於壹·5908 所記吳昌縣所領師佐家庭成員的總人數 37 人。壹·8205中的 2 人與壹·5974 中的 5 人相加，也等於壹·5915 簡的總人數。當然，我們不能肯定，壹·5978 與壹·8205 分別是吳昌和永新二縣師佐籍的最後一支簡，因爲這存在着偶合的可能性，比如壹·7918 與壹·8205中，留本縣的人數相同，很難斷定哪支簡是永新師佐籍的最後一支簡，也許兩者均與永新縣無關。但無論如何，吳昌、永新師佐籍的最後一支簡記載的内容應該與壹·5978、8205 内容相同。

　　如果縣所領師佐家庭成員有"別使"即另有任務的特殊情況，也須加以記録：

　　其一人別使（壹·5916）
　　其子一人別使☐☐録送（壹·7435）

其二人使到武昌（壹·8207）

上引簡壹·6715記"別使行,屯將行",這裏的"別使""使"或許是"屯將行"之類的情況。

師佐籍簡還注録了物故師佐及其家屬成員的狀況,他們與上面的師佐區別開來,單獨統計:

物故絹白佐臨湘朱異妻端年五十在本縣　留（壹·5914）

物故剛佐醴陵文孫子男迷年十一在本縣（壹·5955）

物故乾鍛佐醴陵文理妻婢年卅四在本縣（壹·5956）

物故剛師臨湘張額子男秋年十二　見（壹·6609）

其書寫格式爲:物故＋某師/佐＋某縣＋人名＋親屬稱謂＋年齡＋在本縣＋留（"留"可以省略）。如果物故師佐的家庭成員被徵發,則在年齡後加"見"。不過,從現有師佐簡看,物故師佐家庭成員被徵發者遠少於在世師佐家庭成員,所以,大部分人標注爲"在本縣"。所有物故師佐家庭成員統計完畢後,也要進行概括性統計,寫明本縣所領物故師佐家庭成員的總數:

☑　右物故師佐七人妻子七人（壹·5842）

右領物故師佐兄弟妻子十八人（壹·5909）

右物故師佐子二人（壹·7900）

右物故師佐妻子五人（壹·8218）

右物故師佐妻子七人（壹·8233）

簡壹·5842注明了物故師佐的人數,但一般情況下,並沒有這種必要,因爲他們即已去世,自然談不上是留本縣還是被徵發,統計其人數多少没有太大的意義。況且在這類師佐簡中,每個家庭的師、佐必然已去世,所以,有多少這樣的家庭即有多少物故的師、佐。正是因爲這個原因,壹·7900、8218、8233不對物故師佐人數進行統計,而只是記録每縣總領物故師佐家庭成員的總人數。

　　當然,和在世師佐籍一樣,最後還須記録發送至郡的物故師佐家庭成員的總人數:

　　　　其子女一人見今送(壹·5825)

　　　　其妻子四人見今送(壹·5920)

　　　　其妻子三人見今送(壹·6719)

　　　　其妻子三人見今送(壹·6726)

　　　　其妻子六人見今送(壹·7537)

　　　　其一人見今送　　☑(壹·8215)

　　　　其一人見今送　　☑(壹·8729)

之所以認定這些人都是物故師佐的家庭成員,是因爲凡在世師佐家庭成員都和師佐一起發送,其前必有師佐。這些妻子、兒女單獨被發送,説明師佐已經去世。

　　如果物故師佐家庭成員不被徵發,也要加以記録,其形式與簡壹·5978、7918、8205 完全相同。這種形式的竹簡尚有許多,不過,要確定哪些屬於物故師佐家庭成員留在本縣的記録十分困難。

　　我們可以把徵發一縣師佐的册書的書寫格式總結如下:

　　　　某師/佐＋某縣＋姓名＋年齡＋見

　　　　師/佐名＋親屬稱謂(父母、兄弟、妻子、兒女、子侄)＋姓名＋年齡＋見

　　　　師/佐名＋親屬稱謂(父母、兄弟、妻子、兒女、子侄)＋姓名＋年齡＋在本縣＋留

　　　　師/佐名＋奴＋姓名＋年齡＋見

　　　　師/佐名＋親屬稱謂(父母、兄弟、妻子、兒女、子侄)＋姓名＋年齡＋在本縣＋年月日＋物故

　　　　親屬稱謂＋姓名＋年齡＋在本縣(＋別使行)＋屯將行

　　　某師/佐＋某縣＋姓名＋年齡＋單身＋見

　　　右/凡＋某縣＋領＋師佐＋人數＋親屬稱謂(＋奴)＋人數＋合
＋人數

　　　其＋師佐＋人數(或人數＋師佐)＋親屬稱謂(＋奴)＋人數＋見
今送/今見送

　　　其＋親屬稱謂＋人數(或人數＋親屬稱謂)＋在本縣

　　　其＋親屬稱謂＋人數＋別使(＋錄送)

物故師佐籍體例格式如下：

　　　物故＋某師/佐＋某縣＋人名＋親屬稱謂(父母、兄弟、妻子、兒
女、子侄)＋年齡＋在本縣＋留

　　　物故＋某師/佐＋某縣＋人名＋親屬稱謂(父母、兄弟、妻子、兒
女、子侄)＋年齡＋見

　　　右領＋物故師佐＋親屬稱謂＋人數

　　　其＋親屬稱謂＋人數＋見今送

　　　其＋親屬稱謂＋人數＋在本縣

　　另外，下面這支師佐籍簡性質如何，還有待進一步解釋：

　　　鑪師□師□師錦師母妻子人名年紀爲簿如牒　　見(壹‧5948)

這支簡記載了四種“師”，未涉及佐。竹簡中“師”的種類遠超過四種，當
然，這可以解釋爲此縣的“師”只有四種，但一個縣沒有“佐”却很難説得過
去。不過，從形式上看，這似乎是一縣師佐籍的第一支簡，真實情況如何，
還有待進一步研究。有鑑於此，我們只能説，上述兩部分簡組合在一起，
構成一縣師佐籍的基本框架，但很難説完整無缺。

二、師 佐 考

　　從名稱可以看出，吳簡中的各類師佐是專門從事某類手工業生産者，
下面對各類師佐及其涉及的各類手工業名稱略加考訂。

　　綃白，清人王先謙對綃有所考證："《廣雅‧釋器》：'綃謂之絹。'《説文》：'綃，生絲也。'《一切經音義》十五引《通俗文》云'生絲繒曰綃，合並絲繒曰縑'。"①清任大椿《釋繒》："繒，帛也，熟帛曰練，生帛曰縞，曰素，曰綃，曰縑，曰絹。"②據此，綃與縞、縑、絹、素等均爲生絲，屬同一種絲織品。縞、素二字在文獻中常見，如縞衣、縞冠、縞帶、縞裘、素衣、素服、素族、素食等，至於縞、素二字連用更爲經常，漢高祖劉邦爲項羽所害的義帝發喪，"諸侯皆縞素"的故事人所熟知。以後，縞素作爲孝服的含義一直使用至今。《説文‧糸部》釋"素"："白緻繒也。"③"綃"與"素"既爲同種絲織品，與"白"連稱自在情理之中，其含義與"縞素"亦同。"綃白師""綃白佐"就是生產生絲的手工業者。當然，"綃白"一詞在文獻中十分少見，吳簡中的"綃""白"連用大概尚屬首次。

　　錦，《急就篇》顏師古注："錦，織彩爲文也。"即以彩色的絲織出花紋的絲織物。任大椿《釋繒》："古文錦必有地，於素地織采則爲'素錦'，於朱地織采則爲'朱錦'，若'織成'則全以采絲織爲文章。"因此，錦有素錦、彩錦之分。《釋名》："錦，金也。作之用功重，其價如金，故其制字從帛與金也。"④可見，錦是比較貴重的絲織品。特別是彩錦，"事先用染好的彩色絲縷製織，代表漢代織物的最高水準"。⑤

　　鎗，有多種含義。一指金、鐘之聲。作爲象聲詞，經常與"鏗"連用，即現代意義上的"鏗鎗"。此種用法在《史記‧樂書》《漢書‧禮樂志》中常見。《史記‧樂書》裴駰《集解》引鄭玄曰："鏗鎗之類皆爲音，應律乃爲樂。"⑥吳簡中的鎗自然不可能有此意，否則，鎗佐就成爲樂佐了。二指鼎類，即現代意義上的鍋。《廣韻‧庚韻》："鎗，鼎類。"《南史‧陳遺傳》："少

　　①　［漢］劉熙撰，［清］畢沅疏證，［清］王先謙補：《釋名疏證補》卷一四《釋采帛》，北京：中華書局，2008年，第149頁。
　　②　［清］任大椿：《釋繒》，中國科學院圖書館整理：《續修四庫全書總目提要‧經部‧小學類‧訓詁》，北京：中華書局，1993年，第1025頁。
　　③　［漢］許慎：《説文解字》，北京：中華書局，1963年，第278頁。
　　④　［漢］劉熙撰，［清］畢沅疏證，［清］王先謙補：《釋名疏證補》卷一四《釋采帛》，第150頁。
　　⑤　中國社會科學院考古研究所編：《新中國的考古發現和研究》，北京：文物出版社，1984年，第471頁。
　　⑥　［漢］司馬遷：《史記》卷二四《樂書》，第1223頁。

爲郡吏,母好食鎗底飯。遺在役,恒帶一囊,每煮食輒録其焦以貽母。"①
三指酒器。宋竇蘋曰:"自晋以來,酒器又多云鎗,故《南史》有'飲酒
鎗'。"②四指兵器。諸葛亮《將苑·地勢》:"蘆葦相參,竹樹交映,此鎗矛
之地也。"③這裏的"鎗"實際就是槍。無論是鼎、酒器,還是槍,均屬常見,
製造這些工具,似乎不需要具有專門技藝的工匠,任何一個從事冶鐵業的
手工業者都可以勝任,由此看來,似無必要專門設鎗師、鎗佐。吳簡中的
"鎗"應是指一種特殊的工藝。元人陶宗儀記載了嘉興髹工"鎗金""鎗銀"
的工藝方法:在朱色或黑色漆地上用針尖或刀鋒鏤刻出纖細花紋,花紋
内填漆,然後將金箔或銀箔粘上,成爲金色或銀色的花紋。④ 雖然陶宗儀
所説的鎗金、鎗銀法是明代的工藝,但據學者研究,此工藝早在漢代即已
出現。湖北光化縣三號、六號漢墓出土的兩件漆卮,均在黑漆地上刻出了
怪人和虎、鳥、兔等紋飾,其間刻有流雲紋,全部刻紋内填入金彩,産生了
類似銅器上金銀錯的花紋的效果,年代約當漢武帝時期。⑤ 不過,無論是
有關漢代的傳世文獻,還是出土文物,似乎對從事此種工藝的工匠尚無專
門的稱呼,吳簡中出現鎗師、鎗佐這樣的稱呼尚屬首次,這是否意味着三
國時期的髹漆工藝有較大的發展了呢?

　　鐮,《釋名》曰:"鐮,廉也,體廉薄也,其所刈稍稍取之,又似廉者
也。"⑥意指鐮刀。《論衡·量知篇》:"山野草茂,鈎鐮斬刈,乃成道路
也。"⑦即用鐮刀斬割山中茂草,辟成道路,後世釋"鐮"多取此意。但和
鼎、酒器、槍一樣,鐮刀是一種十分普通的農業用具,鑄造鐮刀不需要高

---

① [唐]李延壽:《南史》卷七三《孝義·陳遺傳》,點校本,北京:中華書局,2011年,第
1804頁。
② [宋]竇蘋:《酒譜·飲器》,[宋]朱肱等著:《北山酒經》(外十種),上海:上海書店出版社,
2016年,第61頁。
③ [三國·蜀]諸葛亮撰,段熙仲、聞旭初編校:《諸葛亮集·文集》卷四《將苑·地勢》,北京:
中華書局,1960年,第96頁。
④ [元]陶宗儀:《南村輟耕録》卷三〇"鎗金銀法",北京:中華書局,1959年,第379頁。
⑤ 王世襄:《中國古代漆工雜述》,《文物》1979年第3期,第52—53頁。
⑥ [漢]劉熙撰,[清]畢沅疏證,[清]王先謙補:《釋名疏證補》卷二一《釋用器》,第220頁。
⑦ [漢]王充著,黄暉校釋:《論衡校釋》卷一二《量知篇》,北京:中華書局,1990年,第
552頁。

深的技藝，一般冶鐵工匠皆可，不會因此特設鐮師或鐮佐。《方言》卷九在另一種意義上提到鐮："凡箭鏃胡合嬴者，四鐮或曰拘腸；三鐮者謂之羊頭。其廣長而薄鐮謂之錍，或謂之鈀。"郭璞注："鐮，稜也。"①三鐮、四鐮意指三棱、四棱箭頭。大概鐮數不同功用亦有異，因此有"拘腸""羊頭"之類的不同稱呼。多鐮箭頭應該是一種特殊的兵器，需要特殊的工匠才能生產製造出來；而且三國鼎立時期戰爭比較頻繁，一些特殊兵器需要量增大，或許兩種因素結合在一起，促成了鐮師、鐮佐這種專門工匠的出現。

鎌，《方言》："刈鈎……自關而西，或謂之鈎，或謂之鎌，或謂之鍥。"②上引《釋名》王先慎注："《說文》作鎌，从金兼聲，今通作鐮。"所以，鎌指鐮刀，無論從字形還是從字義說，"鎌""鐮"沒有什麼不同。如果吳簡中的鐮指多棱箭頭，那麼意義與鐮完全相同的鎌也可能主要指多棱箭頭，而非鐮刀。鎌、鐮的字形、讀音均十分相似，而意義又復相同，所以，在記錄"鐮師""鐮佐"時，將其寫成"鎌師""鎌佐"是十分可能的。

鑢，《說文》釋鑢："錯銅錢也。"③《廣雅·釋詁》："鑢，磨也。"④文獻中見到的"鑢"字，亦爲"磨磋"之意。《三國志·魏書·董卓傳》載董卓鑄小錢："大五分，無文章，肉好無輪郭，不磨鑢，于是貨輕而物貴，穀一斛至數十萬，自是後錢貨不行。"⑤"不磨鑢"，即不加打磨，用以形容董卓所鑄小錢品質低劣，最終導致小錢難行，這是較孫吳稍前的事情。《宋書·顏竣傳》記載，劉宋時期，前廢帝鑄二銖錢，民間仿鑄，大小厚薄，皆不及官鑄之錢，"無輪郭，不磨鑢，如今之剪鑿者，謂之耒子"。⑥仿鑄之錢是爲了獲取暴利，在用工上自然不如官錢講究，甚至不加刮磨，所以看起來十分粗糙。吳簡中的鑢師、鑢佐可能就是以刮磨銅錢爲業的手工業者。類似的匠人

① ［漢］戴震：《方言疏證》，上海：上海古籍出版社，2017年，第212頁。
② ［清］戴震：《方言疏證》，第133頁。
③ ［漢］許慎：《說文解字》，第296頁。
④ ［清］王念孫：《廣雅疏證》卷三（上）《釋詁》，北京：中華書局，1983年，第77頁。
⑤ ［晉］陳壽：《三國志》卷六《魏書·董卓傳》，第177頁。
⑥ ［梁］沈約：《宋書》卷七五《顏竣傳》，第1963頁。

在西漢末年既已出現,貴州省清鎮出土的平帝元始三年(前 37 年)漆杯,上刻生產漆杯的所有匠人的名字,其中提到"泪工",據學者推測,可能就是雕工,其職責是對漆器精心刮磨,使其產生光澤。① 當然,漆器不同於錢幣,但二者均需打磨,以使精致。因此,鑢師、鑢佐或許就是西漢的雕工。

貫連,唐陸羽《茶經》:"貫,削竹爲之,長二尺五寸,以貫茶焙之。"②據此,"貫"指焙茶用具。但作爲此意,"貫"無法與"連"組成一詞,因此,吳簡中的"貫連"不應與"焙茶"有關。《說文》釋貫:"貫,錢貝之貫,从毌、貝。"釋毌:"穿物持之也,从一橫貫,象寶貨之形。"③按此解釋,"貫"爲古時穿錢用的繩索,即錢串。《史記·平准書》:"京師之錢累巨萬,貫朽而不可校。"以此爲基礎,貫引申爲穿過之意,並與"連"連用。貫連師、貫連佐或即以製造錢串爲業的手工業者。至於貫田,可能是貫連的誤寫,因爲在所有師佐簡中,貫田師只出現過一次。

錢,錢師、錢佐性質比較清楚,他們是從事貨幣鑄造的手工業者。吳簡中還有另一種與貨幣鑄造有關的手工業者"模師"。漢代鑄錢,要使用陶範或銅範,範分爲母範和錢範兩種,母範即稱爲模,用以翻刻錢範,錢範用來製造貨幣。④ 特別是銅鑄母範所印成的子範,大多是叠片鑄錢,其數量可多可少(4 至 58 枚),十分方便,而且經久耐用。因此,以銅鑄母範鑄錢的方法一直沿用至六朝。西漢還有磚製母範,使用起來雖然也比較方便,但由於不如銅制母範經久耐用,到新莽天鳳元年(14 年)便銷聲匿迹了。⑤ 因此,模師大概是鑄造銅模的手工業者。

剛,"剛師""剛佐"之"剛"即"鋼"。漢晉時期,"鋼"多寫作"剛"。西晉劉琨重贈盧諶詩云:"何意百煉剛,化爲繞指柔。"《太平御覽》引陶弘景說:"作剛樸是上虞謝平,鑿鏤裝治是石(當爲"右"之誤)尚方師黃文慶,並是

① 王仲殊:《漢代考古學概說》,北京:中華書局,1984 年,第 48—49 頁。
② [唐]陸羽:《茶經》卷上《二之具》,杭州:浙江古籍出版社,2011 年,第 4 頁。
③ [漢]許慎:《說文解字》,第 142 頁。
④ 宋治民:《漢代手工業》,成都:巴蜀書社,1992 年,第 57 頁。
⑤ 祝慈壽:《中國古代工業史》,上海:學林出版社,1988 年,第 217—218 頁。

中國絶手,……别有横法剛,公家自作百煉,黄文慶因此得免隸役,爲山館道士也。"①又《北齊書》載綦母懷文造宿鐵鋼刀,鋼亦寫作"剛":"又造宿鐵刀,其法燒生鐵精以重柔鋌,數宿則成剛。"②因此,"剛師""剛佐"是從事煉鋼的手工業者。

皮,皮師是從事皮革手工業的工匠。皮革手工業是一門十分精細的技術,揉治皮革的工匠在《考工記》中被稱爲鮑人。其製造皮革器過程如下:先把皮革椎擊堅硬,刮除皮裏面的不潔物,然後裁製並鑽小孔加以縫製;縫合處的綫要藏在皮革裏,隱而不顯;皮革稍加洗濯,使成茶白色;並且要搽上油脂,使其柔滑。當時,牛皮、羊皮製造一般皮革器,而犀皮、兕皮則用來製造甲胄。③孫吴時期,皮作爲百姓向政府繳納的調,十分普遍,其中有麂皮、羊皮、牛皮、水牛皮、鹿皮等,主要用來製作軍用器物、衣帽等。④可能正是由於江南地區皮産品十分豐富,因此出現了專門以製造皮革器爲業的皮師、治皮師。

乾鍛師、乾鍛佐、瓠慰師、瓠慰佐最爲常見,可惜由於相關文獻資料太過缺乏,難以確切了解其意。乾鍛師、佐既在吴簡中屢次出現,説明其所從事的是比較常見的手工業。從名稱上推斷,乾鍛爲鍛造、鍛打之意,而冶鐵業自漢以來就是手工業的支柱性産業,因此,乾鍛師、佐大概是冶鐵業的手工業者。吴簡中另有治師,可能就是"冶師",即從事冶鐵的手工業者,但其與乾鍛師、佐有何區别,却不得而知。瓠有簡牘之意。《急就篇》:"急就奇瓠與衆異。"顔師古注:"瓠者學書之牘,或以記事,削木爲之,蓋其屬也。"南方盛産竹木,瓠慰師、佐或是剖竹爲簡的手工業者。除此而外,瓠作爲器物講,還有酒器、劍柄之意。《説文》:"瓠,鄉飲酒之爵也。"⑤《淮南子》:"操其瓠,招其末,則庸人能以制勝。"高誘注:"瓠,劍柎。"⑥但"慰"

---

① 〔宋〕李昉等撰:《太平御覽》卷六六五《劍部》,影印本,北京:中華書局,1960年,第2970頁。
② 〔唐〕李百藥:《北齊書》卷四九《方伎·綦母懷文傳》,點校本,北京:中華書局,2011年,第679頁。
③ 〔清〕孫詒讓:《周禮正義》卷七九《冬官考工記·鮑人》,第3291—3293頁。
④ 王子今:《走馬樓簡的"入皮"記録》,北京吴簡研討班編:《吴簡研究》第1輯,第302—305頁。
⑤ 〔漢〕許慎:《説文解字》,第94頁。
⑥ 劉文典撰,馮逸、喬華點校:《淮南鴻烈集解》卷九《主術訓》,北京:中華書局,1989年,第304頁。

是何含義,却無法解釋,此處只能存疑。另外,別佐、汶佐均只一見,推斷其含義十分困難,本文只能略而不論。

三、幾點意見

師、佐簡涉及的縣共有十三個,其中十一個爲長沙郡屬縣,[①]這説明師佐籍主要是長沙郡屬縣發往長沙郡的上行文書。其他兩縣分別爲禮新與永新,前者於史籍未見,永新則爲廬陵郡屬縣。另有一簡,情況也比較特殊:

> 鎌(?)佐武陵梁審年卅　　□□□　　見(壹·5817)

羅新認爲,武陵可能指武陵郡。我覺得是武陵郡的可能性不大,因爲所有師佐均以縣爲統計單位。

走馬樓出土的一枚簽牌中標有"兵曹""徙作部工師及/妻子本事"等字樣。羅新考證,作部屬於州以上的機構,因此,師佐籍是荆州或更高級別的武昌宫的作部爲轉運遷徙師佐而造的花名册。[②]簽牌或許確實表明州或其以上機構的作部在遷徙轉運郡手工業機構中的師佐,但與吳簡中的師佐籍未必存在着直接聯繫。師佐籍可能是長沙郡各縣向郡手工業機構遣送師佐的册書,而非作部遷徙師佐的册書。至於禮新、永新和武陵的師佐籍,爲何與長沙郡屬縣的師佐籍出現在一起,現在還難以作出解釋,這是以後需要研究的問題。

師佐籍是長沙郡屬縣爲向郡府發送師佐及其家屬而作,而史籍有關政府徵發手工業者的材料十分稀少,因此,師佐籍的出現,爲我們重新思考孫吳的手工業提供了想像的空間。

《睡虎地秦墓竹簡》和出土的秦兵器銘文經常提到"工師"。這時的工師是政府管理手工業的重要官吏,他們不僅要對官府工廠產品的規格、品

---

① 羅新:《吳簡中的"作部工師"問題》,長沙市文物考古研究所編:《長沙三國吳簡暨百年來簡帛發現與研究國際學術研討會論文集》,北京:中華書局,2005年,第60頁。
② 羅新:《吳簡中的"作部工師"問題》,長沙市文物考古研究所編:《長沙三國吳簡暨百年來簡帛發現與研究國際學術研討會論文集》,第60頁。

質負責,而且還有權干預民間手工業的某些生產事宜。① 秦簡中亦見到與手工業有關的"佐":"漆園嗇夫一甲,令、丞及佐各一盾,徒絡組各廿給。""采山重殿,貲嗇夫一甲,佐一盾。"②這裏的"佐"不是一般手工業者,可能是縣佐之類的官員。一般手工業者則稱爲"工",秦代出土的銅器有"工鬼薪""工隸臣"之類的銘文,而前引貴州出土的漢代漆器銘文則有"素工""髹工""上工""銅耳黃塗工""畫工""清工""造工"之分。

吳簡中的師、佐是否也是管理各縣手工業的官吏呢? 以臨湘縣爲例,師、佐各有十三名,很難想像如此之多的師、佐均是管理臨湘縣手工業的官吏。在這些師、佐中,乾鍛師、鈲熨師、鐮師各有兩個,而乾鍛佐更是多達六個。政府在同一機構中不可能設置職權重疊的官吏,因此,吳簡中的師佐與秦漢時期管理地方官府手工業的工師性質顯然不同,他們是具有一技之長的一般手工業者。至於師與佐有何區別,還有待進一步研究,或許是技術熟練程度不同,因而名稱有異。

以"某師"稱呼手工業者並非始自孫吳。東漢崔寔言及初任五原郡守:"吾乃賣儲峙得二十餘萬,詣雁門、廣武迎織師,使巧手作機及紡以教民織,具以上聞。"③這裏的織師是指以絲織業見長的手工業者,雖然不如吳簡中諸如絹白師、錦師、綀師之類那樣細緻,但性質大體相同,這可能是文獻中某一行業的手工業者稱"師"的最早記錄。至於考古資料中,東漢靈帝末年的《白石神君碑》有"石師王明",④但時間晚於崔寔提到的織師。以"佐"爲稱者,似乎尚未見諸史籍及考古資料。

吳簡中的這些師、佐並不是官府控制的手工業者,亦非以農業生產爲主兼營手工業的個體農民,而是一些具有專門技藝並以此爲生的個體工匠。按前引簡壹·5852、6705,家庭成員爲"小妻",這顯然是與"大妻"相對而言的,另有兩簡亦有"小妻""大妻"的記載:

① 吳榮曾:《秦的官府手工業》,《先秦兩漢史研究》,北京:中華書局,1995 年,第 196 頁。
② 睡虎地秦墓竹簡整理小組編:《睡虎地秦墓竹簡》,第 138 頁。
③ [漢]崔寔撰,孫啓治校注:《政論校注》"佚文",《政論校注·昌言校注》,北京:中華書局,2012 年,第 182 頁。
④ [清]王昶輯:《金石萃編》卷一七《白石神君碑》,第 6 頁。

令大妻思年卅五在本縣　嘉禾三年二月五日物故（壹·8216）

□小妻姑年卅　見（壹·7445）

這説明，有的師、佐即有妻有妾。甚至有的師、佐家庭中還擁有奴僕，如前引簡壹·6621，又如簡壹·5905：□奴客年卅三。前引簡壹·6708似乎是對一縣師佐家庭成員概括性的統計，其中亦包括奴，只是具體數字不太清楚。

秦漢以來，官府作場中的手工業者勞動條件惡劣，政府對其剝削十分嚴重，而且還經常受到管理人員的凌辱和虐待。吳簡中的師、佐不僅有妾，而且還雇有奴僕，很難想像他們會是社會地位比較低下的官府手工業者。另外，這些師、佐及其家庭成員均以縣爲籍貫，其與以里爲籍貫的農民有明顯區別。而且他們既以某行業的師、佐爲稱，顯然是從事某行業的專門人員，而一般農民只是在農閒季節從事手工業生產，以滿足自己的需要，是不會被稱爲師、佐的。師作爲獨立的手工業者，並非始自孫吳，崔寔雇傭的"織師"，在被雇以前，當然是獨立的手工業者。

東漢末年以來，戰爭的頻繁使城市遭受嚴重破壞，無論是官府控制的手工業者，還是個體手工業者，紛紛流散四方，兩漢以來高度發展的手工業遭受嚴重打擊。[1] 但是，相對於中原地區，長江以南沒有遭受大的戰爭災難，那裏的手工業特別是民間手工業並沒有衰退，反映在吳簡中，就是個體手工業者的大量湧現。不過，隨政府對手工業產品需要量的增加，其對手工業者的占有正逐漸變得迫切起來。《三國志·吳書·孫策傳》注引《江表傳》所載孫策俘獲袁術"百工及鼓吹部曲三萬餘人"的事例爲治史者所熟知，這些百工部曲也就分配於孫策的軍營及官府作場中，從事手工業生產，[2]這是孫吳建國以前的情況。三國鼎立局面形成後，戰爭相對減少，這種工匠的來源漸趨枯竭，可是政府對手工業者的需求並未減少。

---

① 唐長孺：《魏、晉至唐官府作場及官府工程的工匠》，《魏晉南北朝史論叢續編》，北京：三聯書店，1959年，第30頁。

② 唐長孺：《魏、晉至唐官府作場及官府工程的工匠》，《魏晉南北朝史論叢續編》，第36頁。

《宋書・百官志》稱江南諸郡縣鐵冶機構"多是吴所置"。[1]　如此多的官府手工業自然需要大量的工匠,解決問題的辦法就是從民間徵發個體手工業者。師佐籍就是長沙郡屬縣爲回應長沙郡徵發師、佐及其家屬而造的花名册。

　　不過,需要注意的是,雖然長沙郡所有師、佐均被徵發,但其家屬未必全被徵發,像前引諸簡中簡末標有"留"字樣的家屬繼續在本縣居住;未標"留",但標有"在本縣"的亦不在徵發之列。家庭成員中,何人留縣,何人隨師、佐前往應役之地,在現有師佐籍中體現得十分混亂,如前引區表一家,區表大女十三歲被留在本縣,而小女只有四歲却標注"見"。這當然不能以小女年齡尚小,無法脱離父母獨立生活來解釋,因爲區表之妻並未被徵發。從區表兩個女兒的情况看,年齡大小不是標注"留""見"的根據。用性别差異也難以解釋得通:

　　　　昌子男鼠(?)年十八在本縣　　留(壹・6801)

　　　　懇兄明年卅四在本縣　　留(壹・6717)

　　　　横 母汝年五十五　　見(壹・6783)

前兩簡中的家庭成員均爲男性,且均在壯年,但他們却得以留在本縣,而後一簡中"横"的母親年已五十五,却仍被徵發。從現有師佐籍簡中尚不能發現政府徵發的標準,情况如何有待以後進一步研究,但無論如何,政府不一定對師佐全家進行徵發,這説明孫吴早期官府對工匠及其家屬的控制尚不十分嚴格。唐長孺論及魏晋"百工"身份地位時説:"律令上對於違法的百工是用家來計算的,這就是説百工的卑微身份包括了他們的家屬在内,暗示着世襲的不可移動的户籍。"[2]就師佐籍而言,孫吴早期政府對工匠的控制正逐漸加强,所有工匠及其家屬大部分被徵發就説明了此點。物故師佐的家屬也有部分被徵發,可能是因爲師佐雖已去世,但有些

---

①　[南朝・梁]沈約:《宋書》卷三九《百官志》,第 1232 頁。

②　唐長孺:《魏、晋至唐官府作場及官府工程的工匠》,《魏晋南北朝史續編》,第 38 頁。

家庭成員已初具一定的手工業技藝，其時，政府對手工業者的需求正在擴大，所以也被列入徵發之列。如果事實確實是這樣，説明此時正是手工業者身份卑微化的初始階段。但是，也應看到，此時工匠的户籍未必是世襲的。將其與小農區别開來，單獨統計，是因爲他們都已離開農村，成爲個體手工業者。另外，去世師、佐的家庭成員大多留在本縣，也暗示着此時的孫吳並未形成嚴格的工匠世襲制度。

不過，這種稍爲寬鬆的狀況恐怕没有維持很久，到孫休永安六年（263年），我們已看到徵發工匠全家的迹象："交趾郡吏吕興等反，殺太守孫諝。諝先是科郡上手工千餘人送建業，而察戰至，恐復見取，故興等因此扇動兵民，招誘諸夷也。"①前引簡壹·5908、6727、6757、7470 所載四縣師、佐及家屬總人數以醴陵最多，共 88 人，這也與竹簡中所見醴陵師、佐較多相合。長沙郡治臨湘縣的師、佐就現有竹簡看，比醴陵縣略多，那麼其所領師佐及家屬總人數也會稍多，但恐怕也只在 100 人左右。至於其他各縣所領人數都少於這兩縣，像劉陽所領只有 41 人，尚不及醴陵一半。而師、佐籍未涉及的蒲圻、巴陵、湘南、連道、臨烝、湘西、衡陽、鄙、茶陵等九縣，雖不能斷定没有師、佐，即使有，數量肯定也很少，超過永新的可能性不大。按此計算，長沙郡二十縣所領師、佐及其家屬不過 1,000 人左右。孫諝所在的交趾郡地處邊遠，轄下各縣手工業大概不會比長沙郡各縣還要發達。永安七年交趾郡領有十三縣，②較之長沙郡的二十縣少了許多，但孫諝徵發的工匠數量却大體與長沙郡相等。所以，"手工千餘人"全部爲工匠的可能性較小，其中應該包括了工匠的家庭成員。比照長沙郡的情況，交趾郡的這次徵發可能包括了工匠全家，而不再有家庭成員留縣。可能正是由於這個原因，導致交趾郡民怨沸騰，吕興才能乘機扇動民衆反叛。

從孫吳工匠家庭成員大部分被徵發到全部被徵發，再到西晋以法律

---

① ［晋］陳壽：《三國志》卷四八《吳書·三嗣主·孫休傳》，第 1161 頁。

② ［清］吳增僅、楊守敬：《三國郡縣表附考證》，二十五史刊行委員會編：《二十五史補編》，第 2960 頁。

規定工匠及其家庭成員的卑微身份和世襲世份，最後到北魏時將工匠家庭分爲綾羅户、細繭户、羅縠户等，這一演變經歷了漫長的過程。因此，魏晋南北朝時期，手工業者身份卑微化有一個逐漸加深的過程，並非一開始就形成了世襲制度，而師佐籍反映的師、佐徵發制度，正是這個過程的初始階段。

此外，如何正確評價孫吴時期的手工業，也是我們發現師佐籍後所面對的一個問題。劉宋山謙之《丹陽記》曰："歷代尚未有錦，而成都獨稱妙。故三國時，魏則市於蜀，吴亦資西蜀，至是始有之。"[1]治史者常引用此段資料用以説明蜀國織錦業的發達，這當然没有問題；但據此説孫吴没有織錦業，甚至認爲孫吴絲織業比較落後的觀點值得重新思考。前引簡壹·5948 記有錦師，壹·6714 則記載了錦佐：物故□錦佐臨湘袁當妻稟年五十七在本縣。錦師、錦佐的記載，反映孫吴還是有自己的織錦業的。至於絲織業，竹簡中所見有綃白師、緂師、錦師等名稱，説明其分類比較細緻，從某種程度上體現了孫吴絲織業並非如論者所説那樣落後，這也是以後研究孫吴手工業時應注意的一個問題。

——原刊《吴簡研究》第 1 輯，武漢：崇文書局，2004 年。

---

① ［唐］徐堅等著：《初學記》卷二七《寶器部·錦》，北京：中華書局，2004 年，第 655 頁。

許迪割米案中的兩個法律問題

　　1999 年,《長沙走馬樓 J22 發掘簡報》公布了兩枚關於許迪割米的木牘,[①]這個案件引起了吳簡研究者的關注。此後隨着相關簡牘的陸續公布,對許迪割米案文書的釋文、案情、案件考實過程,司法程序及相關法律術語等問題的研究獲得了很大的突破。[②] 2015 年,《長沙走馬樓三國吳簡·竹簡》[捌]正式出版,其中涉及許迪割米案的竹簡有 500 餘枚,在相當程度上可以推進對相關問題的進一步研究。該卷竹簡未正式出版前,整理者王素、宋少華已據此對木牘釋文進行了補正;正式出版後,徐暢對該案司法程序進行了復原。[③] 本文的關注點不是許迪案的具體案情,而是該案在審理過程中所涉及的兩個法律問題,這是《竹簡》[捌]正式出版之前,已經公布的其他走馬樓簡牘未曾包含的內容。

---

　　① 長沙市文物工作隊、長沙市文物考古研究所:《長沙走馬樓 J22 發掘簡報》,《文物》1999年第 5 期,彩版三:2. 官府文書。
　　② 關於許迪割米案的討論,可參胡平生:《長沙走馬樓三國孫吳簡牘三文書考證》,《文物》1999 年第 5 期,第 45—48 頁;王素:《長沙走馬樓三國孫吳簡牘三文書新探》,《文物》1999 年第 9期,第 46—48 頁;王素:《"若"即"諾"可以作爲定論——長沙走馬樓簡牘研究辨誤》,《光明日報》2000 年 8 月 25 日第 3 版;王子今:《走馬樓簡許迪割米事文牘釋讀商榷》,《鄭州大學學報》2001 年第 4 期,第 109—111 頁;秦暉:《傳統中華帝國的鄉村基層控制:漢唐間的鄉村組織》,《農民中國:歷史反思與現實選擇》,鄭州:河南人民出版社,2003 年,第 238—239 頁;徐世虹:《對兩件簡牘法律文書的補考》,中國政法大學法律古籍整理研究所:《中國古代法律文獻研究》第 2 輯,北京:中國政法大學出版社,2004 年,第 86—104 頁;[日]籾山明著、李力譯:《中國古代訴訟制度研究》,上海:上海古籍出版社,2009 年,第 88—91 頁;王素、宋少華:《長沙走馬樓三國吳簡的新材料與舊問題——以邸閣、許迪案、私學身份爲中心》,《中華文史論叢》2009 年第 1 輯,第 8—13 頁;王彬:《吳簡許迪割米案相關文書所見孫吳臨湘侯國的司法運作》,《文史》2014 年第 2 輯,第 73—91 頁。
　　③ 王素、宋少華:《長沙吳簡〈録事掾潘琬白爲考實吏許迪割用餘米事〉釋文補正》,《文史》2015 年第 1 輯,第 279—282 頁;徐暢:《新刊長沙走馬樓吳簡與許迪割米案司法程序的復原》,《文物》2015 年第 12 期,第 71—83 頁。

一、案 情 概 述

許迪割米案是孫吳嘉禾年間發生的一起官吏盜割官府稻米的重大案件，該案案情複雜，屢有反復，而且審級複雜、上下文書往來繁多，完全復原其案情及司法程序具有相當的難度，但是，根據迄今爲止已經公開的簡牘，可以大致描繪出該案的主要情節。爲下文討論的方便，結合王素、宋少華及徐暢所撰兩文，將案情及判決結果簡述如下。

許迪原爲下雋縣民，少失父遜，與母妾、兄八(一作別)、弟冰、妻小、子讓、讓弟黬、八妻營(一作榮)、冰妻足俱居下雋南鄉秭丘，佃作爲業。許迪以建安廿一年(216年)中給吏，先給縣吏，後給郡吏，黄龍三年(231年)爲臨湘溠口典鹽掾。

許迪任職典鹽掾時，受官鹽1,437斛1斗1升，並酒75斛6斗4升5合，鹽酒總計1,512斛7斗5升5合，以其中1,086斛5升6勺的鹽酒出賣，換取錢、米、雜物，剩下的426斛1斗9升8合4勺鹽，純用來兌換米。其中4斛5斗7升鹽以1∶7的比例換米(4.57×7)，421斛6斗2升8合4勺鹽以1∶6的比例兌換(421.6284×6)，總共得米2,561斛6斗9升。[①]許迪利用職務之便，僅將2,449斛1升米上交，剩餘的112斛6斗8升據爲己有。

嘉禾四年，許迪割米一事被發覺。經過反復拷問與多方審訊，許迪最終交代了作案實情。嘉禾六年，臨湘侯國援引法律條文，對刑事案件的被告及相關責任人作出了判決。最終判決結果是：許迪按科當斬，特於都市行軍法。迪妻小、子讓、讓弟黬，按科條均被没爲生口，由臨湘知會原籍下雋縣攝録没官。許迪的母親妾85歲，按科條，犯臧應没爲生口者，80歲以上，8歲以下可以不坐，迪母因此免除了被没爲生口的命運。迪兄八、弟冰、八妻營、冰妻足，與許迪別門異居且不知情，從寬不坐，但許八、

許冰兩人須爲許迪湊足十六萬九千廿的罰金繳納給官府。

二、許迪母子兄弟的"別門異居"

該案中,許迪的兄弟許八、許冰及妻子也受到牽連,不過,由於他們與許迪已經別門異居,因此從寬處理,未受連坐。許迪兄弟的別門異居在以下 5 枚竹簡中均有反映:

1. 迪兄八々男弟冰八妻榮冰妻足四人別門異居科文不載請行迪(捌・4022)

2. 年八十五於科不坐八冰 榮 足 別 門異居科文不及請 於 都 市 行 迪軍法本臧已入畢乞嚴下 儁 (捌・4136)

3. 應斬妾於科不坐 小 讓 歐 没 入 爲生口八冰榮足四人別門異(捌・4247)

4. 部吏傳送小讓歐 詣 府並隱 核 妾年紀八冰異居□□(捌・4249)

5. 歐於科不坐迪 兄 八 々 男 弟 冰別 門 異 居 不知情 科 文 不 載 請 不 與 ☑ (捌・4291)

按簡 4,許迪兄弟三人"別門異居"是經過政府調查而確認的,調查的依據應該是户籍。兄弟別籍並不奇怪,即使在禁止別籍比較嚴厲的唐代早期,兄弟也只是在爲父母服喪期間不得別籍,[①]服喪之後是否異籍,百姓是有選擇權的。但是,許迪之母尚在,三人"別門異居",就意味着至少有兩人與母親已經分籍,這在唐律中,屬於十惡不赦的重罪。

孫吳不禁止父子別籍,應該是繼承了漢代的制度。《二年律令・户律》:"民欲先令相分田宅、奴婢、財物,鄉部嗇夫身聽其令,皆參辨券書之,

---

① 劉俊文:《唐律疏議箋解》卷一二《户婚律》,第 939 頁。

輒上如户籍。……所分田宅,不爲户,得有之,至八月書户。"①百姓可以
析分田宅,但享有田宅者必須在政府八月編制户籍時立户,父子之間分割
田宅實際意味着別籍。許迪母子分籍之初,我們不知道誰是主動的一方,
在漢代,主動提出分籍的,可以是子:"諸後欲分父母、子、同産、主母、段
(假)母,及主母、段(假)母欲分孽子、段(假)子田以爲户者,皆許之。"②

　　不過,漢代父子別籍並非完全不受限制,《户律》云:"寡夫、寡婦毋子
及同居,若有子,子年未盈十四,及寡子年未盈十八,及夫妻皆瘭(癃)病,
及老年七十以上,毋異其子;今毋它子,欲令歸户入養,許之。"③律文前一
部分明確禁止父母與子分籍的兩種情況:一是寡夫、寡婦没有其他人與
之同籍時,子未滿十四歲,或者獨子未滿十八歲;二是夫妻二人殘疾或者
年齡七十歲以上。後一部分規定,寡夫、寡婦以及夫妻二人均殘或年過七
十者,如無其他兒子共籍,可以命令別籍之子歸户供養。照這個規定可以
反推,如未經以上處於特殊狀况的父母的允許,獨子是不可以與父母別籍
的,類似律條顯然是爲了保護父母的權益。按許迪供詞,母妾身爲寡婦,
而且已經 85 歲,單從文書中看不出這位母親的户籍狀况,但按漢代律條
推測,她很可能與其中一子共籍。儘管如此,其餘兩子仍然是單獨立籍
的,這與唐代"諸祖父母、父母在,而子孫別籍、異財者,徒三年"的嚴格規
定有本質區別。④

　　由於吴簡户口類文書的散亂,孫吴時期父子別籍的具體情况已經無
法了解清楚,但記載户人的連記簡仍可以爲我們提供某些信息。按正常
情况,如果户人不到 40 歲,父母或者至少其中一個在世是極有可能的,下
面列出數枚 40 歲以下户人的連記簡進行分析:

　　　6. 梨下里户人公乘黄舊年廿九　　妻大女思年廿六(壹・1653)

　　　7. 湛龍里户人公乘吴易年廿一　　妻思年廿　子女□年三歲

---

① 彭浩等主編:《二年律令與奏讞書》,第 223—224 頁。
② 彭浩等主編:《二年律令與奏讞書》,第 226 頁。
③ 彭浩等主編:《二年律令與奏讞書》,第 226 頁。
④ 劉俊文:《唐律疏議箋解》卷一二《户婚律》,第 936 頁。

（壹·1655）

　　8. 小赤里户人公乘潘奴年廿　　妻阿年□（貳·58）

　　9. 首里户人公乘黄誼年廿七　　妻女年廿六　　小男□□（叁·
3429）

　　10. 上鄉里户人□遠年廿二　　妻具年十七　　遠子□（柒·639）

　　11. 常遷里户人公乘李漠年卅七　　妻大女思年卅二（壹·1642）

　　12. 吉陽里户人公乘李堤年卅　　妻大女服年廿五（貳·80）

　　13. 首里户人公乘五婁年卅□　　妻思年廿九……（叁·3519）

　　14. 上鄉里户人穀萇年卅四　　妻思年廿九　　萇子女婢年八歲
（柒·449）

　　15. 上鄉里户人潘度年卅　七聾耳　度妻姑年卅　度子男郭
年六歲（柒·536）

　　16. 宜陽里户人□□年廿四軍吏　　父蕊年六十一　　蕊妻□年
卅……（柒·2293）

　　17. 上鄉里户人吴般年卅三踵足　　母妾年七十四　　般妻汝
年卅一（柒·2368）

　　18. 萬歲里户人謝皓年廿七　　妻如年廿二　　男弟主年十七
（柒·211）

　　19. 新成里户人公乘區文年卅　　妻大女妾年廿二　　文男弟弘年
廿五（叁·4308）

在簡16、17中，户人與父母共籍。按簡17的書寫格式，在户口類文書中，
如户人已婚，父母與子共籍，一般登録在户人妻子之前，這在吳簡中有大
量反映。簡6—15未記載户人的父母，但父母均已去世的可能性不大，按
簡17書式可以推測，其中某些户人已經與父母別籍異居。簡18、19未著
録户人父母却著録了弟弟，户人既然可以與弟弟共籍，若非有特殊情况，

與父母別籍的概率極低，大概他們的父母已經去世。所以，這類竹簡不能成爲父子別籍的證明。在走馬樓户人簡中，排除這類不著録父母而著録旁系親屬的連記簡，其他未著録父母而著録妻子兒女的連記簡共有 52 例。不能否認，在這些例子中，父母有去世的可能，但大概不會全部去世，從情理上推測，這些户人大多與父母別門異居了。

當然，類似簡 16、17 户人與父母共籍的例子也不在少數，至於兄弟共籍的例子，在吴簡中也不少見。綜合這些情況分析，孫吴時期百姓別籍還是共籍，在一般情況下是有選擇權的，這種自由選擇顯然是繼承漢制而來。在當時的北方，情況與孫吴有所不同。《晉書·刑法志》："除異子之科，使父子無異財也。"①異子科是曹操當政時頒布的，目的在於通過別户異籍，以增加政府的户調收入，這是對漢制的改變。異子科客觀上導致了父子異財，百姓的户等可能因此而降低，而户等的降低同樣影響政府的財政收入。大概是意識到這一弊端，曹魏修《新律》時，廢除了異子科，但是否禁止父子異籍却無從得知，推測起來，大概是聽憑百姓自願。② 這樣，北方經過一翻變化，最終與南方殊途同歸。

百姓自由選擇別籍、共籍的情況，在兩晉南朝時期似乎受到了限制。《晉書·殷仲堪傳》："又以異姓相養，禮律所不許，子孫繼親族無後者，唯令主其蒸嘗，不聽別籍以避役也。"③殷仲堪不允許百姓別籍避役，不是他在荆州擅自立制，而是重申已有的法律，這從他强調"異姓相養，禮律所不許"可以推測出來。百姓爲了避役，只能假借"繼親族無後者"的名義與父別籍，可以想見，在正常情況下是不允許父子別籍的。也許這種規定始自西晉《泰始律》，後來又被東晉繼承。南朝時期，情況似乎再次發生變化。南齊黄門郎虞玩之論當時户籍巧僞導致户口減少，表現之一是："抱子並居，竟不編户。"④"不編户"一般指不編入户籍，不過

---

① ［唐］房玄齡等：《晉書》卷三〇《刑法志》，第 925 頁。
② 韓樹峰：《從"分異令"到"異子科"》，《漢魏法律與社會》，第 167—169 頁。
③ ［唐］房玄齡等：《晉書》卷八四《殷仲堪傳》，第 2195 頁。
④ ［南朝·梁］蕭子顯：《南齊書》卷三四《虞玩之傳》，第 609 頁。

如果是這個意思,虞玩之没有必要特意指斥"抱子"者。細味此語,似指責兒子已婚且已生子,仍不單獨立籍而是與父母共籍這種弊端。如果這一説法没有太大問題,那麼,當時的法律是禁止已婚之子與父母共籍的。不過,劉宋政府似乎並不禁止已婚兄弟共籍,《宋書·蔣恭傳》記載,蔣恭妻弟吴晞張牽涉劫案,其妻子避難於蔣恭家中,蔣恭因此受到牽連,恭兄協欲代恭頂罪,"協列協是户主,延制所由,有罪之日,關協而已,求遣弟恭"。[1] 從這個例子看,蔣恭兄弟顯然屬於同一户籍,户主爲蔣協。已婚兄弟可以共籍,那麼與父母共籍,當然也不應該在禁止之列。也許南齊對劉宋法律在繼承的基礎上,作出了一些具體的改變,所以有了禁止已婚之子與父母共籍的規定。

從孫吴到南朝,對於父子兄弟共籍還是别籍,法律規定出現了數次反復,這可能暗示着,這個問題一直是南方政府探討的重要議題,且難以解決,因爲這個問題牽涉到不止一方面,這其中既需要關注倫理道德,也需要重視政府的財政收入,還需要考慮法律的連帶責任。三者做到平衡協調,不是一件輕而易舉的事,直到唐代,政府才終於找到了解決這一問題的出口,即"父母在,兄弟不得别籍異財"。

三、八十以上八歲以下"於科不坐"

許迪割米案中,母、妻、子是有連帶責任的,但是否應該處刑,與年齡直接相關。在該案各種往來文書中,數次涉及按年齡減免處罰及許迪母親"于科不坐"的問題:

　　20. 部吏傳送小讓貶 詣 府並隱 核 妾年紀八冰異居□□(捌·4249)

　　21. 應斬妾於科不坐 小 讓貶 没 入 爲生口八冰榮足四人别門異(捌·4247)

---

① 〔南朝·梁〕沈約:《宋書》卷九一《孝義·蔣恭傳》,第2251頁。

22. 爲生口妾年八十五於科不坐八冰營足別門異居科文不載請
（捌・4011）

23. 妻小子男讓々男弟黥三人爲生口迪母妾年八十五於科不坐
（捌・4023）

24. 年八十五於科不坐八冰榮 足別門異居科文不及請 於 都
市 行 迪軍法本臧已入畢乞嚴下 雋 （捌・4136）

25. 應斬妻小子男讓々弟 黥 三人爲生口迪 母 姜 年 八 十
五 於 科 不 （捌・4285）

26. 黥於科不坐迪 兄 八 々 男 弟 冰別 門 異 居 不知情 科
文 不 載 請 不 與 ☑ （捌・4291）

27. 上八歲以下不應罪坐如科迪見吏明知科行典受官寶却敢
（捌・4016）

28. 以 考所市平賈直臧坐科一條諸犯臧應没者年八十以 上
八 歲 以 下 不没 諸 生 口 如科迪 見吏 明 知 科 行 典 受
官 寶 却 敢 （捌・4085）

按簡 20，審理許迪一案時，政府特別調查了許迪家屬的年齡及兄弟是否
異居，這兩項内容都是減輕或免除連坐責任的主要依據。根據調查，如第
21—25 簡所明示，許迪的母親因爲處於 85 歲的高年，免除連坐責任。簡
21、23、25 說明，許迪小子黥被連坐，没有減免處罰，而捌・4084、4125、
4188、4189、4209、4213 諸簡則證明，最終判罰時，黥確實被没爲了生口。
不過，簡 26 却記載"黥於科不坐"。雖然此簡内容接序上簡而來，但"黥"
不應上讀，否則"於科不坐"就失去了主體。因此按該簡，"於科不坐"者至
少包括了黥，如果考慮到與上簡内容的關聯性，也許還包括了許迪的母
親。簡 26 與其他諸簡的矛盾，或是由於許迪案由多個層級審理所造成，
"黥於科不坐"可能是某次依科結罪時，所做的判決，但在以後審理時，又

進行了改判。

影響許迪老母與小子命運的,是他們各自的年齡。按簡 27、28,孫吳有 8 歲以下、80 歲以上"不應罪坐""不没諸生口"的科令,母妾年 85 歲,所以最終"於科不坐",子黰年齡不詳,但大概是過了 8 歲,因此被没。"不應罪坐"是概指,"不没諸生口"是特指,後者大概是官吏引用前者時所做的具體説明,未必有具體的科條。"不應罪坐"置於許迪案的具體背景之下,可以理解爲不受連坐,但這未必是法律的原初之意。我想,孫吳對 8 歲以下、80 歲以上的優待應該不僅限於連坐,大概本人所犯的一般罪行均免予懲處,也就是説,孫吳只有一條 8 歲以下、80 歲以上犯罪免予處罰的規定,而不受連坐是包括在其中的。

如果以唐律衡量,上述的推論未免武斷。按《唐律》,老、小犯罪,按所犯罪刑輕罪,依三個層級區別對待,即 15 歲以下、70 歲以上;10 歲以下、80 歲以上;7 歲以下、90 歲以上。劉俊文認爲,老、幼犯罪按階級減免的制度首備於漢,漢制將老、小分爲三級,規定節級減免刑事責任。[①] 其實,漢代是不存在三階減免制度的,相反,漢文帝以後,老、小刑罰的減免向一個層級方向發展。比較確定的是宣帝以後,小 7 歲以下,老 80 歲以上犯罪可以減免處罰;東漢繼續沿着這一精神發展,明確規定:"年未滿八歲,八十以上,非手殺人,他皆不坐。"孫吳同樣有 8 歲以下、80 歲以上免予處罰的規定,看來,孫吳政府建國以後的一段時間,基本照搬了東漢的法律。

我曾經論述過兩漢時期老、小刑罰減免發展變化的特徵。從西漢初年到漢文帝推行法律改革廢除肉刑前,老、小固然都可以享受刑罰減免的優待,但前者不及後者。這主要表現在:第一,層級方面,後者分層級,前者不分層級;第二,處罰方面,後者有減有免,前者有減無免。文帝改制到東漢以前,兩者均不再劃分層級,老年人所受處罰有進一步輕刑化的趨勢,但與幼小仍有差距。到東漢時期,老、小的差距已基本抹平,而且處罰

---

① 劉俊文:《唐律疏議箋解》卷四《名例律》,第 298—301、306 頁。

減免的幅度更大。這個變化規律體現了兩漢矜恤老幼的精神,暗示着儒家思想對法律的逐漸浸潤,但與唐代三級減免制仍有很大的距離。

從形式上看,唐的三級減免制與西漢早期幼小分級減免的制度有相似之處,但唐制不是向早期漢制的簡單回歸,而是儒家思想對法律産生深刻影響的進一步體現,其繼承的精神來自魏晋南北朝的可能性更大。三級減免這種複雜的層級劃分在西晋時期已初現端倪。晋律有如下規定:"若八十,非殺傷人,他皆勿論,即誣告謀反者反坐。十歲,不得告言人。"①該條刑罰減免僅涉及 80 歲以上的老人,70 及 90 歲以上的老人是否另有規定,不得而知。幼小僅言及 10 歲以下不得告發他人,至於減免的年齡是否 10 歲,以及 10 歲以下是否還有年齡層級,也不清楚。但是,齊王司馬攸討論庾純未棄官供養老父一事時説,新修的晋令規定,八十者一子不從政,九十者全家不從政。②"八十者,一子不從政"云云,本出自《禮記》,只是作爲一種觀念而存在,而西晋却將這一精神具體落實到了新令之中。西晋既然可以從積極方面在新令中通過劃分年齡層級的方式體現儒家的恤老原則,也很可能從消極方面體現這一原則,即在新律中通過劃分年齡層級的方式,盡可能給予老人在刑罰方面的減免,因爲那畢竟是一個儒家思想與法律緊密結合的關鍵時期,儒家思想的主要精神落實在各項制度中,原不足爲奇。經過南北朝的繼承和發展,西晋的這種層級劃分和責任減免制度得到了更進一步的發展,並最終以更爲整齐的面貌出現在唐朝的律令中。

從這個角度回溯許迪割米案,對"八十以上八歲以下於科不坐"的規定可以有更爲宏觀的理解。這不僅僅意味着孫吳對東漢法律單一減免制度的繼承,也可能意味着孫吳法律是此前法律的最後絶唱。

許迪割米案中的法條固然殘破不堪,但其藴含的精神却構成了中國古代前期法律演变鏈條中的一環,使我們在一定程度上得以推測或窺知,

① ［唐］房玄齡等:《晋書》卷三〇《刑法志》,第 930 頁。
② ［唐］房玄齡等:《晋書》卷五〇《庾純傳》,第 1398—1399 頁。

魏晋南北朝在中國法律制度演变史上的重要地位和影响,這或許是許迪割米案的一個重要意義之所在。

　　——原載長沙博物館編:《長沙簡帛研究國際學術研討會論文集》,上海:中西書局,2017 年。

中古時期的姪與兄子、弟子

《顏氏家訓·風操篇》：“兄弟之子已孤，與他人言，對孤者前，呼爲兄子弟子，頗爲不忍；北土人多呼爲姪。案：《爾雅》《喪服經》《左傳》，姪雖名通男女，並是對姑之稱。晉世以來，始呼叔姪；今呼爲姪，於理爲勝也。”[1]顏之推認爲，兩晉以前姪與姑對稱，晉代始與叔對稱；到他生活的北朝時期，北方人已經多稱男性兄弟之子爲姪，而不稱兄子、弟子了。[2]清人盧文昭注《顏氏家訓》，不同意顏說，引《呂氏春秋·疑似篇》“黎邱有奇鬼焉，喜效人之子姪昆弟之狀”，謂“此即稱兄弟之子爲姪所自始”。但王引之認爲，“子姪”本作“子姓”，“姓”與姪草書相似，故訛爲姪。[3]按《爾雅·釋親》：“女子謂昆弟之子爲姪。”[4]《儀禮·喪服傳》：“姪者何也？謂吾姑者，吾謂之姪。”[5]這些解釋印證了顏說的正確。清人趙翼列舉唐宋時期稱姪的幾個例子，認爲唐宋確實以姪稱兄弟之子，[6]這也爲顏說提供了注腳。以研究稱謂著稱的梁章鉅亦沿襲顏說。[7] 此後凡涉及姪稱謂的

---

① 王利器：《顏氏家訓集解》卷二《風操》，北京：中華書局，1993年，第82頁。
② 現代所用“侄”字，在古代與“姪”並存，但與兄弟之子無關。《廣雅·釋詁》云：“侄，堅也。”（［清］王念孫：《廣雅疏證》卷一（下）《釋詁》，第40頁）一直到宋代，侄才開始用來指稱兄弟之子，並與“姪”混用，但這種用法一般局限在宋人文集中。明人私修著作中以侄指兄弟之子的現象更加突出，而官方所修史書也開始出現侄、姪混用的情況。
③ 周法高：《顏氏家訓彙注》，臺北：“中研院”歷史語言研究所，1993年，第19頁。
④ ［清］郝懿行：《爾雅義疏·釋親》，臺北：中華書局，1972年，第6頁。
⑤ ［漢］鄭玄注，［唐］賈公彥疏：《儀禮注疏》卷三二《喪服》，第966頁。古人所稱“子”，係對兒女的概稱，並非專指兒子，走馬樓吳簡中有大量“子男”“子女”的用例，可以爲證。與此相似，姪亦通指男女。對此注疏家辯之甚詳，可參［清］郝懿行：《爾雅義疏·釋親》，第5頁。本文中的“兄子”“弟子”“姪”亦涵蓋男女，不另注明。
⑥ ［清］趙翼：《陔余叢考》卷三六“侄”條，石家莊：河北人民出版社，1990年，第652頁。
⑦ ［清］梁章鉅：《稱謂錄》卷四“兄弟之子”條，天津：天津古籍出版社，1987年，第165—167頁。

研究成果，均以顏説爲定讞。①

　　但是，顏説並非無懈可擊，唐禮、宋令在喪服規定中，使用"姪""兄弟之子""兄弟之女"的狀況對顏説形成質疑。《大唐開元禮》述喪服制度，"小功五月殤·降服"條云："爲姪丈夫婦人之長殤（出嫁姑爲之服）。""緦麻三月殤·降服"條："爲姪丈夫婦人之中殤（出嫁姑爲之服）。"②《天聖令·喪葬令》附宋《喪服年月》"齊衰期"條："女在室者爲兄弟、姪（姪女在室同）。婦人無夫、子者爲兄弟、姪（姪女及姊妹在室亦同）。""大功九月"條："女適人爲兄弟、姪（姑、姊妹及姪女在室同）。""小功五月"條："出嫁姑爲姪之長殤（男女同）。"③唐禮、宋令對喪服規定有粗細之别，但其中的姪、姪女均與姑對應。至於現代意義上與伯、叔對應的姪、姪女，在禮、令中一律被稱爲"兄弟之子"或"兄弟之女"。唐喪服"齊衰不杖周·正服"條："爲兄弟之子。"《喪服年月》"齊衰期"條："爲兄弟之子（女在室同）。"④這意味着，在唐宋禮、令中，姪仍與姑相對，保持舊有含義，姪之新義並未在禮、令中使用，⑤這與顏之推所説的情況背離。

　　如果顏説正確，那麽產生於兩晋，逐漸流行於北朝的姪之新義，到唐宋時期已經行用數百年之久，但是唐禮、宋令却没有繼續沿用，而是將姪的含義恢復到原生狀態，這是爲什麽？ 顏之推的説法與事實是否相符？ 中古時

---

　　① 關於"姪"的研究，學界無專門性論著，而是將其作爲古代稱謂的一部分加以叙述，主要成果參馮漢驥：《中國親屬稱謂指南》，上海：上海文藝出版社，1989 年，第 102 頁；劉伯鑒：《關於古漢語中早期親屬稱謂"私"的研究》，《西北大學學報》1983 第 3 期，第 44—52 頁；龐子朝：《"出、侄、離孫、歸孫、外孫"説源》，《許昌師專學報》1994 年第 2 期，第 79—81 頁；熊焰：《上古漢語親屬稱謂與中國上古婚姻制度》，《暨南學報》1996 年第 1 期，第 100—105 頁；王小莘：《從〈顏氏家訓〉看魏晋南北朝的親屬稱謂》，《古漢語研究》1998 年第 2 期，第 59—62 頁；胡士云：《漢語親屬稱謂研究》，北京：商務印書館，2007 年，第 355—357 頁；王琪：《上古漢語稱謂研究》，北京：中華書局，2008 年，第 53、55—57 頁；王子今：《三國孫吳鄉村家族中的"寡嫂"和"孤兄子"》，《古史性别研究叢稿》，北京：社會科學文獻出版社，2004 年，第 274—280 頁。
　　② ［唐］杜佑撰，王文錦等點校：《通典》卷一三四《禮·開元禮纂類·凶禮》，第 3444、3446 頁。
　　③ 天一閣博物館、中國社會科學院歷史研究所天聖令整理課題組：《天一閣藏明鈔本天聖令校證》（下册），北京：中華書局，2006 年，第 360、361、364 頁。下文將整理者簡稱爲"天聖令整理課題組"。
　　④ ［唐］杜佑撰，王文錦等點校：《通典》卷一三四《禮·開元禮纂類·凶禮》，第 3440 頁；天聖令整理課題組：《天一閣藏明鈔本天聖令校證》（下册），第 360 頁。《喪服年月》中尚有多條相關規定，爲省篇幅，兹不俱引。
　　⑤ 所謂"舊義"，指姪與姑對應；所謂"新義"，指姪與伯、叔對應。凡下文涉及的姪之舊義、新義，均是分别就這兩種情況而言的。

期姪稱謂的運用到底發生了怎樣的轉變？這一轉變傳達了怎樣的信息？唐禮、宋令與顏説背離的原因是什麼？下文將對這些問題逐一進行探討。

一、走馬樓吳簡“姪”義辨

按顏之推所説，叔、姪對應始於晋朝，意即在此之前，姪僅與姑對稱，與伯、叔無關。徵諸字書與經史，這一説法似乎並無不妥。《爾雅·釋親》與《儀禮·喪服傳》對姪的解釋已見上文，又《春秋公羊傳》莊公十九年釋“媵”：“媵者何？諸侯娶一國，則二國往媵之，以姪娣從。姪者何？兄之子也。娣者何？弟也。”①即婦家以其妹或姪女陪嫁，爲媵，則傳所云姪仍與姑對言。史籍亦遵循此種用法，《國語·周語》“我皇妣大姜之姪”韋昭注：“大姜，大王之妃，王季之母，姜女也。女子謂昆弟之子，男女皆曰姪。”②《左傳》襄公十九年：“齊侯娶于魯曰顏懿姬，無子。其姪鬷聲姬生光，以爲大子。”襄公二十三年記臧宣叔之妻死，“繼室以其姪”。杜預分別注爲：“兄子曰姪。”“女子謂兄弟之子曰姪。”③所謂“兄子”，只是簡略的説法，實專指女性兄子，並不包括男性，後注則明確指出，姪係女性兄弟之子。即鬷聲姬爲顏懿姬之姪，臧宣叔繼室爲其故妻之姪。結合經史文意及諸家注，可以肯定，先秦時期實以姑、姪對稱。

姪在漢代的使用狀況，史籍記載相當稀少，《後漢書·劉表傳》所載之例亦姑、姪對言：“爲琮娶其後妻蔡氏之姪。”④

---

① ［漢］何休注，［唐］徐彦疏：《春秋公羊傳注疏》卷八“莊公十八年至二十七年”，上海：上海古籍出版社，1990年，第97頁。

② 徐元誥撰，王樹民、沈長云點校：《國語集解》卷三《周語下》（修訂本）“王將鑄無射，問律於伶州鳩”條，第125頁。

③ ［晋］杜預：《春秋經傳集解》襄公十九、二十三年，上海：上海古籍出版社，1988年，第955—956、1001、1005頁。

④ ［南朝·宋］范曄：《後漢書》卷七四《劉表傳》，第2423頁。除此而外，兩漢史籍中也有姪的記載，但未必與兩漢有關。《史記》卷四《周本紀》韋昭注“取姪娣以備三”，係先秦之例（第141頁）。《漢書》卷六〇《杜欽傳》載其説大將軍王鳳，有“娣姪雖缺不復補”一語（第2668頁）。杜欽雖爲漢人，但其説辭以禮爲據，且娣姪制度漢代已不存在，則此例亦爲先秦姪之用法。《後漢書》卷一〇《和熹鄧皇后紀》論：“愛姪微愆，髡剔謝罪。”（第430頁）同書卷六四《盧植傳》李賢注：“（馬）融，明德皇后之從姪也。”（第2113頁）范曄生活於劉宋時期，史論係其獨立創作；李賢爲唐人，且“從姪”在漢代存在的可能性不大（説見下），故論、注所涉稱謂，應該不是東漢而是作者所處時代觀念的反映。

　　《三國志》有三處使用姪之稱謂。第一例出自《吳書·周魴傳》注引虞預《晋書》，記周玘、周札兄弟皆有才力，“諸子姪悉處列位，爲揚土豪右”。① 此例之姪顯係新義，不過周玘及子姪行迹已在東晉初年，恰好爲顔氏的説法提供了很好的注脚。第二例係《蜀書·先主傳》裴松之案語：“董承，漢靈帝母董太后之姪，於獻帝爲丈人。”②《後漢書·董卓傳》言及董承，注引裴松之注與此相近。③ 此處姪、姑相對，但這究竟是裴松之個人的看法，還是另有所本，不得而知，因此，此例反映哪一時期的觀念，難下斷語。第三例見《蜀書·來敏傳》：“漢末大亂，敏隨姊【夫】奔荊州，姊夫黃琬是劉璋祖母之姪，故璋遣迎琬妻，敏遂俱與姊入蜀，常爲璋賓客。”④ 傳稱黃琬是劉璋祖母之姪，仍是姪的傳統用法。這説明直到東漢末年，姪之新義在文獻資料中尚未出現。

　　三國時期情況不明，但至少没有出現所謂“晋世以來，始呼叔姪”説法的反證。男性兄弟之子此時仍沿襲傳統用法，徑稱兄子、弟子，此類例證甚多，魏、蜀、吳各舉一例如下：“（王昶）爲兄子及子作名字，皆依謙實，以見其意，故兄子默字處静，沈字處道，其子渾字玄沖，深字道沖”；“（向）朗兄子寵，先主時爲牙門將”；“（周）瑜兄子峻，亦以瑜元功爲偏將軍”。⑤ 最典型者莫過於《三國志·魏書·袁紹傳》注引《漢晉春秋》所載審配與袁紹長子袁譚書：“昔先公廢絀將軍以續賢兄，立我將軍以爲適嗣，上告祖靈，下書譜牒，先公謂將軍爲兄子，將軍謂先公爲叔父，海内遠近，誰不備聞？”⑥ 袁紹將袁譚過繼給其兄，所以審配説，袁紹稱袁譚爲兄子，同時又説袁譚稱袁紹爲叔父。從這封書信可知，在日常生活中，當時人是將兄子而不是姪與叔父聯繫在一起的。

　　總之，從傳世文獻看，顔氏概括的兩晋以前姪不具備新義的説法有相當根據。

---

　　① ［晋］陳壽：《三國志》卷六〇《吳書·周魴傳》，第 1392 頁。
　　② ［晋］陳壽：《三國志》卷三二《蜀書·先主傳》，第 875 頁。
　　③ ［南朝·宋］范曄：《後漢書》卷七二《董卓傳》，第 2339 頁。
　　④ ［晋］陳壽：《三國志》卷三二《蜀書·來敏傳》，第 1025 頁。
　　⑤ 分見［晋］陳壽：《三國志》卷二七《魏書·王昶傳》，第 744 頁；卷四一《蜀書·向朗傳》，第 1011 頁；卷五四《吳書·周瑜傳》，第 1267 頁。
　　⑥ ［晋］陳壽：《三國志》卷六《魏書·袁紹傳》注引《漢晉春秋》，第 204 頁。

但是,史學上的證無存在着很大的不確定性。長沙走馬樓吳簡中有大量的姪稱謂,細味其中之意,似乎已經有與伯、叔對稱的趨勢。已經出版的兩萬八千余枚吳簡中,有姪稱謂的多達二百餘枚,按其書式,大致可分爲如下三組:

> • 客妻母大女妾年六十二腫兩足　客姪子男諜(?)年七歲(貳·4667)

> 民男子胡惠(?)年七十龍(聾)兩 耳　　□姪子仕五得年五歲(貳·1627)

> 吳妻大女糸年廿算一　公姪子 女 狶年十五算一腫兩足(貳·4690)
> 妻大女汝年八十　孝姪子公乘升年卅三算一給卒(貳·4791)

> □　妻連年五十九　姪子女 馳 年 五 □(壹·9996)
> • 妻大女惟年卅八算一　姪子男湯年五歲(貳·4505)
> 妻大女姑年卅一　姪子競年十四踵兩足(叄·4281)

第一組姪前標注了名字。第一例的客是男性,第二例名字缺載,但該簡作爲該户首簡,所缺之字毫無疑問是"惠"。因此,這裏的姪均爲新義而非舊義。

第二組姪前亦有"公""孝"等名字,但性別並不明確。可以肯定的是,此處姪不是妻子之姪。按走馬樓户口簡的記載格式,如果各家庭成員與首位家庭成員有不同的身份關係,一般在其前添加后者名字,如謝文一户:

> 民男子謝文年七十四　文妻大女邦(?)年六十(貳·1762)
> • 文小妻大女婢年卅六踵(腫)兩足　文子女養年十歲(貳·1763)
> • 文姪子仕伍被年三歲　• 文從兄賢年八十七(貳·1765)①

---

① 以上三簡可能是以謝文爲户主的一個家庭,參侯旭東:《"口食簿"復原的初步研究》,《近觀中古史:侯旭東自選集》,第89頁。如確實如此,就多了一個姪與伯、叔相對應的例證。即使並非一家,也能説明名籍簡是如何記載家庭成員與户主關係的。

我們不能排除首位家庭成員是女性的可能性，但大多爲男性是無可置疑的。姪前名字姓別不明確的例子並非只有以上兩例，其中應有不少屬於姪與伯、叔對應的情況。

在第三組中，姪前無名字，似乎難以判斷是妻之姪，還是夫之姪。但是，吳簡中如涉及妻方家庭成員，一般特意標明與妻子的關係，表現形式爲"妻＋稱謂＋名字"，如：

> 妻父秋年六十（壹·9492）
> 高妻兄張年六十二（壹·9430）
> 彊妻男弟平年十三（壹·4886）

按照這種書寫慣例，第三組中的姪不是妻之姪，而是夫之姪。

除上述三種形式之外，大量竹簡僅記爲"名字＋姪子男/女＋名字＋年齡"，如"水姪子男史年十五"（壹·5148）。這種記載方式不能排除姪與姑對稱的可能性，但此類簡數量衆多，如果再考慮當時男性户主居多，所記家庭成員多標明與户主關係的情況，推測相當一部分簡中的姪係與伯、叔對應，應該不算武斷。

有"兄子"稱謂的簡只有 30 枚，其中 4 枚爲"父兄子弟"，顯然不與伯、叔對稱，所以，真正指稱兄弟之子的"兄子"簡只有 26 枚，僅爲姪稱謂簡的八分之一。雖然不能據此簡單地説，在吳簡出土地長沙郡臨湘縣地區姪之新義已經基本排擠了兄子稱謂，但與文獻反映的情況相比，可以説姪之新義確實占據了主導地位。

關於吳簡中姪的含義，王子今認爲，"簡文提供的資料，説明當時鄉村社會中'姪'仍大體保持着傳統的定義"。所謂"傳統的定義"，指《爾雅·釋親》所説"女子謂昆弟之子爲姪"，其依據是吳簡中姪與兄子並出，因此，"其指代的身份應當是並立的"。"'外姪子'稱謂的出現，或許暗示着'姪'這一親屬稱謂的涵義轉變正在發生"。[1] 如上所論，現已公布的吳簡中，

---

[1]　王子今：《三國孫吳鄉村家族中的"寡嫂"和"孤兄子"》，《古史性別研究叢稿》，第 278—279 頁。

姪有相當部分甚至大多數已經脱離了傳統含義。而姪與兄子並存,不一定代表前者僅與姑對應。合理的解釋是,姪儘管有了新的含義,開始指稱男性兄弟之子,但舊稱謂"兄子"在人們頭腦中根深蒂固,不會馬上消失,而且作爲親屬關係的直接反映,甚至在中國古代從未消失。

吴簡中還存在與兄子含義相當,或者包含兄子含義的"從子"一詞:"會從子公乘 得 年……☐"(壹・3054)因此,姪、兄子、從子係一義多稱。姪、兄子並立之例,可以視爲新舊稱謂交替時期必然出現的現象,似無將兩者對立的必要。而且真正能暗示姪含義發生轉變的,可能恰恰是姪與兄子、從子的並立、並存現象,而不是外姪子的出現。外姪子是與姑對應,還是與姑父對應? 抑或兩者均涵蓋其中? 對此,王子今未作出明確解釋,尚有進一步探討的必要。需要指出的是,有學者認爲,晋代以後,"女子稱兄弟之子的稱謂前面要加一個'内'字,構成'内姪',以與男子用的'姪'相區别"。[①] 如果這一結論在漢魏之際也能成立,那麼,吴簡中的外姪就不與姑對應,而與姑父對應。在外姪含義不明的情況下,很難説其出現預示着姪的含義正在發生轉變。

根據以上所論,吴簡中的姪主要與伯、叔對稱,顔之推"晋世以來,始呼叔姪"的説法是存在問題的,即叔、姪對應並非始於晋代,而是在孫吴時期就已經出現。

二、南北朝姪之新義影響的擴大

孫吴治下的臨湘縣,姪對應伯、叔的現象已經比較普遍,我們不清楚這僅僅局限於臨湘一地,還是三國政權均已如此。晋代文獻涉及姪的例子共二十餘例,遠較三國爲多。在這些例子中,姪多與"子"相連,組合爲"子姪"一詞。在此情況下,姪有時相對伯、叔而言。《晋書・劉琨傳》:"子姪四人俱被害。"下文載盧諶、崔悦上表:"禍害父息四人,從兄二息同時並

---

①　馮漢驥:《中國親屬稱謂指南》,第 102 頁。

命。"①可見，姪指劉琨兩位從兄之子。

　　但是，直接以姪之新義爲具體指稱的情況在晋代史籍中仍十分少見，據我所見，僅後秦一例。《晋書·吕纂載記》載，吕纂篡奪其兄吕弘之位後，縱士兵污辱弘妻女，侍中房晷曰："弘妻，陛下之弟婦也；弘女，陛下之姪女也，奈何使無賴小人辱爲婢妾。"②《晋書·良吏·鄧攸傳》"史臣曰"："攸棄子存姪，以義斷恩。"毫無疑問，此處姪係新義。不過，正文載鄧攸"棄子存姪"事所用稱謂與此不同："遇賊，掠其牛馬，步走，擔其兒及其弟子綏。度不能兩全，乃謂其妻曰：'吾弟早亡，唯有一息，理不可絕，止應自棄我兒耳。幸而得存，我後當有子。'妻泣而從之，乃棄之。"③"史臣曰"爲唐代史家所撰，本傳則依晋人所著《晋書》爲藍本，所敘所論雖同爲晋人晋事，但反映的時代觀念及風俗習慣並不相同。④"史臣曰"使用姪稱謂，或許可以代表唐人觀念，但不能代表晋人觀念。正文中用弟子稱謂，恰恰説明當時姪之新義的使用並不普遍，至少對晋人撰修史書没有太大的影響。

　　相對於姪之新義，史書更習慣用兄子、弟子指稱男性兄弟之子，此種例子《晋書》中俯拾皆是。它們經常出現於《晋書》目録中，如卷四九《阮籍傳》附"兄子咸"、卷五七《羅憲傳》附"兄子尚"、卷五八《周札傳》附"兄子莚"。列傳起始的介紹部分，也常見其蹤迹，如卷六九《劉疇傳》："疇兄子劭，有才幹，辟琅邪王丞相掾。"卷七六《虞潭傳》："騤字思行，潭之兄子也。"⑤至於出現在列傳中間，例子甚多，兹不贅舉。

　　王羲之書信對稱謂的使用更爲典型，凡提及兄弟之子，或稱"兄子"，

　　① ［唐］房玄齡等：《晋書》卷六二《劉琨傳》及校勘記，第 1687、1689 頁。
　　② ［唐］房玄齡等：《晋書》卷一二二《吕纂載記》，第 3066 頁。
　　③ ［唐］房玄齡等：《晋書》卷九〇《良吏·鄧攸傳》，第 2343、2339 頁。
　　④ 這一故事當是檀道鸞《晋陽秋》、鄧粲《晋紀》、王隱《晋書》、《中興書》等相關故事的綜合，可參［南朝·宋］劉義慶著，［南朝·梁］劉孝標注，余嘉錫箋疏：《世説新語箋疏》卷上（上）《德行篇》"鄧攸始避難"條注，上海：上海古籍出版社，1993 年，第 29 頁。現存《晋書》雖爲唐人所修，但撰修時間不到兩年，多沿東晋南朝各家舊晋書之文，顯著如《李重傳》議官制的内容，云"見《百官志》"（第 1312 頁），《司馬彪傳》祠南郊的内容，云"見《郊祀志》"（第 2142 頁）。實際上，二志皆唐修《晋書》所無，所謂"見《百官志》""見《郊祀志》"，蓋抄襲舊晋書之文。以這二例推測，像稱謂這樣不足引起注意的問題，唐人抄襲舊晋書的可能性更大。故《晋書》所記稱謂，一般反映東晋南朝人觀念，而非唐人觀念。至於史論，爲唐人所撰，反映唐人觀念的可能性更大。
　　⑤ ［唐］房玄齡等：《晋書》卷六九《劉疇傳》，第 1841 頁；卷七六《虞潭傳》，第 2015 頁。

或稱"弟子",不稱"姪",如"兄子荼毒備嬰,不可忍見";"從弟子夭没,孫女不育,哀痛兼傷";"兄子發尚未有定日,當送至瀾"等。[1]這説明,在史書撰寫及士人日常用語中,兄子、弟子稱謂較姪之新義應用要廣泛得多。儘管在吳簡中,姪已經與伯、叔對稱,有取代兄子、弟子的迹象,但在三國兩晉的傳世文獻中,仍比較少見,遠未發展到代替兄子、弟子的地步。

兩晉出土的考古資料基本没有記録兄弟之子的信息,目前所見,僅有樓蘭尼雅出土的《晉(四世紀?)樓蘭户口簿稿》一例:"虎女姪申金年七。"[2]唯一一例涉及叔、姪關係的出土文書使用了姪稱謂而不是兄子、弟子,這雖然屬於孤證,但與文獻中兄子、弟子稱謂普遍,姪之新義使用較少的情況對比,再與同屬於考古資料的吳簡中姪之新義較普遍,兄子、弟子較少的現象相聯繫,這一孤證值得引起注意。

顔之推所説的姪與伯、叔對稱,在空間上主要指北方。通觀《顔氏家訓》涉及的北人、南人,大多以南、北政權爲標準,並非一條嚴格的地理界綫。若按此標準,顔氏的説法確實有一定道理,因爲南方政權中的士人在理論上並不承認姪可以與伯、叔對稱。劉宋文學家顔延之、儒學家雷次宗對姪稱謂是否可施於伯、叔的詢問,做了如下回答:

> 顔答曰:"伯叔有父名,則兄弟之子不得稱姪,……何者? 姪之言實也……女子雖出,情不自絶,故於兄弟之子,稱其情實。……伯叔本内,不得言實。然謂吾伯叔者,吾謂之兄弟之子。"
>
> 雷次宗曰:"夫謂吾姑者,吾謂之姪,此名獨從姑發。姑與伯叔於昆弟之子,其名宜同。姑以女子有行,事殊伯叔,故獨制姪名,而字偏從女。……故姪字有女,明不及伯叔,……是以《周服篇》無姪字。"[3]

---

① [唐]張彦遠著,范祥雍點校,啓功、黄苗子參校:《法書要録》卷一〇《右軍書記》,北京:人民美術出版社,1984年,第348、337、356頁。

② 此據[日]池田温著,龔澤銑譯:《中國古代籍帳研究·録文》,第163頁。林梅村釋爲"妻婿申金年廿□",見林梅村編:《樓蘭尼雅出土文書》,北京:文物出版社,1985年,第84頁。參照《中國古代籍帳研究·録文》所附圖版,林釋文有誤,今不取。此名籍殘缺,"虎"性别不清,但名籍中的其他户主均爲男性,即使户主去世,也列在家庭成員首位,然後下列其他成員與户主的關係。據此可以推測,"虎"作爲户主,爲男性的可能性較大。

③ [唐]杜佑撰,王文錦等點校:《通典》卷六八《禮·沿革·嘉禮》,第1895—1896頁。

顏延之從姪字之意出發，認爲女子雖嫁，但與兄弟之子感情實際未絕，所以女子稱兄弟之子爲姪；伯、叔自始至終與兄弟之子爲一家人，感情當然不會有名斷實存的情況，呼兄弟之子爲姪，與"姪之言實"不相符合，只能稱爲兄子、弟子。雷次宗則從姪的字形構成角度出發，認爲其以"女"爲偏旁，顯然針對姑，與伯、叔無關。兩人解釋姪只能施於姑，不能施於伯叔的理由未必正確，但其結論值得注意。①

姪之新義的出現如果從孫吴算起，到顏、雷生活的時代已經有兩個世紀，可是，當時的文學巨匠顏延之、儒學巨擘雷次宗並不接受這一稱謂，②這可能代表知識階層特別是精於儒學之人在相當程度上對姪之新義的抗拒。由此可以理解，何以《晋書》中很少出現姪與伯、叔直接對應之例。

不僅在理論探討方面士人對姪之新義持保留態度，而且這種傾向在史書記載具體人物時也有濃厚的反映。史書敘事所用稱謂可稱爲"敘稱"；談話所用稱謂，根據不同情況可分爲"面稱""背稱""自稱"。③南朝撰史，重在家族，敘稱涉及男性兄弟之子者比比皆是，所用稱謂基本爲兄子、弟子。傳記目録在這方面最爲典型，凡涉及男性兄弟之子的附傳，均記爲"兄子某""弟子某"，無記爲"姪某"者。如《宋書》中的何瑀"兄子邁"、沈演之"兄子暢之"、顧覬之"弟子願"；《南齊書》中的沈文季"兄子昭略"；《梁書》中的裴邃"兄子之高"、杜崱"兄子龕"；《陳書》中的吴明徹"兄子超"、袁敬"兄子樞"、陸繕"兄子見賢"。④傳記起始部分介紹傳主，與列傳目録相同，無一例外地記爲兄子、弟子："王微字景玄，琅邪臨沂人，太保弘

① 陳成國謂："雷次宗將'姪''甥'兩字字形與有關喪服制度聯繫起來，其說頗新，亦自有理。"（陳成國：《中國禮制史·魏晋南北朝卷》，長沙：湖南教育出版社，1995年，第313頁）但何以有理，却未加說明。

② 顏延之與謝靈運齊名，其爲文學巨匠自不待論。至於雷次宗，史家將其與當時名儒臧燾、徐廣、傅隆、裴松之、何承天並列，稱讚他們"並服膺聖哲，不爲雅俗推移"（［南朝·梁］沈約：《宋書》卷五五"史臣曰"，第1553頁）。宋文帝元嘉十五年立儒、玄、史、文四學，更以雷次宗主儒學館（［南朝·梁］沈約：《宋書》卷九三《隱逸·雷次宗傳》，第2293—2294頁），由此可見雷次宗在儒學界的地位。

③ 面稱指聽話者與稱謂對象同一人；背稱指稱謂對象是說話者與聽話者外的第三者；自稱指說話者爲稱謂對象本身。此種分類參考張錦文：《〈型世言〉親屬稱謂研究》，南京師範大學碩士學位論文，2007年，第2頁。

④ 參《宋書》《南齊書》《梁書》《陳書》目録。《南史》中此類例證更多，但作者李延壽爲唐代人，也許不能完全反映南朝稱謂用法。

弟子也。"①"惠胤,宋鎮軍將軍覬之弟子也。"②"弟子慕延,宋元嘉末又自號河南王。"③"繕兄子見賢,亦方雅,高宗爲揚州牧,乃以爲治中從事史,深被知遇。"④

介紹傳主,史家使用兄子、弟子而不用姪稱謂,這可以有一個合理的解釋,即藉此表明傳主之父與伯、叔的關係。但是,撰史者並非僅僅考慮上述因素,因爲在傳記中間也經常使用兄子之類的稱謂。《南齊書·王僧虔傳》在這個問題上表現得特別典型,在言及王儉時,特意使用兄子一詞,而且不憚繁複,四次使用同一稱謂:"兄子儉於中途得病""與兄子儉書""謂兄子儉曰""兄子儉爲朝宰"。⑤

當然,作爲敘稱,史家也會使用姪稱謂,但是,與兄子、弟子相較,不僅出現頻率較低,而且多與其他字組合,形成諸如"子姪""兒姪""孫姪""弟姪""甥姪"等名稱。《宋書·劉勔傳》載劉勔勸降殷琰,發誓保證其全家安全:"若令足下髮膚不全,兒姪彫耗者,皇天后土,實聞此言。"《魯爽傳》:"弟姪並授官爵,賞賜資給甚厚。"⑥《梁書·顧協傳》:"外從祖宋右光禄張永嘗攜内外孫姪游虎丘山。"⑦至於"甥姪",范曄《獄中與諸甥姪書》人所熟知。可以看出,這些詞彙均爲概括性稱呼,並非針對個體,如子姪、兒姪,指兒子與姪子;孫姪並非現代意義上的姪孫,而是指孫子與姪子;甥姪則指外甥與姪子。但涉及具體人物,史書大多還原爲兄子或弟子,《王僧虔傳》即其一例。又《宋書·謝晦傳》載朝廷下符荆州,有"(徐)羨之諸姪,咸無所染"之語,"諸姪"指徐佩之、徐逵之。《徐佩之傳》涉及徐佩之這一具體人物則云:"(羨之)兄子佩之。"《謝晦傳》記載謝晦被執後,作《悲人道》,有"愍弟姪之何辜,實吾咎之所嬰"之詞,指謝世基、謝世猷受其連累,

① [南朝·梁]沈約:《宋書》卷六二《王微傳》,第 1664 頁。
② [南朝·梁]蕭子顯:《南齊書》卷五四《高逸·盧度傳》,第 936 頁。
③ [唐]姚思廉:《梁書》卷五四《諸夷·西北諸戎傳》,點校本,北京:中華書局,2011 年,第 810 頁。
④ [唐]姚思廉:《陳書》卷二三《陸繕傳》,點校本,北京:中華書局,2011 年,第 303 頁。
⑤ [南朝·梁]蕭子顯:《南齊書》卷三三《王僧虔傳》,第 591—592,595—596 頁。
⑥ [南朝·梁]沈約:《宋書》卷八七《殷琰傳》,第 2211 頁;卷七四《魯爽傳》,第 1924 頁。
⑦ [唐]姚思廉:《梁書》卷三〇《顧協傳》,第 444 頁。

傳文敘此事則記爲“兄子世基、世猷”並伏誅。^① 可以看出，敘稱一旦涉及具體人物時，史書用兄子、弟子，而不用姪這一稱謂。

交談中涉及男性兄弟之子，所用稱謂是社會風俗習慣的直接反映。現存史料中，記言中的稱謂多爲背稱，即稱謂對象屬於説話者與聽話者外的第三者。在此種背景下，只有一例使用姪稱謂，其他均爲兄子、弟子。南齊蕭遥昌卒，其叔齊明帝欲贈官車騎將軍、儀同三司，徐孝嗣以爲過重，明帝曰：“卿乃欲存萬代準則，此我孤兄子，不得與計。”^②梁徐勉欲任庾泳之子晏嬰爲宮僚，庾泳以兄子仲容幼孤，請授仲容，泣曰：“兄子幼孤，人才粗可，願以晏嬰所忝廻用之。”^③

雙方來往書信、大臣奏表以及皇帝詔書言及第三者，可以視作另一種形式的背稱。在這種情況下，同樣使用兄子、弟子而不用姪。宋張敷卒，顔延之與其伯父張茂度吊書：“賢弟子少履貞規，長懷理要。”^④梁陸云公卒，湘州刺史張纘與其叔陸襄、兄晏子書，有“賢兄子賢弟黄門殞折”“賢兄子賢弟神情早著”等語。^⑤ 陳文帝欲徵會稽虞荔爲官，與荔書云“今令兄子將接出都”。^⑥ 宋王僧達請解太常奏表中有“兄子僧亮等幽窘醜逆，盡室獄户”之語。^⑦ 梁武帝任命兄子蕭伯游之詔書云：“兄子伯游，雖年識未弘，意尚粗可。”^⑧陳武帝封兄子陳頊、弟子陳曇朗詔書：“兄子梁中書侍郎頊襲封始興王，弟子梁中書侍郎曇朗襲封南康王，禮秩一同正王。”^⑨

另外，兄子、弟子、姪無論作爲面稱還是自稱，只有在伯、叔與兄弟之子交談的場合下才會出現，但史籍中相關資料相當少見，具體情況不明。

綜合以上所論可以看出，無論敘稱還是背稱，無論非正式場合的交談

---

① 分見［南朝·梁］沈約：《宋書》卷四四《謝晦傳》，第1353、1360—1361頁；卷四三《徐佩之傳》，第1333頁。

② ［南朝·梁］蕭子顯：《南齊書》卷四五《宗室·蕭遥昌傳》，第794頁。

③ ［唐］姚思廉：《梁書》卷五〇《文學·庾仲容傳》，第723頁。

④ ［南朝·梁］沈約：《宋書》卷六二《張敷傳》，第1664頁。

⑤ ［唐］姚思廉：《梁書》卷五〇《文學·陸云公傳》，第725頁。

⑥ ［唐］姚思廉：《陳書》卷一九《虞荔傳》，第257頁。

⑦ ［南朝·梁］沈約：《宋書》卷七五《王僧達傳》，第1956頁。

⑧ ［唐］姚思廉：《梁書》卷二三《永陽王蕭伯游傳》，第363頁。

⑨ ［唐］姚思廉：《陳書》卷二《高祖紀》，第34—35頁。

還是正式場合的書信、奏表以及詔書,涉及男性兄弟之子時,南朝史籍基本不用姪稱謂,而是使用最能直接表達親屬關係遠近的兄子、弟子。這説明,姪之新義在史籍中不僅没有普遍適用性,而且很少被作爲正式稱謂使用。

　　但是,需要注意的是,儘管此時姪之新義應用不多,較之兩晉還是有一定程度的發展,影響逐漸擴大。首先,開始出現"叔姪"一詞。上引王僧達請解太常奏表云:"臣父子叔姪,同獲泰辰。"陳姚察爲梁蕭穎胄作史論,云:"穎達叔姪慶流後嗣。"①雖然南朝五史僅此兩例,但却意味着姪、叔對應的觀念在時人頭腦中正逐漸形成。其次,背稱開始出現姪稱謂。《宋書·胡藩傳》:"藩少孤,居喪以毁稱。太守韓伯見之,謂藩叔尚書少廣曰:'卿此姪當以義烈成名。'"②再次,較背稱更爲正式的敘稱也有獨立使用姪稱謂的趨勢。《南齊書·張融傳》載張融向吏部尚書王僧虔求郡守之理由:"八姪俱孤,二弟頗弱。"同書《沈麟士傳》載吏部郎沈淵、中書郎沈約上表薦沈麟士云:"(麟士)長兄早卒,孤姪數四,攝尫鞠稚,吞苦推甘。"③《南史·蕭統傳》在運用敘稱時,更將姪與個體人物相對應:"(鮑)邈之兄子僧隆爲宫直,(簡文)前未知邈之姪,即日驅出。"④

　　兩晉時代,姪之新義只是在"子姪"這樣的組合詞中有所體現,不足以引起人們的重視。到了南朝,情況開始發生變化。姪之新義在日常生活中已有相當影響,甚至在正式場合也得到應用;同時,舊義也仍然未被廢棄。因此,姪稱謂的多義,既顯得有點混亂,也使當時人感到有些迷茫。當然,這種變化可能也影響到了現實中的服制,關於此點下文再論。正是這些問題的存在,才有人提出姪是否可用於伯、叔的問題。顏延之、雷次宗不約而同地對姪之新義進行否定,但是,這一新義既已在時人頭腦中札根,其存廢與否,就不是少數精英人士所能決定的了。

①　[唐]姚思廉:《梁書》卷一○"陳吏部尚書姚察曰",第201頁。
②　[南朝·梁]沈約:《宋書》卷五○《胡藩傳》,第1443頁。
③　[南朝·梁]蕭子顯:《南齊書》卷四一《張融傳》,第727頁;卷五四《高逸·沈麟士傳》,第944頁。
④　[唐]李延壽:《南史》卷五三《蕭統傳》,第1313頁。

前引《顔氏家訓・風操篇》云："兄弟之子已孤，與他人言，對孤者前，呼爲兄子弟子，頗爲不忍；北土人多呼爲姪。"也就是説兄弟去世後，爲不忍引起姪子傷感，在姪子面前與他人談及姪子，不稱兄子、弟子，而是以姪代替。這種做法在北方尤其普遍，而且顔之推認爲："今呼爲姪，於理爲勝也。"這裏的姪稱謂可以視作背稱，因爲姪子是談話雙方以外的第三者。姪作爲背稱使用，北朝史籍所載較典型的僅有一例。《北史・列女・孫神妻陳氏傳》："神當遠戍，主吏配在夏州，意難其遠，有孤兄子，欲以自代。陳曰：'爲國征戍，道路遼遠，何容身不肯行，以孤姪自代！天下物議，誰其相許？'神感其言，乃自行。"①

如果不僅僅局限於背稱這一用法，把目光擴大，可以發現，姪在北朝的使用範圍較南朝更爲廣泛。如上所論，作爲敍稱，南朝史傳起始涉及傳主男性兄弟之子，無一例外使用兄子、弟子，無用姪者。北朝史籍基本遵守這一傳統，《魏書・裴叔業傳》："叔業兄子植、颺、粲等，棄母奔壽陽……李元護、席法友等推叔業兄子植監州事。"《儒林・盧景裕傳》："盧景裕，字仲儒，小字白頭，范陽涿人也，章武伯同之兄子。"《文苑・封肅傳》："封肅，字元邕，勃海人，尚書回之兄子也。"②但是，《北齊書・元韶傳》則有所不同，傳首即使用了姪稱謂："元韶字世冑，魏孝莊之姪。"③這是一個十分值得注意的現象。

同樣作爲敍稱，北朝人物傳記在中間部分突破了南朝的局限，不用兄子、弟子稱謂，直接以姪指稱具體人物。《隋書・楊素傳》："以平（楊）諒之功，拜其子萬石、仁行、姪玄挺，皆儀同三司。"這與上引《宋書》之《謝晦傳》《王僧虔傳》《蕭統傳》有很大不同。按同卷，楊素弟楊約卒，煬帝"以素子

① ［唐］李延壽：《北史》卷九一《列女・孫神妻陳氏傳》，點校本，北京：中華書局，2011年，第3002頁。《魏書》卷五九《蕭寶寅傳》載蕭衍與蕭寶寅書，勸其反正，襲擊北魏彭城，並許諾："得捷之後，便遣卿兄子屏侍送卿國廟、併卿室家及諸姪從。"（第1317頁）蕭衍是南方人，恰與顔之推所説的北人相反，而且此處"姪"亦非特指某人，而是一個群體。可以説，這則史料不具有典型性，據此無法印證顔氏北方呼兄子、弟子爲姪的觀點。

② 分見［北齊］魏收：《魏書》卷七一《裴叔業傳》，第1566—1567頁；卷六四《儒林・盧景裕傳》，第1859頁；卷八五《文苑・封肅傳》，第1871頁。

③ ［唐］李百藥：《北齊書》卷二八《元韶傳》，第388頁。按"校勘記"［一］、［一一］，此卷係後人以《北史》相關傳記所補，但"魏孝莊之姪"是《北齊書》殘存原文。

玄挺後之”;同書《楊玄感傳》載素子玄感反叛,“弟玄挺中流矢而斃”;《李密傳》記玄感有逆謀,“陰遣家僮至京師召密,令與弟玄挺等同赴黎陽”。①綜合來看,楊玄挺似乎是楊素之子而非姪,《楊素傳》“姪玄挺”的記載可能有誤。不過,這並不妨礙我們得出如下認識:史家的記述方法,反映了姪之新義使用範圍的進一步擴大。

更值得注意的是,北朝律文開始出現應用姪之新義的迹象。《魏書·源賀傳》載源賀上書:

> 案律:謀反之家,其子孫雖養他族,追還就戮,所以絶罪人之類,彰大逆之辜;其爲劫賊應誅者,兄弟子姪在遠,道隔關津,皆不坐。竊惟先朝制律之意,以不同謀,非絶類之罪,故特垂不死之詔。②

姪與“子”聯稱,屬概括性稱謂,並非特指某人。但是,這是現存律文中使用姪之新義的第一例。較之敘事,律文在概念、稱謂的使用上更爲嚴格。姪出現於此,説明其作爲稱謂,開始進入更爲正式的語境。

不可否認,北朝史籍中兄子、弟子的使用仍較姪普遍,但是,姪之新義的使用範圍正逐漸擴大,同樣是客觀存在的事實。可以補充的是,北朝後期及隋代,叔、姪對應的傾向越來越明顯。顔之推《觀我生賦》述蕭梁末年骨肉相殘:“子既殞而姪攻,昆亦圍而叔襲。”③梁元帝遭兄子蕭詧圍攻,遣參軍庾奐予以譴責:“今以姪伐叔,逆順安在?”④宇文泰任命李穆及其兩姪爲刺史、郡守、縣令,“穆自以叔姪一家三人,皆牧宰鄉里,恩遇過隆,固辭不拜”。⑤隋劉昉與梁士彦、宇文忻謀反,文帝下詔誅之,云:“士彦、忻、昉兄弟叔姪,特恕其命,有官者除名。”北周李璋謀殺楊堅,兄子李安告密。

楊堅即位，下詔褒揚李安："今更詳案聖典，求諸往事，父子天性，誠孝猶不並立，況復叔姪恩輕，情禮本有差降，忘私奉國，深得正理，宜録舊勳，重弘賞命。"①此種對稱也應用於異族，《周書·突厥傳》："父〔兄〕伯叔死者，子弟及姪等妻其後母、世叔母及嫂，唯尊者不得下淫。"又《隋書·長孫晟傳》云："攝圖、玷厥、阿波、突利等叔姪兄弟各統强兵，俱號可汗。"②與這一現象相對應，原來"父子"一詞亦指叔姪的情況此時已經不見，③這大概是由於叔姪對稱已經普遍化，"父子"已無包含"叔姪"之意的必要。

同一時期的考古資料如何表述男性兄弟之子，南朝迄今爲止尚未見到相關記載，北朝出土的吐魯番文書中有兩個例子，均使用"姪"稱謂。第一例爲阿斯塔那二二號墓所出《請奉符敕尉推覓逋亡文書》。該文書殘缺不全，内有"姪鼉得前亡"之語，估計是某人之姪逃亡，政府下令捕捉。該墓無紀年，但整理者推測，其時代大概與北涼玄始年間（412—427年）相當。④第二例爲2006年徵集的吐魯番出土文獻。整理者將其定名爲《麴氏高昌延昌十七年（577年）某月六日道人道翼遺書》，係處理財産的遺囑，其中有"分與弟姪"之語，其後道翼兄弟之子願佑兩次出現，一次記爲"姪道人願佑"，另一次則記爲"姪兒道人願佑"，⑤均不稱兄子、弟子。而且"姪兒"這個稱謂相當口語化，它可能流行於民間特别是下層社會，文書撰寫者生活在其中，深受影響，下意識地將這一稱謂寫進文書之中。

如果説吐魯番地區例證較少，姪之新義的使用具有一定偶然性的話，

<hr>

①　［唐］魏徵等：《隋書》卷三八《劉昉傳》，第1134頁；卷五十《李安傳》，第1324頁。
②　［唐］令狐德棻：《周書》卷五〇《異域·突厥傳》，第910頁；［唐］魏徵等：《隋書》卷五一《長孫晟傳》，第1330頁。
③　孫志祖《讀書脞録》卷六："古人稱叔姪亦曰父子。《漢書·疏廣傳》：'父子並爲師傅。'謂廣爲太子太傅，其兄子受爲少傅也。《後漢·蔡邕傳》：'陽球飛章言邕及質。邕上書自陳：如臣父子，欲相傷陷。'《晉書·謝安傳》：'朝議欲以謝玄爲荆州刺史，謝安自以父子名位太重。'質乃邕之叔父，玄亦安之兄子也。《世説·文學篇》：'江左殷太常父子並能言理。'謂殷融及兄子浩。又《通鑑》卷一百十慕興護曰：'以子拒父猶可，況以父拒子乎？'慕容德於寶爲叔父，亦稱父子，晉以後則罕見矣。"（［南朝·宋］劉義慶著，［南朝·梁］劉孝標注，余嘉錫箋疏：《世説新語箋疏》卷上（下）《文學篇》"江左殷太常父子並能言理"條箋疏，第256頁）
④　中國文物研究所、新疆維吾爾自治區博物館、武漢大學歷史系編，唐長孺主編：《吐魯番出土文書》［壹］，北京：文物出版社，1992年，第100、99頁。
⑤　榮新江、李肖、孟憲實主編：《新獲吐魯番出土文獻》（下），第286頁。

這一問題在北朝造像記中就完全不存在了。造像記中有大量姪稱謂，除極少數與姑對稱外，其他均與伯、叔對稱。最具代表性的，是陝西耀縣收藏的北魏正光二年(521年)八月廿日《錡麻仁闔家造像記》。題記記載了像主錡麻仁上自曾祖下至妻兒孫輩的家庭成員，其中兄弟之子出現十二次，兄弟之女出現八次，在造像記中分別稱爲姪、姪女，無一例稱兄子、弟子者。《蔡氏造太上老君石像碑》出土於山西芮城，係西魏大統十四年(548年)所造，記有造像人之一的"蔡雅姪□令蔡太"。造像碑所題人名均爲蔡氏男性成員，這個蔡雅也不應例外，他是擔任某縣縣令的蔡太的伯父或叔父。同出土於山西芮城的《李元海兄弟七人等造元始天尊像碑》係北周建德元年(572年)所造，像主十八個兄弟之子被稱爲姪，十四個兄弟之女被稱爲姪女，另有七個姪婦。與《錡麻仁闔家造像記》一樣，如此衆多的姪輩成員全部使用姪或與姪有關的稱謂，無一例用兄子、弟子。隋開皇元年(581年)《禪師靜內等造鎮國像記》出土於山西平定，題記記像主張寶明(石艾縣司功)弟子爲"明姪士昂""姪孝昂"。①

　　姪之新義的使用，並不僅限於這幾件造像。北魏永安三年(530年)《薛鳳顏等造像碑》(山西稷山)、普泰二年(532年)《楊阿真造像記》、太昌元年(532年)《樊奴子造像》(山西富平)、北周建德元年《張祖造像記》(山西聞喜東鎮)，②以及年月不明，但可以大體確定爲北朝楊隋之間的作品如北周《郭羌四面造像銘》(陝西耀縣)、③《吳標兄弟父叔造像記》(陝西耀縣)、④《權慶和等造釋伽像記》(無年月，在甘肅秦州北鄉石佛鎮)⑤等，無

---

　　①　魯迅：《魯迅輯校石刻手稿》第2函第1册，上海：上海書畫出版社，1987年，第121—124頁；第3册，第558頁；第5册，第1005—1011、1020。關於錡麻仁籍貫，可參孫貫文：《北京大學圖書館藏歷代石刻拓本草目(二)》，《考古學集刊》第8集，北京：科學出版社，1994年，第216頁。銘文有北地郡富平縣錡亭城等，像主應是今陝西耀縣一帶人。

　　②　魯迅：《魯迅輯校石刻手稿》第2函第1册，第181、183、203、212—214頁；第5册，第1000頁。

　　③　參馬長壽：《碑銘所見前秦至隋初的關中部族》錄文，北京：中華書局，1985年，第96頁。關於此碑銘所在地及斷限的考證，參同書第77—78頁。

　　④　該造像未記年月，魯迅將其置於北周(魯迅：《魯迅輯校石刻手稿》第2函第5册，第1013—1016頁)。

　　⑤　魯迅：《魯迅輯校石刻手稿》第2函第6册，第1209—1210頁。造像無年月，魯迅置於五代後周，顯誤。據造像記所附考證，像主權慶和生活在北周，非五代後周。

一例外地以姪指稱兄弟之子。就我查閲所及,在可以確定爲北朝造像記的銘文中,没有使用兄子、弟子等傳統稱謂的例子。^① 當然,這不意味着現實生活中一定不使用傳統稱謂,但就現有造像記而言,傳統稱謂使用的欠缺與姪之新義的普遍使用形成鮮明的對比,是不爭的事實。

諸造像記涉及的時間,上起北魏後期,下迄楊隋;從空間上看,分布於今陝西、甘肅、山西等大片區域。可以説,從北朝後期到楊隋,姪之新義的運用,已經不局限於一時一地,而是呈現出普遍化的傾向。如果再考慮到前引吐魯番文書反映的情況,則姪之新義在時、空上的運用具有更大的想像空間。我們不想據此輕易得出如下結論:在官方色彩較淡、民間色彩較爲濃厚的文字記載中,姪之新義代替了兄子、弟子。但可以謹慎地説:在上述場合下,姪之新義已經得到民間的普遍認同,民間更傾向於以姪而不是兄子、弟子指稱兄弟之子。將這一時期出土的吐魯番文書、造像記與史籍比較,這個特點表現得尤其明顯。

概括而言,姪之新義在北朝的應用,在傳世文獻資料中有漸趨擴大之勢,而在考古資料中,則已經占據了主導地位。這意味着,原本難登大雅之堂的姪之新義被越來越多的人接受,正逐漸向正式稱謂轉化。無論從傳世文獻還是考古資料考察,這一轉化在唐宋時期終於完成。

三、姪之新義在唐宋時代的普遍化

唐宋時期,姪之新義在史籍中的運用範圍更爲廣泛,其例不勝枚舉,在此僅就下列兩種情況加以申論,一是南北朝已經存在,但唐以後進一步發展者;二是南北朝未見,唐以後新出現者。

如上所論,姪之新義作爲敘稱應用於傳首,在南北朝史籍中僅有元詡一例,而兄子、弟子占絕對多數。唐宋史籍中,後者仍居多數,但前者有逐漸增多的趨勢,多達 11 例。兹舉 3 例如下:《舊唐書·盧藏用傳》:"盧藏

---

① 隋《趙朗等造像記》載有"朗弟子昂",似乎用弟子代替了姪。但此下成員爲:"朗弟仕升、兄息恭禮、兄息長山,朗息卿相。"(魯迅:《魯迅輯校石刻手稿》第 2 函第 5 册,第 1181 頁)顯然,同輩份家庭成員是接續排在一起的,因此,這裏的"子昂"應連讀,即"子昂"是趙朗之弟。

用字子潛,度支尚書承慶之姪孫也。"《房管傳》:"(房)式,管之姪。"《李巨川傳》:"李巨川字下己,隴右人。……故相逢吉之姪曾孫。"①在上述語境下,唐以前的史籍除《元韶傳》外,將姪一律表達爲兄子、弟子。

《盧藏用傳》中的"姪孫"指兄弟之孫。② 在唐以前的史籍中,兄弟之孫分別稱爲"兄孫""弟孫""從孫"等,無一稱"姪孫"者,其例如晉羊曼:"太傅祜兄孫也";宋徐湛之:"司徒羨之兄孫";南齊王文和:"宋鎮北大將軍仲德兄孫也";劉宋劉登:"道球弟孫登";王鎮之:"晉司州刺史胡之之從孫";王韶之:"胡之從孫",等等。形成鮮明對比的是,在新、舊《唐書》中,"兄孫""弟孫"均只有兩例,③較姪孫爲少。

在《資治通鑒》的相關記載中,這種現象更爲突出。如某人首次出現於《通鑒》中,《漢隋紀》一律記爲"某人兄子也";《唐紀》則經常記爲"某人姪也"。此類例子頗爲繁多,兹不備舉。

作爲敘稱的另一種表現形式,南北朝正史列傳目録涉及兄弟之子傳記,其記載方式爲:"兄/子+名字",無一例爲"姪+名字"者。到了唐、五代,後一種形式開始進入正史的列傳目録中,而且不只一例。《舊唐書·張九齡傳》附有"姪仲方"傳,④《田承嗣傳》所附田悦傳,記爲"姪悦";《外戚·竇德明傳》所附竇懷貞傳,記爲"姪懷貞";《新五代史·唐明宗家人傳》附李從璨傳,記爲"明宗姪從璨";《周太祖家人傳》附郭守願傳,記爲"姪守願"。目録較諸傳記正文更爲莊重,姪出現於唐五代的史籍目録中,是其新義在社會上的影響逐漸擴大的表現。

唐五代時期,姪應用於背稱的現象較南北朝更爲普遍,兹不具述,應

---

① [後晉]劉昫等:《舊唐書》卷九四《盧藏用傳》,點校本,北京:中華書局,2011 年,第 3000 頁;卷一一一《房管傳》,第 3325 頁;卷一九〇《文苑·李巨川傳》,第 5081 頁。其餘 8 例,分見同書第 3093、3912、4147、4749、4799、4902、5160、5206 頁。

② 《舊唐書》卷八一《盧承慶傳》云:"承慶弟孫藏用,別有傳。"(第 2750 頁)按:引文所列"姪孫"係姪之新義的延伸,可與姪之新義的使用等同視之。

③ [宋]歐陽修、[宋]宋祁:《新唐書》卷五八《藝文志》,點校本,北京:中華書局,第 1484 頁;卷七二《宰相世系表》,第 2661 頁。[後晉]劉昫等:《舊唐書》卷六二《鄭元璹傳》,第 2381 頁;卷八一《盧承慶傳》,第 2750 頁。

④ 按《舊唐書》卷九九《張九齡傳》,仲方爲九齡弟九皋曾孫,非其姪(第 3100 頁)。《舊唐書》目録記爲"姪仲方",應該是誤書。

用於面稱和自稱者，在唐五代史籍中亦有迹可循。唐昭宗時期，宦官楊復恭欲謀反，與興元節度使楊守亮書云："承天是隋家舊業，大姪但積粟訓兵，不要進奉。"①楊守亮乃復恭堂兄弟宦官楊復光假子，故復恭稱其爲"大姪"。《唐語林·補遺篇》記載：趙贊與何文哲爲鄰，兩人俱任職侍御史。水部郎中趙需應舉，自江淮來，投刺於贊，誤造何侍御第。何文哲因謂需曰："姪之名宜改之。且'何需'，似涉戲於姓也。"②這是面稱之例。《資治通鑑》卷二六一記載：王枇受徵入京，經過王珙駐地，王珙認爲其將入相，"延奉甚至，請敘子姪之禮以拜之"；同書卷二八五記載：尼姑孫深意以妖術惑衆，中山人孫方簡及弟行友"自言深意之姪，不飲酒食肉，事深意甚謹"。③又《唐語林·豪爽篇》："李元將評事及弟仲將嘗僑寓江都，李公羈旅之年，每止於元將之館，而叔呼之。榮達之後，元將稱弟、稱姪，皆不悦也；及爲孫、子，方似相容。"④這是姪用作自稱的例子。以姪自稱最著名者，莫過於北漢開國皇帝劉旻，其給遼帝上書，稱"姪皇帝致書于叔天授皇帝"。⑤姪無論作爲面稱還是自稱，南北朝史籍均未見其例，唐五代史籍中此類用法的出現，是姪之新義普遍化的反映。

　　姪作爲一個稱謂，在唐代法律中也得到了使用。《唐律疏議》中有多處涉及姪，除個別例子外，均相對於伯、叔而言。如《名例律》"共犯罪造意爲首"條規定："若家人共犯，止坐尊長。"疏議曰："家人共犯者，謂祖、父、伯、叔、子、孫、弟、姪共犯，唯同居尊長獨坐，卑幼無罪。"注云："尊長，謂男夫。"可見姪係與伯、叔對言。《名例律》"本條別有制"條疏議："假有叔姪，

　　①　［後晋］劉昫等：《舊唐書》卷一八四《宦官·楊復恭傳》，第 4775 頁。按同書同卷《楊復光傳》，復光乃復恭伯父養子，與復恭並非同祖。楊守亮爲復光假子，從血緣上講，楊復恭與楊守亮毫無關係。但論輩分，楊復恭稱楊守亮爲"姪"名正言順。

　　②　［宋］王讜撰，周勳初校證：《唐語林校證》卷六《補遺篇》，北京：中華書局，2008 年，第 587 頁。

　　③　［宋］司馬光：《資治通鑑》卷二六一"昭宗光化元年"，北京：中華書局，1956 年，第 8519 頁；卷二八五"齊王開運三年"，第 9304 頁。

　　④　［宋］王讜撰，周勳初校證：《唐語林校證》卷四《豪爽篇》，第 338 頁。

　　⑤　［宋］司馬光：《資治通鑑》卷二九〇"太祖廣順元年"，第 9460 頁。《新五代史·劉旻世家》亦載此事："契丹永康王兀欲與旻約爲父子之國，旻乃遣宰相鄭珙致書兀欲，稱姪皇帝，以叔父事之而已。"（［宋］歐陽修：《新五代史》卷七〇《東漢·劉旻世家》，點校本，北京：中華書局，2011 年，第 864 頁）

別處生長,素未相識,姪打叔傷,官司推問始知,聽依凡人斗法。"《鬥訟律》"兩相毆傷論如律"條疏議:"問曰:尊卑相毆,後下手理直得減,未知伯叔先下手毆姪,兄姊先下手毆弟妹,其弟、姪等後下手理直,得減以否?"這兩處疏議所涉及的姪,與伯、叔相對更無疑義。《户婚律》"嘗爲祖免妻而嫁娶"條疏議曰:"高祖親兄弟,曾祖堂兄弟,祖再從兄弟,父三從兄弟,身四從兄弟、三從姪、再從姪孫,並緦麻絶服之外,即是'祖免'。""三從姪"即族兄弟之子,"再從姪孫"即從祖兄弟之孫,可是疏議却没有使用兄子、弟子、從子等傳統稱謂,而是以姪之新義爲中心,與其他字組合,衍生出新稱謂,來表達上述親屬關係。[1]

更值得注意的是,《鬥訟律》"毆緦麻兄姊"條疏議:"'從父兄弟之子孫',謂堂姪及姪孫者:流三千里。"[2]法律條文涉及的概念比較晦澀難懂,用相對通俗易懂的語言解釋概念,使民衆了解法條的真正含義,是疏議要達到的目的之一。疏議以堂姪、姪孫解釋"從父兄弟之子孫",正説明前者在社會上已經相當流行,以至提到這兩個稱謂,民衆馬上就會明白其所指向的親屬關係;後者本來是傳統稱謂,但在唐代與民衆可能已有相當距離,至少不如前者在社會上流行,因此疏議才以堂姪、姪孫來解釋"從父兄弟之子孫"。

以上所見姪稱謂,均不出自法律條文,而是出自疏議或對法律的諮詢。但是,除《雜律》"姦從祖母姑"條外,"兄弟子"之類的稱謂亦僅見於疏議,而不見於正文。而且其在疏議中出現的頻率遠少於姪。疏議是對法條的進一步解釋,就法律效力而言,與法條一樣同爲判案的依據,二者之間並無輕重之分。一種表達社會關係或親屬關係的稱謂屢屢出現在法律解釋中,絶不是偶然、隨意的,其傳達的法律信息,必須以社會各個階層能够理解和接受爲前提,否則,這種解釋就失去了應有的意義。姪之新義的入律,是其在社會上行用已久的結果,可謂水到渠成。

---

① 劉俊文:《唐律疏議箋解》卷五《名例律》,第 416—417 頁;卷六《名例律》,第 482 頁;卷二一《鬥訟律》,第 1493 頁;卷一四《户婚律》,第 1039 頁。

② 劉俊文:《唐律疏議箋解》卷二二《鬥訟律》,第 1553 頁。

　　與南北朝相比,唐代在姪字的使用上另有值得注意之處。除了單獨使用外,姪還與其他字組合,形成許多新稱謂。這些新稱謂與兩晉南北朝出現的子姪、孫姪、兒姪、甥姪等不同,不是一種概括性稱呼,而是一種比較具體的稱謂,表達固定的親屬關係。上引《舊唐書》所載的姪孫、姪曾孫及《唐律疏議》中的堂姪、三從姪、再從姪孫均屬此類。此外,另有與姪相關的如下數種稱謂:族姪、再從姪、表姪、①皇姪、②皇太姪、③假姪。④

　　《舊五代史·唐書·明宗本紀》載禮部員外郎和凝奏疏:"應補齋郎並須引驗正身,以防僞濫。舊例,使蔭一任官補一人,今後改官須轉品即可,如無子,許以親姪繼限,念書十卷,試可則補。"⑤和凝特別建議"許以親姪繼限",言外之意,尚有區別於親姪的其他姪的存在。奏疏中使用姪以及皇姪、皇太姪稱謂的出現,説明姪之新義得到了政府認可。

　　中國古代社會以宗族爲基礎,特別重視親屬關係的遠近。與此相應,表達各種親屬關係的稱謂也十分發達。在這種背景下,一種親屬稱謂能否爲人接受,在宗族社會中扎根甚至得以發展,很大程度上取決於其表達親屬關係的能力。唐以前,子、孫等稱謂之所以占據親屬稱謂的主體,是因爲它們通過與其他字、詞的組合,可以變化出花樣繁多的新稱謂,從而表達紛繁複雜的晚輩親屬關係,其覆蓋範圍可以遍及最主要的男系血親。類似稱謂不勝枚舉,即以"子"而言,既有"兄子""弟子""從子""從父兄子""族子"等稱謂。與子、孫等稱謂相比,唐以前的姪只是一個單獨稱謂,僅

---

　　①　《舊唐書》卷一一《代宗本紀》:"三月丁未,汴宋節度使李忠臣爲麾下將族姪李希烈所逐,忠臣狼狽歸朝。"(第315頁)卷一八三《外戚·竇馥傳》:"宰相竇參,馥再從姪。"(第4749頁)卷一〇五《楊慎矜傳》:"慎矜與銛父瑁中外兄弟,銛即表姪,少相狎,銛入台,慎矜爲臺端,亦有推引。"(第3226頁)

　　②　《舊五代史·梁書·李友倫傳》:"開平初,有司上言曰:'……皇姪故邕州節度使友寧、故容州節度使友倫,頃因締構,俱習韜鈐,並以戰功,殁於王事,永言帶礪,合議封崇'。"([宋]薛居正等:《舊五代史》卷一二《梁書·宗室·李友倫傳》,點校本,北京:中華書局,2011年,第163頁)

　　③　《宋史·高宗本紀》:"(建炎三年三月)癸卯,太后詔:睿聖皇帝宜稱皇太弟、天下兵馬大元帥、康王,皇帝稱皇太姪、監國。"([元]脱脱:《宋史》卷二五《高宗本紀》,點校本,北京:中華書局,2011年,第463頁)

　　④　《舊五代史》卷七三《唐書·毛璋傳》:"廷贇乃璋之假姪,稱有叔在蜀,欲往省之,亦無私書,詔停任,令歸私第。"(第960頁)

　　⑤　[宋]薛居正等:《舊五代史》卷三九《唐書·明宗本紀》,第543頁。

限於與姑、伯、叔的血緣關係，這在很大程度上限制了其作爲正式用語特別是書面用語的使用價值。唐以後，姪與其他字、詞組合産生的新稱謂，具備了與"子""孫"同樣强的表達能力，從而爲姪稱謂的進一步發展鋪就了一條坦途。可以説，各種以姪爲核心形成的新稱謂，既是姪稱謂逐漸普及的標志，也是其進一步發展的動因。①

　　敦煌吐魯番文書數量衆多，種類煩雜，與傳世文獻相比，更能體現姪之新義在唐代的普及。下面以《中國古代籍帳研究》所收文書爲例，對此加以論述。② 在籍帳類文書中，敦煌籍帳涉及户主之姪時，其父如果已經亡故，均記爲"亡兄男某"，相當於"兄子"。如《唐天寶六載（747 年）敦煌郡敦煌縣龍勒鄉都鄉里籍》曹思禮户"亡兄男瓊璋載貳拾參歲""亡兄男瓊玉載壹拾柒歲"，杜懷奉户"亡兄男崇真載參拾柒歲"。《唐大曆四年（769 年）沙州敦煌縣懸泉鄉宜禾里實貌》唐元欽户"亡兄男游玉年貳拾柒歲""亡兄女妃妃年壹拾玖歲"。③ 在敦煌差科簿中，對此類關係的記載與籍帳完全不同，均記爲"姪某"。《唐天寶年代（c.750 年）敦煌郡敦煌縣差科簿》：

　　1　　曹敬姪英峻載卌九　衛士

　　24　　姪思　楚載卌六　衛士

　　26　　姪思　言載卌六　品子郡史

　　37　　姪　孚　載廿八　上柱國子郡史

　　51　　姪大　忠載廿二　中男④

---

　　① 唐詩作爲傳世文獻，對姪之新義的使用頗具代表性。詩人經常以姪或相關稱謂爲詩命名，如杜甫《送重表姪王砅評事使南海》詩，"重表姪"雖然不是指杜甫兄弟之子，但却是以此爲核心衍生的稱謂，這樣的曲折稱謂，只有在其他各種與姪相關的稱謂比較普遍以後才可能出現。又杜甫《送韋十六評事充同谷郡防禦判官》："令姪才俊茂，二美又何求。"其他詩人如李白、白居易、杜牧、韓愈、孟郊、元稹、韋應物等，也經常以姪命題、入詩。考慮到這種情況貫穿整個唐代，而詩人又來自各地，可以説，這樣的用法並非反映一時一地的習慣，而是唐帝國統轄區域内比較普遍的現象。

　　② 涉及親屬關係稱謂的唐代文書主要集中在名籍與差科簿中，《中國古代籍帳研究·録文》所收文書頗具代表性，且釋文比較精審，本文僅以此爲研究對象，他處文書暫不涉及。

　　③ ［日］池田温著，龔澤銑譯：《中國古代籍帳研究·録文》，第 53、67、89 頁。

　　④ ［日］池田温著，龔澤銑譯：《中國古代籍帳研究·録文》，第 120—121 頁。此件文書的 b、c、d、e 部分尚有 15 處用姪之例，兄子、弟子則未見一例。爲省篇幅，兹不俱引。

　　敦煌文書對叔姪關係記載的不同,或許與各種文書的性質有關。記載爲"兄子"的文書爲户籍,唐前期户籍以"登記户口與土地爲其主要特徵",①因此,必須詳細注明家庭成員與户主的確切關係,不能含混其詞,否則將會對均田制的實行造成不利影響。差科簿則是政府徵發徭役的依據,重在家庭成員的年齡及現役狀況,無論是兄之子還是弟之子,只要不影響徭役的派發,以何種稱謂登記,政府並不關心,因此,兄弟之子也就以姪的形式出現在差科簿中。

　　吐魯番文書出現的姪稱謂,可以對上述解釋做進一步補充。《吐魯番年次未詳(c.840)沙州僧張月光兄弟分書》涉及的家庭成員中,有"姪沙彌道哲"、"表姪郭日榮(?)";《吐魯番年次未詳(c.840)沙州僧崇恩析産遺囑》中,記有"姪僧惠朗"、"表姪弟大將閤英達","姪都督索'旗'、姪虞候索、姪兵馬索'榮徹'、姪女夫'張忠信'、姪女夫'張忠均'";《唐大中四年(850年)十月沙州令狐進達申請户口牒》中所管家口有"姪男清清";《唐大中六年(852年)十月二七日(以後)沙州僧張月光父子迴博田地契》中的"見人"有"姪力力";《唐咸通年間前後(c.855年)沙州僧張智燈狀稿》有"智燈叔姪"。②

　　除《申請户口牒》外,這些文書或是分家析産,或是遺囑,或是置換土地,總之,均與財産的變動及處理相關,屬於民事行爲,與政府關係不大。在這些情況下,對當事人之間的親屬關係無論是否做嚴格描述,均不會對民事行爲産生太大影響,故文書一律以"姪"稱謂處理。《申請户口牒》只是百姓爲申請户口向政府上報的材料,與政府掌控的户籍性質不同。也許由於這個原因,該牒没有像籍帳一樣記爲兄子,而是記爲姪,這恰好體現了民間使用姪稱謂已經成爲習慣。

　　政府介入民事行爲,也仍然使用姪稱謂,如《後晋開運二年(945年)

---

①　對這個問題的討論,可參宋家鈺:《唐朝户籍法與均田制研究》,鄭州:中州古籍出版社,1988年,第114—119頁。

②　[日]池田温著,龔澤銑譯:《中國古代籍帳研究·錄文》,第412、415—416、422、424、428頁。另有一件沙州尼靈惠遺書,遺令將其婢子留與姪女潘娘,後有見人"姪男康屯""姪男福晟""姪男勝賢"等人。但姪係對應姑而言,故此處不論。錄文見同書第428頁。

十二月河西歸義軍左馬步都押衙王文通勘尋寡婦阿龍還田陳狀牒》,是一份關於田地爭執的辭狀及官員調查報告,不但當事人自陳牒文有"先姪義成犯罪遣瓜州"之辭,都押衙王文通上報調查結果,牒文之首亦使用姪:"右奉判付文通,勘尋陳(狀寡婦阿龍) 及 取地姪索佛奴,據狀詞理,細與尋問申上者。"此種情況在有關過所的文書中也有反映。按《唐開元二一年(733 年)正月福州唐益謙申請過所牒》所記,唐益謙的隨同人員有"姪男意奴";而在《唐開元二一年(733 年)正月西州判唐益謙請往福州過所案》中,起首稱"前長史唐姪益謙"。① 《陳狀牒》及《過所牒》說明,姪稱謂並非僅用於民間文書,也用於官方文書,只是前者對姪的使用更爲普遍罷了。

就分布範圍而言,姪稱謂基本存在於各類出土文書中,兄子則僅見於籍帳類文書;就出現總數而言,姪遠多於兄子。可以說,姪是用來表達出土文書中叔、姪關係的主要稱謂,這一點較諸史籍尤其顯著。

上述特點在唐宋石刻資料中同樣有明顯的反映。敦煌莫高窟供養人畫像一般均有榜書題記,這些題記主要記載供養人及其家庭成員供佛的情況,由此涉及互相之間的親屬關係。在 492 個洞窟中,有 19 個洞窟題記記載叔、姪關係,且使用了姪、姪女稱謂,具體有如下各窟:5、12、55、61、85、97、98、108、126、127、144、148、156、159、201、205、338、387、390。② 其中第 5、61、98、108 窟及第 55 窟分別爲五代、趙宋營建,其餘 14 窟均開鑿於唐代,時間上貫穿整個唐朝。不過,第 387、205 兩窟雖營建于盛唐,但到五代曹議金父子統治瓜、沙期間,又經歷了重修,題記反映的內容已經不屬唐代了。③ 此外,第 126 窟所載與姪有關的內容屬於游人題記,也不能歸入唐代。19 例窟主中,可以確定身份的有 12 例,他們或爲官員,或爲僧人,均係男性無疑,因此,這裏的姪均是相對於伯、叔而言的。其中

---

① 〔日〕池田温著,龔澤銑譯:《中國古代籍帳研究・録文》,第 508—509、220—221 頁。
② 敦煌研究院編:《敦煌莫高窟供養人題記》,北京:文物出版社,1986 年,第 4、7、18、23、29—30、31、38—39、52—53、58、67—69、73、75、92、94、138、148、150 頁。
③ 各窟營建年代可參《敦煌莫高窟供養人題記》各窟所附斷代,及本書所收賀世哲《從供養人題記看莫高窟部分洞窟的營建年代》一文,第 200—232 頁。

第 156、148 及 55、61、98、108、205 的窟主，或是當地最高統治者張儀潮、曹議金，或是他們的親屬。地位如此顯赫之人鎸刻題記，亦使用姪之新義，反映出其在社會上所具有的廣泛影響。

莫高窟供養人題記對姪的用法並非敦煌地區獨有的風慣，與敦煌相隔遙遠的幽州、涿州地區民衆也普遍使用姪稱謂表達叔、姪關係，這主要體現在房山巡禮碑及各經題記上。題記時間最早的，在唐玄宗開元十一年（723 年），最晚的，在唐僖宗廣明二年（881 年）。題記人的身份與莫高窟一樣，有官有僧，也有民。①

房山石經題記中未見兄子、弟子，而莫高窟題記中似乎仍有這種傳統稱謂的遺留，第 129 窟記窟主家庭成員：“弟子男再昌一心供養。”其後又記其子“男再盈”“男安再員”“男安再定”“男安再君”等。② 如果將“再”字視爲同輩標志，這個再昌確實就是窟主之姪。但是，這個例子與題記中使用姪的衆多例證相比，可謂微不足道，據此很難否定姪之新義被社會廣泛接受。相反，考古資料表現出的不同地區的官、民、僧喜用姪表達叔、姪關係的現象，完全可以作爲姪之新義在民間得到普及的證明。

以上考察告訴我們，無論日常生活還是公文奏疏以及政府詔書，使用姪這個稱謂十分普遍，與伯、叔對應的姪在唐宋時代作爲一種正式稱謂，已經得到政府與社會的普遍認可。《朱子語類》對姪字使用的討論可以作爲這一結論的證明：

> 或問：“‘姪’字，本非兄弟之子所當稱？”曰：“然。伊川嘗言之。胡文定家子弟稱‘猶子’，《禮》‘兄弟之子，猶子也’，亦不成稱呼。嘗見文定家將伊川《語録》凡家書説‘姪’處，皆作‘猶子’，私嘗怪之。後見他本只作‘姪’字，乃知‘猶子’字文定所改，以伊川嘗非之故也。殊不知伊川雖非之，然未有一字替得，亦且只得從俗。若改爲‘猶子’，

---

① 北京圖書館金石組、中國佛教圖書文物館石經組編：《房山石經題記彙編》，北京：書目文獻出版社，1987 年，第 45、46、47、48、51、52、53、54、55、56、58、61、63、70、85、91、95、200、209、217、241、263、290 頁。

② 敦煌研究院編：《敦煌莫高窟供養人題記》，第 60 頁。

豈不駁俗！據禮，兄弟之子當稱'從子'爲是。自曾祖而下三代稱'從子'，自高祖四世而上稱'族子'。"①

從傳統角度而言，大儒程頤認爲兄弟之子不應稱姪，但他還是遵從民間習俗，在家書中一律稱姪。雖然胡文定堅守傳統，甚至私改程頤《語録》中的姪爲"猶子"，但另一大儒朱熹對胡文定的做法却不以爲然，視爲"駁俗"之舉。同樣作爲士人領袖，朱熹與七百多年前的顏延之、雷次宗等先輩相比，在對待姪之新義的態度上截然有别。這與朱熹的通達有關，但更是姪之新義在民間行用日久，到唐宋時代影響日益擴大、深入人心的結果。至此，經過近千年的發展，姪這一稱謂終於在親屬稱謂中占據了重要的一席之地。

四、姪之新義發展變化的原因

姪之新義在中古時期的出現、應用及發展變化可概括如下：第一，在傳世文獻中，時代愈後，姪之新義出現的頻率愈高，在適用範圍上也愈加廣泛。三國傳世文獻未見與伯、叔相對的姪稱謂，現代意義上的姪以兄子、弟子的方式表達。兩晉南北朝時期，姪之新義的使用有了很大的發展，但與兄子、弟子相較，仍處於劣勢。處於同一時期的南、北雙方，姪稱謂的使用程度也有所不同，總的説來，北朝較南朝更爲突出。唐宋時期，姪之新義作爲正式稱謂，已被社會廣泛接受，應用於各種不同場合，可以與兄子、弟子等稱呼分庭抗禮。第二，姪之新義在考古資料與傳世文獻中的使用，出現了從背離到漸趨一致的現象，即時代愈前，背離愈突出；時代愈後，愈趨於一致。具體而言，吴簡使用新義較爲普遍，而《三國志》未見一例；唐、宋時代，文書、題記普遍使用新義，而同時期的文獻資料也較多使用新義。

姪稱謂的發展過程和特點即如上述，據此可以提出許多問題：姪之

---

① ［宋］黎靖德編，王星賢點校：《朱子語類》卷八五《儀禮》，北京：中華書局，1986 年，第 2200—2201 頁。

新義爲什麽會出現?① 爲什麽首見於三國孫吳時期? 爲何唐以前姪之新義難有根本性的發展? 處於同一時期的南北朝,在姪之新義的應用程度上爲何有程度上的差别? 唐朝以後姪稱謂的普及説明什麽問題? 姪稱謂在唐以後既已普及,爲何唐禮、宋令中的服制没有應用姪之新義,而是完全沿襲了傳統習慣?

對這些問題,現有資料尚不能提供令人滿意的答案,甚至没有綫索可尋。關於姪之新義,顏之推認爲起源於晋,而且南北朝時期主要爲北人所用,這很容易使人聯想到其與北方少數民族的關係。有學者指出,表達親屬關係的多種稱謂在晋以後發生了變化,②這一結論似乎也爲上述聯想提供了佐證,因爲西晋以後正是北方少數民族漸次進入中原,胡、漢習俗密切交融匯合的時代。但是,如前所論,姪之新義早在孫吳時期即已出現,③使用地域則在長江以南的臨湘縣。就時間、地域而言,孫吳姪之新義的出現,應該與北方少數民族習俗的影響没有太大關係。也許最初它只是在南方某一居住區如某丘内行用,④後來範圍逐漸擴大,先是及於某鄉、某縣,最終及於全國。當然這只是推測,就目前資料而言,也許這是一個無解之題。

姪之新義在孫吳時期已經使用,但爲人接受的過程却相當漫長,竟有四個世紀之久。這種狀況的出現,與姪稱謂本身的局限性有關,亦與當時的政治、社會環境有關。姪之新義指男性兄弟之子,但是這一稱謂相當模糊、含混。它是指同父兄弟之子,還是包括所有同姓兄弟之子? 如果僅僅指稱前者,那麽,其他服制的兄弟之子如從父兄弟、從祖父兄弟以及族兄

① 女性兄弟之子爲何稱姪,學界探討較多,一般從婚姻與家庭的變遷角度立論,相關研究見前舉劉伯驥、龐一朝、熊焰等所撰論文,亦可參徐中舒:《中國古代的父系家庭及其親屬稱謂》,《徐中舒歷史論文選輯》(下),北京:中華書局,1998年,第1355—1362頁。
② 馮漢驥:《中國親屬稱謂制度》,第63—128頁。
③ 姪之新義既已在吳簡中比較普遍,則最早出現肯定在此以前,只是由於資料的限制,尚無法考證其產生的確切時代。
④ 關於丘的性質,學界尚無定論,本文暫從"居住區"説,參侯旭東:《長沙走馬樓三國吳簡所見"鄉"與"鄉吏"》,北京吳簡研討班:《吳簡研究》第1輯,第96頁;宋超:《長沙走馬樓吳簡中的"丘"與"里"》,長沙市文物考古研究所編:《長沙三國吳簡暨百年來簡帛發現與研究國際學術研討會論文集》,第79—81頁。

弟之子又該如何稱呼？繼續保留"從父兄子"之類的稱呼，顯然與姪稱謂不太相合；可是新的稱謂又没有形成，在這種情況下，大多數場合尤其比較鄭重的場合棄姪不用也許就是最好的選擇。如果姪包括所有同姓兄弟之子，同樣面臨着一個問題，因爲使用這一稱謂，對不同兄弟之子很難區分出血緣上的親疏。换一種説法，當使用這一稱謂時，就意味着泯滅了不同兄弟之子與這一男性的親疏差别。姪之新義無論怎樣使用，均容易引起誤解、造成混亂。

　　如果考慮到兩晉特殊的政治、社會環境，姪稱謂表達能力的欠缺所帶來的不利影響就十分突出了。西晉頒布《泰始律》，"峻禮教之防，準五服以制罪"，①即以五服制度作爲量刑加重、减輕乃至免罪與否的重要標準。如兩晉時期，官吏得終三年喪，居喪違禮受法律制裁，晉律還允許被殺者之期、功親復仇。② 無論三年喪，還是期、功親復仇，均以五服制爲標準。這就要求表達五服制度的稱謂必須明確、肯定，而不是模糊、籠統，否則將給定罪量刑帶來混亂。③ 遺憾的是，姪之新義恰恰不具備"準五服以制罪"要求的特點。同時，有兄子、弟子等傳統稱謂可以使用，也限制了以姪爲中心，可以表達確切親屬關係的復合詞的出現，其在晉代不能得到推廣也就在情理之中了。④

　　我們可以繼續用同一理由解釋南朝姪之新義應用受限的原因。南朝法律的主體沿襲晉律，同樣具有"準五服以制罪"的特點。但是，除此

---

①　[唐]房玄齡等：《晉書》卷三〇《刑法志》，第 927 頁。

②　相關問題的討論，可參祝總斌：《略論晉律之"儒家化"》，《材不材齋史學叢稿》，北京：中華書局，2009 年，第 491—495 頁。

③　按五服制，期親包括伯、叔與兄弟之子；小功則包括同堂伯叔父母與同堂兄弟之子。兩種親屬關係如均用姪表示，由於不能直接分清親疏，將給官員對復仇案件的處理帶來不便。

④　芬蘭社會學家韋斯特馬克特别强調："不能因爲……某些(類别式)稱謂有很大的寬泛性，就以爲他們對於親屬的遠近親疏毫無分辨。他們對於某一親屬關係，如果没有單一的詞可以表示，那就用兩三個詞成一個復合詞來代替。"([芬蘭]E.A.韋斯特馬克著，李彬等譯：《人類婚姻史》第 1 卷，北京：商務印書館，2002 年，第 241 頁)唐代以前，代表新義的姪是對所有同姓兄弟之子的稱呼，就此而言，也可以視爲類别式稱謂。上述觀點可以幫助我們理解，唐代之後以姪爲核心的其他稱謂爲什麽會出現。但是，需要指出的是，代表新稱謂的"復合詞"不會馬上形成，它應該經歷一個較長的過程，就中國古代姪稱謂而言，更是如此。這是因爲，中國古代本來就有"兄子""從兄子""從父兄子"之類的稱謂可以分辨同性兄弟之子，在這種情況下，發明一些以姪爲核心的新稱謂就不是特别的迫切。

而外,南朝獨特的社會環境對姪之新義的應用也產生了一定的影響。南朝時期,士族階層占主導地位,士族階層爲維持門第於不墜,標榜門第的高貴,不僅要防備庶族的侵襲,而且在其内部也有貴賤之别,甚至同一家族也要分出高下,高下的標準自然是親疏關係。同時,玄風南渡也使江南情、禮發生了矛盾,爲了解決這一矛盾,南方士族才有禮玄雙修的學風,喪服的研究也因此特别發達。① 無論親疏關係還是喪服制,必須通過精確的親屬稱謂才能得以體現。對親疏關係分辨得越細緻,對喪服制講究得越精微,對親屬稱謂所表達的内涵就要求越精確。② 結果,和兩晉時代一樣,欠缺精緻内涵的姪無法在親屬稱謂中尋找到自己應有的位置。

五胡亂華、晉室南遷之後,與南朝士族相比,面對少數民族湧入中原的巨大壓力,北方士族更注重宗族内部的凝聚力,所以,他們對服制、親疏關係不僅不嚴加分辨,反而有時故意模糊服制、親疏的界限,將本來疏遠的關係用較親近的稱謂來表達,這方面比較典型的例子是梁人夏侯亶:

> 宗人夏侯溢爲衡陽内史,辭日,亶侍御坐,高祖謂亶曰:"夏侯溢於卿疏近?"亶答曰:"是臣從弟。"高祖知溢於亶已疏,乃曰:"卿儉人,好不辨族從。"亶對曰:"臣聞服屬易疏,所以不忍言族。"時以爲能對。③

夏侯亶雖任職於梁,但居於南北邊境地區,其所言所行主要體現北方風俗習慣,顏之推即將其視爲北人。④ 夏侯亶稱服屬已遠的夏侯溢爲"從弟",

---

① 〔美〕余英時:《名教思想與魏晉士風的演變》,《士與中國文化》,上海:上海人民出版社,1987年,第440頁。

② 韋斯特馬克認爲:"一般説來,應用範圍越小的稱謂,它所體現的社會功能也就越特殊。"(〔芬蘭〕E.A.韋斯特馬克著,李彬等譯:《人類婚姻史》第1卷,第221頁)根據這一理論,由於姪的應用範圍具有不確定性,它所體現的社會功能也就比較一般化了,這顯然難以滿足特别講究親等制度以體現權利和義務的高級士族的要求。

③ 〔唐〕姚思廉:《梁書》卷二八《夏侯亶傳》,第420頁。

④ 王利器:《顏氏家訓集解》卷二《風操》,第87頁。關於夏侯亶所體現的文化風尚,可參韓樹峰:《南北朝時期淮漢進北的邊境豪族》,北京:社會科學文獻出版社,2003年,第194頁。

梁武帝認爲他"不辨族從"。其實,不是夏侯亶不辨族從,而是不想分辨,因爲他明白,親疏分辨得愈清楚,服屬愈疏,所以寧可用"從弟"代"族弟"。梁武帝生活在分辨親屬關係嚴格的南方,自然不理解夏侯亶的做法。

不僅夏侯亶,北人似乎都有這種不願分辨親疏的傾向,顏之推對此有一概括性的評價:"河北士人,雖三二十世,猶呼爲從伯從叔。"①既然服屬已遠的族人可以稱爲從弟,二三十世的伯、叔可稱爲從伯、從叔,那麼,男性兄弟之子不分遠近均用姪表達,也就在情理之中了。可以説,姪之新義的模糊、籠統,正好在某種程度上契合了北人的意願,所以較諸南方,其在北方得到了更爲廣泛的認可。顏之推所説北土人多呼兄弟之子爲姪的現象,就是在這一背景下形成的。

不過,兩晉南北朝的總體政治、社會環境仍要求親屬稱謂能够表達多層次的親屬關係。兄子、弟子既沿用已久,又可以與其他字、詞相配,從而形成表達不同親屬關係的其他稱謂;而姪之新義無論就歷史傳統而言,還是就現實功能而言,均無法與兄子、弟子相抗衡,因是之故,在表達兄、弟之子這樣的親屬關係時,文獻中以兄子、弟子指稱者爲多、姪稱謂爲少也就不足爲怪了。② 至於姪之新義在南北朝較兩晉有所發展,也許是因爲任何新生事物都有其自然發展的要求和潛力。

唐代以後,姪之新義作爲表示親屬關係的稱謂,已經得到廣泛認同。如果注意到南、北朝在姪使用範圍上的差別,很容易將唐代以後的現象歸結爲"北朝化"。實際上,這樣的認識也許與事實存在着很大的偏差。只有在南、北雙方存在性質不同的制度、文化時,唐朝制度、文化"南朝化"或"北朝化"的討論才具有確實的意義。譬如學風方面,"南人約簡,得其英華;北學深蕪,窮其枝葉",③反映出南、北學風的本質差異。有了這樣的

① 王利器:《顏氏家訓集解》卷二《風操》,第86—87頁。
② 以上從政治、社會環境方面對兩晉南北朝時期姪不能取代兄子、弟子的解釋,只是粗淺的嘗試,未敢視爲定論,這與資料缺乏有關。本文發表前,曾蒙審稿專家審閲,專家認爲:"當時的口語與書面語區別很大,可以從社會語言學的角度,如口語與雅言間的關係角度做些解釋。"這爲理解上述問題提供了另一個頗有意義的視角。我認爲兩種解釋雖然有別,但可以並行不悖,即兩種因素的共同作用,對姪取代兄子、弟子形成了制約。
③ 〔唐〕魏徵等:《隋書》卷七五《儒林傳·序》,第1706頁。

背景,唐朝文化自然就有南朝化或北朝化的問題。^① 但是,姪稱謂的使用,在南、北朝並不存在本質區别,兩者的不同只是程度的不同。而且至少就現有資料看,姪之新義恰恰最早出現於南方,而不是北方。^② 如果南北對峙繼續存在下去,雙方在這一稱謂的使用上,不會南轅北轍,而有可能指向同一結果。因此,唐朝姪稱謂的發展和最終普及,與南朝化、北朝化無關。

那麽,唐代的現象又該如何解釋? 或者説這一現象又反映了什麽問題? 簡潔地講,姪之新義在唐代的發展和普及,既是大衆文化向精英階層逐漸傳播的結果,也是大衆文化逐漸向上層社會滲透、浸潤的反映。

如果做粗略劃分,簡牘、造像記、文書與史書的撰寫者分别代表了不同的社會階層,即前者以普通民衆居多,後者以精英人士爲主。^③ 他們各自撰寫的簡牘、文書以及史籍所用稱謂、習語,是各自階層已經接受的稱謂和習語,或者至少能爲各自階層所理解。也許可以質疑,吴簡及敦煌吐魯番文書所牽涉的名籍、籍帳等,均與政府有關,其書寫應有政府規定的嚴格格式,在用語上亦應該代表政府語境,如何能視爲大衆文化的反映呢? 政府對名籍、籍帳有一套管理程序是確定無疑的,但是,吴簡中名籍的書寫不一、用詞有異,也是客觀存在的事實。^④ 政府對文書的管理有一

---

① "南朝化"係陳寅恪提出的概念,其後唐長孺、牟發松等對這一觀點加以發揮。"北朝主流論"的發軔者是錢穆,田余慶亦曾提及,閻步克則有更具體的論述。較爲全面的討論可參胡寶國、閻步克、陳爽:《關於南朝化的討論》,象牙塔(http://xiangyata.net/data/articles/a02/92.html)2000年10月14日—11月12日。

② 王小莘認爲,與叔對稱的姪係由北方傳入南方而得以流傳,見其《從〈顔氏家訓〉看魏晋南北朝的親屬稱謂》,第60頁。作者没有舉出證據證實這一觀點,大概是根據顔之推的説法推測而來。

③ 何謂"普通民衆",何謂"精英階層",很難有明確的劃分標準,兩者之間肯定存在一個過渡性的群體。大致説來,文化素養較深,官位級别較高者爲精英階層。文化與官位密切相關,兩晋南北朝尤其如此。因此,精英文化對政府語境有相當大的影響,本文所謂"政府語境",在某種程度上可以視爲精英文化的一種體現。所謂"大衆文化",則主要指體現普通民衆觀念的文化。簡牘、文書的撰寫人可能有官秩,但級别不會太高,所用稱謂更多體現了普通民衆的觀念。就造像而言,參與者相當廣泛,既有普通百姓,亦有帝王將相,但這些人一般不會親自撰寫題記,而是請人代書。代書人會遵照造像者之意撰寫題記,但使用何種稱謂無關乎題記大意,應該是代書人自行決定,因此,造像者即使是高級官吏,但題記稱謂仍屬當地大衆階層的習語。

④ 關於此點,無須多論,在此僅以户主之妻爲中心略舉數例。吴簡記某人妻,一般記爲"妻+大女+名+年齡",但省略"大女"的情況也十分多見,如壹·4918:春妻思年卌算一;貳·3014:☐妻姑年十六☐☐;叁·1333:龍妻妾年五十。

個漸次嚴格的過程,而孫吳可能正處於這一過程的前期。在這樣的背景下,作爲鄉、里文書的撰寫者,使用當地所用稱謂、俗語來表達親屬關係,而不必用標準的書面語,並非不可想像。因此,吳簡中儘管多處使用"兄子"這樣的傳統稱謂,但代表大眾文化的"姪"稱謂出現的頻率更高。但是,對文書特別是户籍類文書的管理必定會逐漸嚴格起來,那時,户籍所代表的,就是嚴格意義上的政府語境了,其表現便是:需要特別標明與户主確切關係的家庭成員,在敦煌籍帳中一律以"兄男某"表示。另一方面,政府對差科簿中家庭成員與户主的關係可能不像籍帳那樣要求嚴格,而遺囑、析産、置換田地等民間文書,與政府關係更爲淡化,這樣,這些文書的用語就取決於撰寫者本人了。在兩可的情況下,時代不同的撰寫者不約而同地選擇了他們喜聞樂見的"姪"稱謂,放棄了歷史更悠久、也更文雅的"兄子""弟子"等稱謂。可以看出,姪之新義在下層社會中已經根深蒂固,普通民眾利用各種場合,表達對這一稱謂的認同。與之相輔相成,姪稱謂的屢屢使用,也會進一步加深其在民眾中的印象。這樣,如果出現上、下層之間的流動,其應用也會逐漸得到上層社會的認同,其使用範圍存在着進一步擴大的可能性。

但是,上層社會接受姪這一稱謂必定是一個漫長的過程,這其中有傳統觀念在起作用,更主要的是,代表大眾文化的姪稱謂如果應用於上層社會,可能會給精英階層帶來諸多不利的影響。魏晋南北朝士族特別注重禮制,諸多禮儀制度是以親屬稱謂爲中心制定的,而姪之稱謂的含混、籠統,必定妨礙對禮制的理解和執行。另外,按《唐律疏議·名例律》"官爵五品以上(請章)"條"應議者期以上親及孫"疏議:"八議之人,蔭及期以上親及孫,入請。期親者,謂伯叔父母、姑、兄弟、姊妹、妻、子及兄弟子之類。"①據此,享有八議特權之人可以蔭及包括姪子在內的期以上親。八議入律始自曹魏,自此以後,貫穿歷朝歷代,唐律的規定應沿自舊律。姪由於不能確切表達親疏關係,必定影響上層社會蔭親屬的法律特權,其難

---

① 劉俊文:《唐律疏議箋解》卷二《名例律》,第119頁。

以被士族和上層官僚所認可,也就在情理之中了。此外,南、北朝時代,士、庶階層涇渭分明,特別在南朝,"士庶之際,實自天隔",兩者之間存在着一道不可踰越的鴻溝,雙方難以交往,大衆文化與精英文化互相之間的對流也就相當困難。這樣,早在三國時期出現的姪之新義,很難在上層社會得到認可和接受。表現在史籍上,便是用兄子、弟子代替姪的敘稱和背稱,前者反映史家的觀念,後者反映對話者的觀念,而這兩種人多數是精英階層即士族的代表。

即使如此,代表大衆文化的姪之新義在兩晋南北朝時期仍在向上層社會尋找突破口。從以上所述可以看出,場合越正式,用語要求越嚴格。因此,新義欲在精英社會中覓得一席之地,必須遵循由易到難的原則,即首先在不太嚴格的場合取得突破,然後漸次深入。我們看到,與兩晋相比,南朝姪稱謂在精英社會的傳播,首先在背稱即談話用語方面取得了較大的突破,較背稱更爲正式的敘稱也有所收穫,儘管遠不能與兄子、弟子等傳統稱謂抗衡。而到了北朝,無論傳記起始部分還是中間部分,所用敘稱也開始使用具體的姪稱謂。

在姪之新義向精英階層傳播的過程中,最大的障礙來自法律與禮儀。因爲律、禮作爲國家大典,其內容如何,關乎政治和社會秩序的穩定,如果出現紕漏,可能招致嚴重後果。而姪在表達親屬關係能力上的欠缺,大大增加了其突破禮、律原有稱謂並取而代之的難度。甚至可以説,如果姪的含義僅局限於表達兄弟之子的程度上,就注定不能入律、入禮。

律、禮相較,入律的難度要小於入禮。就對社會的現實價值言,律大於禮,似乎改動更應慎重。但是,這個特點反而可能成爲律不斷發生重大變化的原因。任何一個政權建立,只要認爲前代法律不合現實需要,均可以大刀闊斧地加以删減。更重要的是,中國古代沒有哪部法律一直被視爲經典,後代更改前代的法律不需要尋找理論上的依據,這大大降低了修律、改律的成本。將《唐律疏議》與漢《二年律令》相比,以面目全非形容,也許有所誇張,但若説大相徑庭,應是不爭的事實。因此,如果以姪爲中心,能够產生一批新稱謂,可以確切表達不同的親屬關係,精英階層在日常生活已經接受姪稱謂的情況下，對姪之新義入律也不會斤斤計較，持堅決反對態度。"堂姪""從姪""再從姪""三從姪""族姪""姪孫""再從姪孫""姪曾孫""表姪"等新稱謂在唐代的出現，大大豐富了姪的内涵，其表達能力得到極大增强，入律以後不會因概念的含混不清妨礙準五服以制罪的規定。此時，姪之新義入律水到渠成。於是，呈現在世人面前的《唐律疏議》，使用姪之新義的頻率反而要高於兄子、弟子了。

　　禮的情況則有所不同。禮對社會的現實價值本不如律直接，一般情況下没有修訂的必要。而且與律不同的是，禮是通過儒家經典著作得以流傳的，改禮就意味着更改儒家經典，這需要相當大的勇氣和魄力。在進行修改之前，還必須在理論方面找到較爲充足的依據。對《通典》稍加流覽就可以發現，對禮儀哪怕有微小的改動，都會引起激烈的爭論。所以，改禮耗時、費力而又傷神，同時也没有太大必要。與律相比，對禮的小修小補時有發生，但却未見傷筋動骨的改動。有學者認爲，"唐五代通過一次次變禮，使喪服禮制距離古禮經的規定要求愈來愈遠，並日益脱離其軌範而發展到極致"。[1] 這樣的變動不可謂不大，但若與漢唐法律的變動相比，還是有相當的距離。既然如此，姪之新義要進入禮儀制度中，取兄子、弟子而代之，那就相當困難了。正是由於這個原因，儘管姪之新義早在三國時代就已出現，但直到唐宋時期，仍然難以進入唐禮、宋令中。

　　但是，我們仍然看到了姪之新義在喪服制度方面已經有所突破，只是這一突破不太引人注目罷了。《大唐開元禮》《天聖令》代表政府正式頒布的制度，反映政府的語境。其記載唐、宋五服制度時，繼續以姪與姑對稱，也就是説，繼續使用姪之舊義。但是，同樣記載喪服制度的幾件敦煌書儀涉及男性兄弟之子時，所用稱謂却與此不同。按敦煌 P.4024 寫本書儀所載，婦人爲夫家服小功五月的對象有"同堂姪"，這顯然指夫家"同堂姪"。

　　S.1725 寫本書儀後一部分是服制與假寧令的結合，在服制後附以假寧令中規定的給假日數：齊衰期服喪對象有姪兒、姪女，給假卅日；齊衰

---

[1]　吴麗娱：《唐禮摭遺——中古書儀研究》，北京：商務印書館，2002 年，468 頁。

三月、五月及大功九月包括"姪兒姪女長中殤""姪女適人者",給假廿日;
小功五月包括"姪兒姪女下殤",給假十五日;緦麻三月包括"姪丈夫婦人
下殤",給假七日。按《天聖令》"五服年月","女適人者爲兄弟、姪"服大功
九月;男爲兄弟之子服齊衰期。此件書儀規定爲"姪兒""姪女"服齊衰期,
内容與前者有異,而同於后者,因此,書儀中服齊衰期者顯然是男性,而非
女性。其他有姪稱謂者均與此類此,不再逐一討論。而且,假寧令針對官
員而定,所以,服制的主角應是男性。由此可以斷定,書儀中的姪係與伯、
叔相對。

　　敦煌寫本 P.3637 卷題杜友晋所撰《新定書儀鏡》凶儀的開始,有三幅
服制圖,其中《内族服圖》係男性爲其五服内親屬服喪的説明。在這幅圖
中,兄弟之子、堂兄弟之子、從兄弟之子一律用姪表示,分别稱爲:"姪""堂
姪""從姪""從姪女"。《(婦爲)夫族服圖》則是妻子爲丈夫親屬服喪的説
明,其中有"夫姪""夫姪婦"這樣的稱呼。^① 據研究,第一件書儀所記載的
禮的年代,在貞觀十一年(637 年)以前;第二件晚於第一件,其後一部分
所載"禮及令"是改制後的"貞觀後禮"。《新定書儀鏡》確係開、天時期杜
友晋的作品,但具體到 P.3637 寫卷,却很可能是唐後期五代人的抄件,而
且根據當時服制修改了原喪服圖。同時研究者指出,前兩件書儀本身反
映出魏晋以來民間洗禮的影響。《新定書儀鏡》中喪服新制的來源,則可
能與唐文宗時代的鄭余慶、王彦威有關。他們所制禮典"一方面是吸引了
許多新定敕令,但另一方面也吸收了不少'時俗',他們是對上至朝廷郊
廟、下至民間婚喪的禮儀作出巨大改革者"。^② 當然,研究者所謂"民間洗
禮""時俗"等,是指喪服制度的具體内容,而不是表達親屬關係的稱謂。
但是,如上所探討,敦煌地區對姪之新義的使用已經十分普遍,當喪服制
度接受民間文化的影響時,將姪這一當地喜聞樂見的稱謂納入喪服制度
中,是再正常不過的事情,反之,倒有違情理了。特别是 S.1725 寫本書儀

---

① 三件書儀内容可參吳麗娛:《唐禮撜遺——中古書儀研究》,第 400、407—408、444—445 頁。
② 吳麗娛:《唐禮撜遺——中古書儀研究》,第 392、455、462 頁。

中出現的"姪兒"稱謂,爲文獻所未見,這一如此口語化的稱謂出現在喪服制度中,顯然只能來自大衆文化,不可能是精英階層的話語。[①]

　　三件不同時代的書儀所載喪服及喪服圖,均使用了姪之新義,而且時代愈後,姪之新義的使用愈普遍。這説明,姪之新義雖然難以直接進入上層社會行用的禮儀制度中,但普通百姓却完全可以利用喪服制度在本地推行的機會,以姪取代兄子、弟子,從而實現對喪服制度的逐漸改造,使禮儀制度深深打上大衆文化的烙印,這是大衆文化與精英文化結合、並改造精英文化的一個例證。[②]

　　　　——原刊《歷史研究》2010 年第 1 期。

---

　　① 胡士云認爲,"姪兒"稱謂見於元、明時期,並舉《醒世恒言》爲證(胡士云:《漢語親屬稱謂》,第 357 頁)。其實 S.1725 寫本書儀中的"姪兒"也算不上最早,上文所引吐魯番出土北朝文書亦有此稱謂,較之書儀,要早一個半世紀,距離元、明更有八九個世紀之久。
　　② 據法國歷史學家馬克·布洛赫研究,人們所熟知的"采邑"概念在西歐原來僅是口頭用語,"(采邑)被書面文獻記録下來,最早的例證見於九世紀末葉。在法國南部的一份契約書中載有這個詞語,這些契約是由一些識字不多的辦事員起草,其中異乎尋常地使用了口語詞彙。在隨後的一個世紀中,這個詞語出現在朗格多克地區的其他幾份檔案中。大約在公元 1000 年前後,布列塔尼地區、法國北部和勃艮第等地區的大法官們雖然非常注意語言的純潔性,但在這個詞彙的使用上也開始屈從於大衆語言的壓力"([法] 馬克·布洛赫著,張緒山譯:《封建社會》,北京:商務印書館,2004 年,第 279 頁)。吳簡、吐魯番文書使用姪之新義,與西歐契約文書使用采邑概念有些類似,大概也是由於撰寫者文化程度不高的緣故。而且這種口語化的稱謂與采邑一樣,最終在使用書面語言的律文疏議中占據一席之地。本文無意將魏晉唐宋與西方中世紀强行類比,只想指出在概念使用方面,西方也存在着大衆文化向精英文化浸潤、滲透的現象,這對理解姪之新義應用的發展過程或許不無幫助,故附記於此,以供讀者參考。

漢晉無親親相隱之制論

作爲中國古代法律儒家化的特徵之一,親親相隱制度歷來受到學界的重視,相關研究成果層出不窮,但是,許多問題並未真正得到解決。其中最基本的,就是這一制度在秦漢魏晉南北朝時期是否存在。在我看來,不僅秦漢政權,甚至魏晉南朝政權,也從未制定過親親相隱的法律條文,親親相隱之制在漢晉時期從未存在。

一、秦及西漢前期親親相隱資料辨析

瞿同祖較早對親親相隱制度進行了系統論述,他在《中國法律與中國社會》一書中,根據孔子"子爲父隱""父爲子隱"的説法,以及孟子關於舜父瞽叟殺人、舜必定棄天下如敝履、竊父而逃的假設,認爲"歷代的法律都承認親屬相容隱的原則"。孔子的説法、孟子的假設,均在先秦時期,不過,在現存的資料中,尚未見到落實到法律層面的例證。瞿同祖所舉法律方面最早的例證是漢代,他説:"漢律親親得首匿。"並舉漢宣帝地節四年(前66年)詔書爲證。①

也許受文獻資料的限制,秦代是否存在容隱之法,瞿同祖並未明示。睡虎地秦簡問世之後,學界根據其中"非公室告"和"家罪"等法律條文,認爲秦代已經形成親親相隱的制度。較早對這一問題進行論述的,是范忠信。他説:"最早將容隱原則應用於法律的似乎是秦律:'子告父母,臣妾告主,非公室告,勿聽。而行告,告者罪。'這或許可以看作中國容隱法開

---

① 瞿同祖:《中國法律與中國社會》,北京:中華書局,1981年,第56頁。按,宣帝廢除親屬首匿相坐的詔書頒布於地節四年,瞿著誤爲本始四年(前70年)。

始形成的標志。"①將"容隱法"概括爲"非公室告",本來沒有太大問題,但他將"容隱法"等同於"親親相隱法",就與史實拉開了距離。但是,這一觀點影響很大,直到近年,學界認爲秦代存在親親相隱制度的,仍不乏其人。②

親親相隱制作爲一項法律原則,是有其思想來源的,直接標舉親親相隱之義的,是孔子。《論語·子路》:"葉公語孔子曰:'吾黨有直躬者:其父攘羊,而子證之。'孔子曰:'吾黨之直者異於是:父爲子隱,子爲父隱,直在其中矣。'"③在這個案例中,有三點值得注意:第一,孔子强調父子之間互相容隱,即"父爲子隱""子爲父隱",也就是雙向容隱,這正是親親相隱的基本特點。倘若僅强調"子爲父隱",而不主張"父爲子隱",那是單向容隱,只能稱爲"容隱",而不能稱爲"相隱"。第二,葉公假設的"其父攘羊",是父親對非家庭內部財産的侵害。可以看出,孔子與葉公對話的基礎,是親屬對他人財産的侵犯,所以,孔子主張的父子相隱,實際是親屬間對危害他人及財産行爲的互相隱瞞。第三,孔子的回答是對"子證父攘羊"的否定。所以,他主張的親親相隱包含兩方面的內容:即親屬之間對犯罪行爲不僅不應該揭發,甚至也不應該主動或被動作證。

秦律中的"非公室告"完全背離了上述三項標準。關於"非公室告",秦律的規定如下:

"子告父母,臣妾告主,非公室告,勿聽。"·可(何)謂"非公室

---

① 范忠信:《中西法律傳統中的"親親相隱"》,《中國社會科學》1997年第3期,第88頁。

② 崔永東:《出土法律史料中的刑法思想》,《北京大學學報》1999年第1期,第142—143頁;曹旅寧:《秦律新探》,北京:中國社會科學出版社,2002年,第90頁;胡謙、張文華:《論古代的親屬容隱制度》,《廣西社會科學》2002年第5期,第224頁;馬啓華:《論親屬容隱與親屬相犯》,中國政法大學碩士學位論文,2003年,第3—4頁;張松:《睡虎地秦簡與張家山漢簡反映的秦漢親親相隱制度》,《南都學壇》2005年第6期,第22—23頁;康宇:《試論"親親相隱"與中國古代司法制度》,《廣西大學學報》2007年第1期,第100頁;郭齊勇:《"親親相隱""容隱制"及其對當今法治的啓迪》,《社會科學論壇》2007年第8期(上),第101頁;謝娟:《我國古代"親親相隱"制度之評析》,《法制與社會》2008年第12期(中),第358頁。

③ 程樹德:《論語集釋》卷二七《子路》(下),北京:中華書局,1990年,第922—924頁。

告"？ •主擅殺、刑、髡其子、臣妾，是謂"非公室告"，勿聽。而行告，告者罪。告【者】罪已行，它人有（又）襲其告之，亦不當聽。

可（何）謂"家罪"？父子同居，殺傷父臣妾、畜產及盜之，父已死，或告，勿聽，是胃（謂）"家罪"。

"公室告"【何】毆（也）？"非公室告"可（何）毆（也）？賊殺傷、盜它人爲"公室"；子盜父母，父母擅殺、刑、髡子及奴妾，不爲"公室告"。①

根據資料一，子告父母，如果屬於"非公室告"，政府是不予受理的。同樣是"非公室告"，對於父母告子，政府又當如何處理呢？有研究者認爲，政府同樣不予受理，②這一看法未必正確。按資料二，與父同居的子犯有"家罪"，父親去世後，如有人提出控訴，政府亦不予受理。依此反推，如果父親在世並提出控告，政府是予以受理的。③"家罪"即"非公室告"，④因此，父親以"非公室告"的形式控告子女，政府並不會拒絕。"非公室告"不可以由卑幼提起，卻可以行之於尊長。假如將類似的不能控告勉強視爲"容隱"的話，這也僅僅是單向"容隱"，而不符合孔子主張的表示雙向性質的"相隱"。所以，秦律中的"容隱"與孔子主張的"相隱"比較，是大打折扣的。

根據資料三，可以知道，在政府拒絕受理的"非公室告"中，父親的犯罪行爲僅限於對家庭成員和家庭財產的侵害，並不涉及公共秩序問題，這與葉公、孔子討論的攘羊案例恰好相反。有研究者認爲："秦律中所謂的'子女、臣妾不得控告父母、家長'，其實質是強調在某些情況下，國家對親屬相犯、以主犯奴行爲的不干涉，對親屬相訟、以奴訴主的不受理，而不是

---

① 睡虎地秦簡整理小組：《睡虎地秦墓竹簡》，第 196、197—198、195 頁。

② 崔永東：《出土法律史料中的法律思想》，《北京大學學報》1999 年第 1 期，第 142—143 頁。

③ 王輝討論"非公室告"時，對此律文作出了如下解釋："如果父子不是'同居'關係，而是'異居'關係，或是父親依然在世，那麼父親如果提起'子盜父母'的訴訟就會被受理。"（王輝：《試析漢代子女對父母的告發權與訴權》，《保定學院學報》2012 年第 2 期，第 65 頁）這一表述並不十分妥當。從律文原意看，所謂"家罪"，是以父子同居爲條件的，如果異居，"子盜父母"不屬於"家罪"，政府受理在情理之中。

④ 于振波：《秦律的立法精神淺析》，《簡牘與秦漢社會》，長沙：湖南大學出版社，2012 年，第273 頁。

國家對親屬主婢之間的互相包庇、隱瞞犯罪之行爲的不追究,所以秦律該條文的規定並不是親親相隱原則的正式體現,而只能作爲親親相隱精神的一種不成熟形態。"①更有研究者謂:"認爲親屬容隱制度起源於秦律……在史實上混淆了親屬相隱與親屬相犯、親屬相訟,在理論上沒分清家庭内部的法律關係與國、家之間的法律關係。"②這些看法或間接,或直接,但均根據"非公室告"針對的犯罪行爲,對其與親親相隱的關係提出了質疑或否定。

　　父母既然可以控告子女對家庭成員和家庭財産的侵害,當然也可以控告其在家庭以外的犯罪行爲。那麽作爲卑幼的子女,是否可以控告父母的此類犯罪行爲呢? 關於這個問題,秦律未見明文規定,不過,商鞅是禁止隱瞞犯罪行爲,並鼓勵告姦的。《商君書·禁使》:"至治,夫妻交友不能相爲棄惡蓋非而不害於親,民人不能相爲隱。"③法家集大成者韓非持有大致相同的看法,他以楚國令尹殺證父攘羊的直躬,導致"楚姦不上聞"爲例,認爲人君如果行令尹之事,"求致社稷之福,必不幾矣"。④ 商鞅、韓非禁止親屬相隱,提倡親屬相告的思想最終落實在了法律層面,秦對以下盜竊案的處理可以證明這一點:"削(宵)盜,臧(贓)直(值)百一十,其妻、子智(知),與食肉,當同罪。"⑤妻、子明知夫、父盜竊,却不告發,罪屬隱匿包庇,與盜竊者同罪。但如主動告發,則可以減輕處罰:"夫有罪,妻先告,不收。"⑥妻告夫爲卑告尊,政府對此行爲既然加以鼓勵,揆諸情理,也不會禁止子告父的行爲。秦鼓勵親屬相告的制度在漢初繼續得到執行:

　　　　以城邑亭障反,降諸侯,及守乘城亭障,諸侯人來攻盜,不堅守而棄去之,若降之,及謀反者,皆要(腰)斬。其父母、妻子、同産,無少長

① 王劍虹:《親屬拒證特權研究》,西南政法大學博士學位論文,2009 年,第 101 頁。
② 宋大琦:《親屬容隱制度非出秦律説》,《内蒙古大學學報》2005 年第 6 期,第 83 頁。
③ 蔣禮鴻:《商君書錐指》卷五《禁使》,第 135 頁。蔣禮鴻認爲,"棄"當爲"弃"之誤。
④ 王先慎:《韓非子集解》,北京:中華書局,1998 年,第 449—450 頁。
⑤ 睡虎地秦簡整理小組:《睡虎地秦墓竹簡》,第 158 頁。
⑥ 睡虎地秦簡整理小組:《睡虎地秦墓竹簡》,第 224 頁。

皆棄市。其坐謀反者，能偏（徧）捕，若先告吏，皆除坐者罪。

　　劫人、謀劫人求錢財，雖未得若未劫，皆磔之；完其妻子，以爲城旦舂。其妻子當坐者偏（徧）捕，若告吏，吏捕得之，皆除坐者罪。

　　盜鑄錢及佐者，棄市。同居不告，贖耐。①

根據第一條律文的規定，如擁城邑亭障反叛、投降諸侯、棄城逃亡或投降、謀反，父母、妻子、同産均處棄市刑，但如果被誅連之人預先主動告發，則免予處罰。唐律"同居相爲隱"條特別規定，謀反、謀大逆、謀叛行爲不在相隱之列。漢律規定性質大致與此相同，似乎據此不能否定漢初親親相隱之制的存在。但是，第二條律文涉及的犯罪行爲僅爲普通搶劫罪，不在三謀範圍之内，妻子、兒女如不告發，將被處以城旦舂這樣的重刑；如主動告發，官府捕得罪犯，告發者免予治罪。第三條律文規定，對盜鑄錢者同居不告，處以贖耐之刑。在秦及漢初法律規定中，同居指同籍者。父子兄弟未必一定同籍，但同籍者肯定大有人在。此條規定的主旨，在於禁止親屬間互相隱瞞盜鑄錢的犯罪行爲。這兩條律文説明，在漢初法律中，告發、揭露親屬犯罪行爲既是權利，更是義務。與此相反，在嚴格意義上的親親相隱制度中，隱匿、包庇親屬犯罪行爲才是權利和義務。因此，漢律的規定固然不符合孔子"父子相隱"、子不證父的看法，更完全背離了親親相隱之制的基本精神。

　　漢初親屬不得相隱的法律精神一直貫徹到漢昭帝時期，在這長達百餘年的時間裏，作爲體現親親相隱之制基本精神的隱匿親屬權利，始終被政府否定。昭帝時期，文學在鹽鐵會議上攻擊當時的弊政，其中之一即重首匿之法："自首匿相坐之法立，骨肉之恩廢，而刑罪多矣。父母之於子，雖有罪猶匿之，其不欲服罪爾。聞子爲父隱，父爲子隱，未聞父子之相坐也。"②在文學看來，父子互相隱匿、包庇犯罪行爲，屬天經地義，懲罰藏匿親屬的謀首傷情敗理，應該加以廢除。武帝時期的大儒董仲舒同樣反對

---

① 彭浩等主編：《二年律令與奏讞書》，第 88、118、170 頁。
② 王利器校注：《鹽鐵論校注》卷一〇《周秦》，第 649 頁。

懲罰藏匿親屬者。他在《春秋決獄》中假設了如下案例：乙爲甲之養子，乙殺人獲罪，甲藏匿乙。甲該當如何論處呢？董仲舒的意見是："《春秋》之義，父爲子隱，甲宜匿乙。"①他既然主張父可匿有罪之子，當然更不會反對子匿有罪之父。可見，在董仲舒看來，藏匿有罪之子、之父，是父親、子女的權利，這一行爲理應受到保護。儘管有這樣的反對聲音，首匿之法在昭帝時期仍是客觀存在的事實，而在此之前的漢武帝時代，首匿之法更被推行到極致。東漢梁統對此曾有所評論："武帝值中國隆盛，財力有餘，征伐遠方，軍役數興，豪桀犯禁，姦吏弄法，故重首匿之科，著知從之律，以破朋黨，以懲隱匿。"②

　　董仲舒主張以《春秋》決獄，在以後的司法實踐中經常被用作判案的依據，但在武帝時代是否得到執行十分可疑。有研究者認爲，《春秋決獄》二百三十二事的部分或者是大部分，是董氏任職江夏相、膠西相時，所判疑獄之精華。③ 不過，這種看法畢竟於史無證，具有濃厚的推測色彩。而且根據下文所舉詔書，可以知道，直到宣帝地節四年之前，首匿犯罪親屬仍會受到追究。即令董仲舒確曾將《春秋》之義應用於司法實踐，可能也僅限於他任職的江夏和膠西兩地，未必成爲普遍的司法依據。④

　　甚至《春秋決獄》完成以後，在司法實踐中，漢政府仍對隱匿犯罪親屬者予以嚴懲。《後漢書·應劭傳》："朝廷每有政議，數遣廷尉張湯親至陋巷，問其得失。……於是作《春秋決獄》二百三十二事，動以經對，言之詳矣。"⑤可見，《春秋決獄》是董仲舒爲解答廷尉張湯之疑而作。董仲舒致仕在元朔五年（前124年），張湯自廷尉遷御史大夫在元

① ［清］蘇輿撰，鐘哲點校：《春秋繁露義證》卷三《精華》，北京：中華書局，第93頁。
② ［南朝·宋］范曄：《後漢書》卷三四《梁統傳》，第1166頁。
③ 黃靜嘉：《中國傳統法制之儒家化之登場、體系化及途窮——以程樹德編兩漢春秋決獄案例爲切入點》，柳立言主編：《傳統中國法律的理念與實踐》，臺北："中研院"歷史語言研究所，2008年，第173頁。
④ 關於"春秋決獄"的局限性及其在司法實踐中的執行限度，可參祝總斌：《略論晉律之"儒家化"》，《材不材齋史學叢稿》，第488—489頁。
⑤ ［南朝·宋］范曄：《後漢書》卷四八《應劭傳》，第1612頁。

狩三年(前 120 年),也就在這一期間,發生了兩起案件。

一起發生在元朔五年,西漢開國功臣灌嬰之孫臨汝侯灌賢藏匿犯有傷人罪的兒子。此案詳情難知,但最終結果是灌賢被免爵。[①] 此案的處理説明,當時隱匿親屬並非如董仲舒主張的那樣,免予懲罰。政府對首匿者並不區分所匿是否親屬,一律加以懲處,梁統謂武帝"重首匿之法",是有其根據的。

另一個案件是衡山王劉賜謀反案。與親屬相隱被否定相反,子告父罪作爲一項權利,在這個案件中得到了肯定。元狩元年,衡山王劉賜與子劉孝意欲謀反,後者擔心謀泄被誅,"聞律先自告除其罪",遂主動坦白並告發父親的犯罪行爲。劉賜自殺,劉孝則因爲"先自告反,除其罪"。此案所涉爲謀反罪,但所謂"律先自告除其罪",當不僅指謀反,而是包括了所有犯罪行爲。身涉犯罪案件者告發自己和親屬可以除罪,未曾涉案者告發親屬當然更不會受到懲罰。由此推測,秦及漢初鼓勵告發親屬、禁止親屬相隱的法律規定,在武帝時期仍然得到執行。

在劉賜謀反案中,衡山王太子劉爽先於劉孝之前,已經告發了乃父的謀反意圖,結果劉爽"坐告王父不孝"被棄市,[②]這似乎對當時不存在親屬相隱之制構成了反證。有人據此認爲,武帝時期"單方面强迫'子爲父隱'"。[③] 但據學界研究,劉爽僅告發過劉孝,並未告發劉賜。相反,根據《史記》記載,劉爽是因劉賜病時,稱病不侍,被劉賜以不孝罪名告發而處棄市刑的。退一步言,即使劉爽確實告發了劉賜的謀反意圖,應該與劉孝一樣,有罪免罪,無罪應該受到鼓勵,而不應該被處死。[④] 所以,劉爽一案並不能證明武帝時期已經存在了"子爲父隱"之制。

當然,《漢書》關於"告父棄市"的記載,也並非子虛烏有,漢初法律確

---

① ［漢］班固:《漢書》卷一六《高惠高后文功臣表》,第 549 頁。

② 衡山王劉賜謀反一案,見［漢］班固:《漢書》卷四四《衡山王劉賜傳》,第 2156 頁。

③ 范忠信:《中西法律傳統中的"親親相隱"》,《中國社會科學》1997 年第 3 期,第 88 頁。

④ 相關研究可參岳慶平:《子女告發父母而被處死並非始於漢武帝時期》,《中國史研究》1989 年第 2 期,第 40 頁;于振波:《秦漢法律與社會》,長沙:湖南人民出版社,2000 年,第 106—107 頁;陳萬良、劉惠琴:《西漢衡山太子劉爽獲罪原因考》,《懷化學院學報》2007 年第 1 期,第 63—64 頁;王劍虹:《親屬拒證特權研究》,第 102—103 頁。

實明確規定控告父母,要處以棄市刑:"子告父母,婦告威公,奴婢告主、主父母妻子,勿聽而棄告者市。"①但是,這一規定應該是對秦代"非公室告"的繼承和發展,也就是說,漢律所禁止的,只是子女對父母傷害家庭成員和侵害家庭財產提起的訴訟,②至於父母其他方面的罪行,如上所論,子女不僅没有隱匿的權利,相反,有告發的義務。

既然昭帝以前,秦漢政府均鼓勵親屬相告,那麽,孔子、董仲舒等儒家學者主張的父子相隱就不會落實到法律層面上得到執行,儘管他們提倡的相隱主體範圍較諸後世還相當狹窄。

二、宣帝地節四年詔書與"親親得相首匿"律

漢宣帝地節四年五月,漢政府頒布了一道著名的詔令,具體内容如下:

> 父子之親,夫婦之道,天性也。雖有患禍,猶蒙死而存之。誠愛結于心,仁厚之至也,豈能違之哉! 自今子首匿父母,妻匿夫,孫匿大父母,皆勿坐。其父母匿子,夫匿妻,大父母匿孫,罪殊死,皆上請廷尉以聞。③

這道詔書引人注目之處在於,自詔書頒布之日起,卑幼隱匿直系尊長及妻匿夫無罪,此前首匿之法中與之衝突的法律條文作廢。這道詔書在法律制度史上的意義不容否認,唐代以後的親親相隱之制與此存在一定的聯繫。宋代儒學家邢昺説:"今律大功以上得相容隱,告言父祖者入十惡,蓋由漢宣此詔推廣之。"④邢昺謂宋代親屬相隱之制由此道詔書推廣而來,而不認爲詔書的頒布代表親屬相隱制度的成立,肯定是注意到了詔書與此後相隱制度的差異性,應該説是比較客觀的。最早將這一詔書視爲親親相隱之制的,大概是明代學者丘濬,其所著《大學衍義補》謂:"按律文親

---

① 彭浩等主編:《二年律令與奏讞書》,第 146 頁。
② 王輝:《試析漢代子女對父母的告發權與訴權》,《保定學院學報》2012 年第 2 期,第 66 頁。
③ 〔漢〕班固:《漢書》卷八《宣帝紀》,第 251 頁。
④ 王先謙:《漢書補注》(上)卷八《宣帝紀》,北京:中華書局,1983 年,第 112 頁。

屬得相爲容隱始此。"①清代學者陳立祖述其説,釋孔子"父子相隱"云:
"漢律即有親屬得相容隱之令。"並引宣帝詔書及上文所舉《鹽鐵論・周秦
篇》文學之言爲證。② 近現代學者在丘、陳之説的基礎上,將詔書内容進
一步概括爲"親親得相首匿",並認爲親親相隱制度即出現在此時,③這種
看法幾乎已經成爲學界定論,這與學界對秦及漢代早期存在親親相隱之
制説經常産生質疑的情況頗不相同。

但是,將宣帝詔書内容概括爲"親親得相首匿",未必妥當。"親親得
相首匿"這一説法最早見於《春秋公羊傳》何休注。《春秋公羊傳》對季友
不誅殺弑君的兄弟慶父解釋爲"親親之道",何休注:"論季子當從議親之
辟,猶律親親得相首匿,當與叔孫得臣有差。"④何休在這裏只是提到漢代
有"親親得相首匿"的法律規定,並未將其與宣帝詔書相聯繫。至於這一
規定的具體内容如何,無從得知。季友的行爲,屬於隱匿旁系親屬,與宣
帝詔書不合。從這個角度説,何休提及的"親親得相首匿"律可能並非宣
帝詔書,而是另有所指。

其實,以"親親得相首匿"或親親相隱之制解釋宣帝詔書是存在問題
的。從隱匿主體看,詔書重在强調子爲父隱,孫爲祖隱,妻爲夫隱。雖然
後者隱匿前者的限制較此前放鬆,但只有殊死罪才上請廷尉,決定是否從
輕發落,至於其他罪行,應該與此前判罰没有區別。所以這一規定從本質
上説,仍更傾向於單向容隱。而無論是"親親得相首匿"律,還是親親相隱
之制,從名稱上看,應該是承認親屬之間有互相容隱的權利。從隱匿客體
看,詔書僅承認隱匿直系親屬或妻匿夫,範圍相當狹窄。而較爲嚴格的親

　　① 〔明〕丘濬撰,金良年整理,朱維錚審閲:《大學衍義補》(下)卷一〇七《議當原之辟》,朱維錚
主編:《中國經學史基本叢書》(第四册),上海:上海書店,2012年,第193頁。
　　② 〔清〕陳立撰,吳則虞點校:《白虎通疏證》卷五《諫静》,北京:中華書局,1994年,第241頁。
　　③ 近代學者中,較早持此看法的代表性學者爲楊鴻烈,他在《中國法律思想史》(北京:中國政
法大學出版社,2004年,第188頁)一書中辟"親屬相容隱問題"專節,舉宣帝詔書爲證,謂親屬相容隱
在漢代成爲國家律文。上舉瞿同祖觀點亦與此相同。近來持此觀點者,可參范忠信:《中國親屬容
隱制度的歷程、規律及啓示》,《政法論壇》1997年第4期,第115頁;宋大琦:《親屬容隱制度非出秦
律説》,《内蒙古大學學報》2005年第6期,第83頁;王劍虹:《親屬拒證特權研究》,第102頁。
　　④ 〔漢〕何休注,〔唐〕徐彦疏:《春秋公羊傳注疏》卷九"閔公元年至二年",第112頁。

親相隱制度是可以隱匿大功以上親屬甚至外親的。當然,兩者更重要的區別還在於,詔書中的隱匿僅僅是一項權利,而且作爲直系尊親屬而言,這項權利還打了折扣。這項權利僅在不存在連坐之制的情況下才具有可操作性,一旦犯罪行爲累及親屬,親屬欲求自保,必然會告發而不是隱匿犯罪者。這樣,容隱也就失去了存在的基礎。而親親相隱制度中的隱匿,無論對何種親屬而言,不僅是權利,更是義務,一旦揭發犯罪親屬,告發者將受到懲處。所以,隱匿成爲義務是親親相隱制度存在的前提。按此標準,宣帝詔書與親親相隱制度還有相當遠的距離,至多只能視爲意義有限的隱匿制。

既然隱匿直系尊長不是卑幼者的義務,告發也就成了卑幼者的權利,這在宣帝以後有史實可證。成帝時期,太中大夫張匡詆毀丞相王商,提及王商之子王俊欲告王商:"商子俊欲上書告商,俊妻左將軍丹女,持其書以示丹,丹惡其父子乖迕,爲女求去。"王俊意欲揭發之事當是王商"與父傅通,及女弟淫亂"的行爲。① 所謂告發之説,也許是張匡的捏造,但無論如何,捏造成立的前提條件是,法律上允許子告父,否則,捏造就失去了意義。史丹因王俊告父,令女兒與其離婚,並不能否定法律允許子告父,只能説明社會觀念對這一行爲不以爲然。

其實,就當時的社會觀念而言,不僅直系親屬之間的相告被否定,旁系親屬相告也被視爲有違倫理道德。宣帝神爵三年(前59年),韓延壽遷左馮翊太守,民間有兄弟因田爭訟,韓延壽因自己未能盡到以德化民的職責,閉門思過,兄弟二人受到感化,登門謝罪,不復爭田。韓延壽不僅對親屬相告持否定態度,對吏民相告,同樣也不贊成。韓延壽任潁川太守之前,其前任趙廣漢"患其俗多朋黨,故構會吏民,令相告訐,一切以爲聰明,潁川由是以爲俗,民多怨讎"。韓延壽代任,反其道而行之,召集吏民,"爲陳和睦親愛銷除怨咎之路",一郡之内,風化大行。② 趙廣漢鼓勵吏民相

① 〔漢〕班固:《漢書》卷八二《王商傳》,第3372頁。
② 〔漢〕班固:《漢書》卷七六《韓延壽傳》,第3210頁。

告，或許於法有據，而韓延壽所行所爲，却僅能代表道德觀念。有研究者根據韓延壽處理兄弟爭田事，認爲當時"親親之間不允許爭訟，……這就從一個側面反映了'親親相隱'的法律規定"，[①]這一看法未免偏頗。

不誇張地説，宣帝以後，父子、祖孫、夫妻之間是否相隱，是否告發，主動權完全在親屬手裏，更遑論作爲兄弟的旁系親屬了。地節四年詔書的頒布，並不是對親屬相告的否定，而只是讓親屬在告與不告之間多了一個選擇。

何休所説"親親得相首匿"律，究竟是漢律原有律名，還是他自己對漢律某一類法律條文的概括總結，已經難以確知。如果他的概括並不準確，就没有討論的必要；如果概括準確，就等同於漢律存在這樣的律名。無論是何休的概括，還是漢律原有律名，從名稱上分析，"親親得相首匿"似乎意味着親屬之間可以互相隱匿，而不再是單純的卑幼隱匿直系尊長或妻匿夫，這較之宣帝詔書確實是一個發展。不過，"得"字表明，這種隱匿仍只表示可以隱匿、能够隱匿，而不是必須隱匿，在本質上與親親相隱制度仍然存在着較大的差異。

我們不知道"親親得相首匿"之類的律文是出自西漢還是東漢，可以肯定的是，直到東漢末年，隱匿親屬仍然只是權利而不是義務。《白虎通義》討論"親屬相容隱"云："兄弟相爲隱乎？曰：然。與父子同義。……朋友相爲隱者，人本接朋結友，爲欲立身揚名也。夫妻相爲隱乎？傳曰：'曾子去妻，黎蒸不熟。'"[②]東漢儒生將容隱對象進一步擴大到兄弟、朋友，但是，這只是理論上的發揮，與法律無關。值得注意的是，他們討論容隱類型時，用語是有所區別的。論"兄弟相爲隱"，以發問方式開始；論臣爲君隱、父爲子隱，則直截了當："所以爲君隱惡何？""君不爲臣隱，父獨爲子隱何？"不同的表達方式表明，在當時人看來，臣爲君隱、父爲子隱理所固然，至於兄弟互隱則存有很大的疑問，所以班固要特别加以解釋。

---

①　郭程：《睡虎地秦簡和張家山漢簡的法律材料與秦漢"親親相隱"制度研究》，西南大學碩士學位論文，2010 年，第 18 頁。

②　［清］陳立撰，吳則虞點校：《白虎通疏證》卷五《諫諍》，第 241—242 頁。

　　與西漢相似，東漢確曾發生過兄弟相訟的案件。和帝時，未陽縣境內有蔣均兄弟爭財，"互相言訟"。桂陽太守許荊以自己未盡教化之責，上請廷尉治己之罪。最終"均兄弟感悔，各求受罪"①。即令被視爲理所固然的父爲子隱，在現實中也沒有成爲一項義務。順帝時，吳祐爲膠東相，政崇仁簡，民不忍欺。嗇夫孫性私斂民錢，爲父買衣。其父令其自首伏罪。吳祐憐孫性之孝，寬宥其罪，並向其父表達謝意。②

　　卑幼控告直系尊長之事也時有發生。章帝建初元年（76 年），賈敏誣告其母殺人，"國除"。賈敏爵位被廢，並非因爲他告發其母，而是因爲所告之事純係誣告。③ 賈敏告母十年以後，又發生了齊王劉晃及其弟利侯劉剛與其母太姬互相誣告案件，此案最終以"貶晃爵爲蕪湖侯，削剛戶三千"，"收晃及太姬璽綬"而收場。④ 章帝對涉案主角的處罰有輕重之分，但頗有各打五十大板之意，顯然，他們的獲罪均是因爲誣告而不是告發。⑤ 賈敏告母以及劉晃等母子相告，意味着直系親屬相告是他們的權利，政府對此行爲未必鼓勵，但不加懲罰是可以肯定的，否則，他們就不會如此行事了。

　　到了東漢末年，政府對親屬相告不僅不加懲罰，似乎隱匿親屬在法律上反倒是被禁止的行爲了，這在當時的士亡法中有所體現。《三國志·魏書·高柔傳》："舊法，軍征士亡，考竟其妻子。"⑥ 軍士逃亡，官府拷問其妻子兒女，那是因爲妻子、兒女在法律上沒有隱瞞丈夫、父親的權利，相反，主動坦白交待，則是他們的義務，否則，就不會有"考竟妻子"的律條了。即使如此，曹操仍擔心懲罰親屬太輕，士兵逃亡不止，遂更改舊法，"更重其刑"。可以想見，在這樣的形勢下，親屬相隱是絕對被禁止的。這條法令並非徒具虛文，在現實中也得到了執行。當時有鼓吹宋金逃亡，負責辦

---

① ［南朝·宋］范曄：《後漢書》卷七六《循吏·許荆傳》，第 2472 頁。
② ［南朝·宋］范曄：《後漢書》卷六四《吳祐傳》，第 2101 頁。
③ ［南朝·宋］范曄：《後漢書》卷一七《賈復傳》，第 667 頁。
④ ［南朝·宋］范曄：《後漢書》卷一四《宗室·齊武王縯傳》，第 553—554 頁。
⑤ 關於這一案件的討論，可參閻愛民：《漢晉家族研究》，上海：上海人民出版社，2005 年，第 347 頁。
⑥ ［晉］陳壽：《三國志》卷二四《魏書·高柔傳》，第 684 頁。

案者欲殺宋金之母、妻、二弟，只是由於高柔的建言，宋金家屬才逃過一劫。史載此後"蒙活者甚衆"，就此推測，曹操大概廢除了誅殺逃亡士兵親屬的法律規定。但是，"考竟妻子"的舊法也許仍然存在。即令此法廢除，告發親屬也應該不在禁止之列。

我們知道，漢魏之際，士兵地位低下，拷問逃亡者親屬的律條，也許僅行之於士兵，但是，很難想像，政府一方面在法律上禁止普通百姓親屬相告，另一方面又禁止士兵親屬相隱。所以，通過士亡法可以推測，當時法律對普通的親屬相隱固然未必禁止，但同樣不會禁止親屬相告。從這個角度説，漢魏之際仍不存在親親相隱之制。

三、兩晋南朝的親屬相告與作證

親親相隱之制在兩晋南北朝時期是否在法律上得到確立了呢？學界常引東晋初年大理衛展的上書，作爲當時法律上存在親親相隱之制的證據。① 不過，衛展上書仍有繼續探討的餘地。《晋書·刑法志》：

> 河東衛展爲晋王大理，考摭故事有不合情者，又上書曰："今施行詔書，有考子正父死刑，或鞭父母問子所在。近主者所稱《庚寅詔書》，舉家逃亡家長斬。若長是逃亡之主，斬之雖重猶可。設子孫犯事，將考祖父逃亡，逃亡是子孫，而父祖嬰其酷。傷順破教，如此者衆。相隱之道離，則君臣之義廢。君臣之義廢，則犯上之姦生矣。……今詔書宜除者多，有便於當今，著爲正條，則法差簡易。"②

衛展對"考子正父死刑，或鞭父母問子所在"的行爲加以指責，但是，官吏逼迫子證父母，父母證子，却不能説是濫施酷刑，而是於法有據，這一根據就是皇帝頒布的詔書。他所攻擊的"舉家逃亡家長斬"，也是來自《庚寅詔書》。元帝回答衛展上書，有"自元康已來，事故荐臻，法禁滋漫"之語，所

---

① 范忠信：《中國親屬容隱制度的歷程、規律及啓示》，第 116 頁；《中國社會科學》1997 年第 3 期；郭齊勇：《"親親相隱""容隱制"及其對當今法治的啓迪》，《社會科學論壇》2007 年第 8 期（上），第 103 頁。

② ［唐］房玄齡等：《晋書》卷三〇《刑法志》，第 939 頁。

以，在衛展看來違背"相隱之道"的詔書，並非東晉所定，而是沿自西晉惠帝。

根據惠帝詔書可以推測，西晉《泰始律》也許仍然繼承了漢宣帝以來可以隱匿直系親屬的規定，但這仍然只是權利，而不是義務。《庚寅詔書》的頒布意味着，即使《泰始律》給予了直系親屬隱匿的權利，惠帝元康（291—299 年）以後，這一權利也已經被禁止，相反，告發、證明直系親屬罪行成爲義務。之後，詔書發展爲"故事"，成爲官吏司法的依據，官吏可以對隱匿親屬者嚴加拷問，因爲他們的行爲違背了法律規定。元帝說元康以來"法禁滋漫"，可見，在他看來，衛展痛加指斥的行爲並沒有違背當時的法律。相反，衛展的主張倒未必於法有據。他指責官吏逼迫直系親屬相證，是因爲這樣做"傷順破教"，"相隱之道離，則君臣之義廢"。可以看出，衛展只是從倫理角度來駁斥親屬相證，而不及法律。

就在衛展上書之前不久，主簿熊遠因爲當時"議斷不循法律，人立異議，高下無狀"，也給晉元帝上了一道奏疏，建議"凡爲駁議者，若違律令節度，當合經傳及前比故事，不得任情以破成法"，"諸立議者皆當引律令經傳，不得直以情言，無所依準，以虧舊典也"，"主者唯當徵文據法，以事爲斷耳"。① 熊遠在奏疏中一再强調，"駁議""立議"的依據應當是法律，其次是經傳。至於單純以情立議，那是破壞成法，應該禁止。西晉的劉頌，更把法律視爲斷案的唯一依據，他不但否認"情"，也否認未入律令之禮："律法斷罪，皆當以法律令正文，若無正文，依附名例斷之，其正文名例所不及，皆勿論。"②

衛展的做法與熊遠、劉頌的主張不同，無論否定親屬相證，還是主張親屬相隱，均不涉及法律條文，而僅以"教""道""義"這些抽象的理論爲據。我們當然不是説他的這些依據就一定是熊遠所説的"情"，但所謂"教""道""義"，即使是"禮"，也肯定沒有入律，否則他就會以更有説

---

① ［唐］房玄齡等：《晉書》卷三〇《刑法志》，第 939 頁。
② ［唐］房玄齡等：《晉書》卷三〇《刑法志》，第 938 頁。關於熊遠、劉頌對斷案依據的看法，可參祝總斌：《略論晉律之"儒家化"》，《材不材齋史學叢稿》，第 490 頁。

服力的類似法律條文來"駁議"或"立議"了。衛展主張直系親屬相隱，固然算不上"任情以破成法"，但若説"任禮以破成法"，大概是没有太大問題的。

對於衛展的建議，元帝的回答是："大理所上，宜朝堂會議，蠲除詔書不可用者，此孤所虚心者也。"至於最終是否被采納，不得而知，即使被采納，也不意味着親親相隱制度的成立。衛展只是否定在父母不知道子孫逃亡的情況下，追究父母之責，但仍認爲，"若長是逃亡之主，斬之雖重猶可"。這意味着，知情不舉，父母仍要承擔連坐之責，與此相對，官吏仍有拷問知情親屬的權利。

東晋中後期，經學家范寧注《論語》："今王法則許期親以上得相爲隱，不問其罪，蓋合先王之典章。"①這條法律規定與漢宣帝詔書有異有同。相異之處是，容隱的客體擴大到期親以上，不再局限於父子、祖孫。從名稱上看，親屬之間可以互相隱匿，不再局限於卑幼隱匿尊長。相同之處是，法律仍然只是强調親屬之間可以相隱，隱者無罪。但是，當時的法律仍不禁止親屬之間的相告、相證，義熙五年（409 年）發生的一個案例可以爲證。《宋書·何尚之傳》：

> 義熙五年，吴興武康縣民王延祖爲劫，父睦以告官。新制，凡劫身斬刑，家人棄市。睦既自告，於法有疑。時叔度爲尚書，議曰："設法止姦，本於情理，非謂一人爲劫，闔門應刑。所以罪及同産，欲開其相告，以出爲惡之身。睦父子之至，容可悉共逃亡，而割其天屬，還相縛送，螫毒在手，解腕求全，於情可湣，理亦宜宥。使凶人不容於家，逃刑無所，乃大絶根源也。睦既糾送，則余人無應復告，並合從原。"②

王睦告發王延祖"於法有疑"，其"疑"在於：告子之父該如何判罰？是仍按連坐之制的原刑科罰呢，還是應當減刑或免刑？由於當時的法律條文

---

① 程樹德：《論語集釋》卷二七《子路》（下），第 925 頁。
② ［南朝·梁］沈約：《宋書》卷六六《何尚之傳》，第 1733 頁。

没有明確規定,所以官員産生了疑惑,但這並不意味着法律上禁止父告子。相反,從何尚之"所以罪及同産,欲開其相告"的回答來看,連坐的主要目的在於鼓勵"親屬相告",以"使凶人不容於家,逃刑無所",從根本上杜絶犯罪。如上文所論,如果親屬相隱只是權利,不是義務,那麽,在特殊的環境下,必然導致親屬相告,王睦告發王延祖,就是在連坐制存在的情況下發生的。可以這樣説,連坐制之類規定的存在,極大地壓縮了原本就意義有限的"親屬得相爲隱"生存的空間,最終必然導致"期親以上得相爲隱"的法條名存實亡。

王睦原本應受連坐之刑,但由於主動告發,在何尚之的建議下,他被認定無罪。這一案例的處理在某種程度上具有示範性的意義,可以想像,遇到類似的情況,親屬相告將成爲多數人的必然選擇。事實上,在這一案件發生没有多久,逼迫親屬相證又成爲當時司法的風氣了。《宋書·蔡廓傳》:

> 宋臺建,爲侍中,建議以爲:"鞫獄不宜令子孫下辭明言父祖之罪,虧教傷情,莫此爲大。自今但令家人與囚相見,無乞鞫之訴,便足以明伏罪,不須責家人下辭。"朝議咸以爲允,從之。①

蔡廓並没有涉及具體案例,大概與衛展上書時一樣,當時斷案逼令"子孫下辭明言父祖之罪"的情況十分嚴重,所以他才提出了上述建議,他所針對的,不是個體而是普遍現象。仍然和衛展上書相似,蔡廓同樣從"虧教傷情"的倫理角度而不是法律角度指斥官吏逼迫子孫證父祖之罪的行爲,這間接反映官吏逼迫親屬相證既普遍,亦不違法。劉裕封宋王在元熙元年(419年),距王睦告發王延祖不過十年,但是,我們看到,那時官吏對王睦主動告發親屬如何處罰尚有疑惑,而現在則一變而爲主動逼迫子孫證父祖之罪了。

隱匿親屬仍處連坐刑,主動告發則可以免罪,加之以官吏逼迫親屬作

---

① ［南朝·梁］沈約:《宋書》卷五七《蔡廓傳》,第1570頁。

證,在這樣的雙重擠壓下,"期親以上得相爲隱不問其罪"的規定早已失去了存在的意義,它只是徒具虛文,甚至令人懷疑,它是否一直存在到東晉末期。按《宋書》所載,蔡廓的建議被采納了。但是,以何種形式采納,是否成爲法律條文,史籍未曾明言。我想,即使他的建議已經入律,大概也只是暫時的;即使一直存在,也只是禁止官吏逼迫親屬相證,並不禁止親屬自動作證。因爲在梁代初年發生了一起與王睦告子十分相似的案件。《隋書·刑法志》:

> (天監)三年八月,建康女子任提女,坐誘口當死。其子景慈對鞫辭云,母實行此。是時法官虞僧虯啓稱:"案子之事親,有隱無犯,直躬證父,仲尼爲非。景慈素無防閑之道,死有明目之據,陷親極刑,傷和損俗。凡乞鞫不審,降罪一等,豈得避五歲之刑,忽死母之命。景慈宜加罪辟。"詔流於交州。[1]

王延祖案是父告子罪,此案則屬子證母罪。史書云"景慈對鞫辭云,母實行此",從迹象上看,似乎是法官提問景慈回答。景慈證母之罪既不好説主動,也不好説被動。官吏取證於罪人之子,未必濫施酷刑,但仍然有違親親相隱之制。景慈除了選擇證明母親犯罪外,還可以有如下兩種選擇:或者當庭拒證母親之罪;或者此案判決後,要求重審。要求重審,如果證明是冤案,景慈自然無罪,但此案顯然情節清楚,無法翻案,那麼景慈只能接受"五歲之刑"。拒證後果如何,史無明文,但肯定也會被處罰,倘若當時存在與唐律"大功以上親,有罪相爲隱,勿論"相類的規定,景慈會毫不猶豫地選擇拒證。

　　無論乞鞫,還是拒證,景慈都要付出相當大的代價,而證明母親有罪,大概與王睦告發王延祖犯罪一樣,可以免除誅連,所以,他選擇了作證。這可以説是人類趨利避害的天性使然。至於作證免罪,究竟是梁朝的新制,還是此前就有相關法律規定,就不得而知了。就何尚之一案的處理結

---

[1]　[唐]魏徵等:《隋書》卷二五《刑法志》,第700頁。

果看,我們更傾向於後者。

　　景慈證明母親有罪,沒有得到獲免,反而被判流刑,這又該如何解釋呢? 我認爲,這是法官虞僧虯罔顧法律,依經斷案的結果。這可以從兩方面得到證明。第一,虞僧虯要求處罰景慈的理由,絲毫未涉及法律,只是強調其行爲違背了傳統的父子相隱主張,"傷和損俗"。假如像唐代一樣,梁代存在禁止父子相告的法條,虞僧虯不會大費周折,引經據典,而是直截了當,以法條證明景慈所行所爲應該受到嚴厲處罰即可。以"直躬證父,仲尼爲非"證明景慈有罪,不過是引經決獄的老調重彈,於法無據。第二,如果景慈的行爲真正觸犯了法律,虞僧虯完全可以據律處罰,不必上奏中央。將此案上奏,反而説明景慈並沒有違犯法律,直接處罰於法無據。但在虞僧虯看來,此等"傷和敗俗"的行爲不處罰不足以敦教化、厲風俗,權衡之下,遂將此案上報,由中央裁決。裁決的結果爲景慈流放廣州。但是,這並不説明當時存在親親相隱之制,只不過是此前屢屢上演的以禮敗法、以情敗法的又一次重現而已。

四、餘　　論

　　親親相隱制度的理論依據來自孔子"父子相隱"的學説,根據孔子的説法可以知道,"父子相隱"具有兩個基本特點: 其一爲雙向容隱,其二容隱主要表現爲義務,當然也是權利。這兩個特點在《唐律》中均得到了落實。《名例律》"同居相爲隱"條:"諸同居,若大功以上親及外祖父母、外孫,若孫之婦、夫之兄弟及兄弟妻,有罪相爲隱;部曲、奴婢爲主隱: 皆勿論,即漏露其事及擿語消息亦不坐。其小功以下相隱,減凡人三等。"①按這條律文,唐代親屬容隱爲雙向容隱;"勿論""減凡人三等"則表明,容隱是一項權利。《鬬訟律》"告祖父母父母""告期親尊長""告緦麻卑幼"等條則表明,親屬相隱又是一項義務。② 唐律與孔子所説的"父子相隱"相較,更爲系統、具體,這

　　① 劉俊文:《唐律疏議箋解》卷六《名例律》,第466—467頁。
　　② 劉俊文:《唐律疏議箋解》卷二三《鬬訟律》、卷二四《鬬訟律》,第1623—1636頁。

主要表現在容隱主體及客體的擴大方面,但就本質而言,兩者並無根本差異。

　　學界討論的秦漢魏晉南朝親親相隱制度與此就大不相同了。這一時期有關容隱制的材料,主要表現爲卑幼隱匿尊長的單向容隱,這與唐律的"有罪相爲隱"有本質區別。是單向容隱還是雙向容隱,唐人區分得相當清楚。關於親屬隱匿,法條概括爲"相隱",關於部曲、奴婢與主人的隱匿,則曰:"部曲、奴婢爲主隱:皆勿論。"疏議曰:"部曲、奴婢,主不爲隱,聽爲主隱。"當然,更主要的差異表現在,無論漢宣帝地節四年詔書,還是何休所説的"親親得相首匿",以及范寧所説的"期親以上得相爲隱不爲罪",所强調的親屬容隱僅僅是親屬的權利,而不是他們的義務。容隱與否,基本由其自行決定。相反,禁止親屬告發、作證,從未入律。缺乏了這一規定,即使單向雙隱也容易流於形式,更遑論雙向容隱了。或許有人認爲,親親相隱制度在唐代已經完全成熟,以此否定漢魏存在這一制度,未免缺乏説服力。但是,即使與孔子"父子相隱"的原初主張相比,學界所謂的漢魏親親相隱之制也頗不同,這既表現在容隱的主體性方面,更表現在容隱的義務性方面。孔子"父子相隱"主張是親親相隱制度的源頭,當這一源頭的兩個基本特點——特別是"容隱"不僅是權利更是義務這一特點——在漢魏兩晉南朝的法律層面上尚未得到落實時,我們只能説,這一時期並不存在親親相隱之制。學界所謂的親親相隱制最多只能視爲親親容隱制。

　　當然,唐代親親相隱之制並非無源之水,無本之木。孔子"父子相隱"説可以視爲其理論依據,不容否認的是,漢魏兩晉南朝有關容隱的規定,也爲其提供了一定的借鑒。但是,作爲一項制度,對唐律影響最大的,大概是北朝法律。北朝法律史料本來就比較缺乏,與親親相隱之制有關的法律規定,更是難得一見。不過,從迹象上看,北朝在這方面的規定,似乎較同時期的南朝更爲完備。北魏早期並不重視親親相隱,相反,和南朝相似,告發親屬受到政府的鼓勵。《魏書·安頡傳》:"嘗告其父陰事,太宗以爲忠,特親寵之。"①這是子告父。《魏書·王建傳》:"建兄回,諸子多不順

---

　　①　[北齊]魏收:《魏書》卷三〇《安同傳子頡附傳》,第715頁。

法，建具以狀聞，回父子伏誅。"①這是弟告兄、叔告侄。

　　不過，據竇瑗所説，魏律是嚴格禁止子孫告發父祖的。東魏頒布《麟趾格》時，竇瑗對"母殺其父，子不得告，告者死"的規定深表質疑，並援引魏律曰："案律，子孫告父母、祖父母者死。又漢宣云：子匿父母，孫匿大父母，皆勿論。蓋謂父母、祖父母，小者攘羊，甚者殺害之類。恩須相隱，律抑不言。法理如是，足見其直。未必指母殺父止子不言也。"②東魏所定新制不允許子告殺父之母，自然也禁止子女告發父母三謀以外的其他犯罪。安頡告發其父被視爲忠誠，是在明元帝初期，北魏法律何時禁止告發父祖不得而知，推測而言，或許是太武帝或者是孝文帝以后逐漸接受漢文化影響的結果。無論如何，北魏禁止"子孫告父母、祖父母者死"的立法精神已經不同於秦及漢初，而是擴及一般犯罪行爲。子孫告發父祖既然被嚴格禁止，與此相伴隨，隱匿必然成爲子孫的義務，或者説，禁止告發的規定很有可能就是以子孫隱匿父祖律條爲基礎的。這與南朝的情況大相徑庭，而與唐律"同居相爲隱""告祖父母父母"兩法條的立意相當接近。

　　北朝政府是否禁止告發旁系親屬，不得而知，但至少隱匿旁系親屬不會被追究法律責任。《魏書·刑罰志》："《律》，'期親相隱'之謂凡罪。"③即對於一般犯罪，期親以上親屬相隱無罪。值得注意的是，北魏之律稱爲"期親相隱"。從名稱上看，似乎有禁止期親相告之意，這與漢代的"親親得相首匿"以及東晉的"期親以上得相爲隱"僅僅表達親屬可以相隱有很大的區別。即使此律没有禁止親屬相告之意，至少親屬相匿真正得到了落實。北魏神龜年間（518—519年），駙馬劉輝因與百姓張智壽妹、陳慶和妹相姦，與蘭陵公主發生衝突，"毆主傷胎"。門下建議："智壽、慶和並以知情不加防限，處以流刑。"三公郎中崔纂引"期親相隱"律反對，並云："姦私之醜，豈得以同氣相證。論刑過其所犯，語情又乖律憲。"他認爲，判罰智壽、慶和流刑違背了"期親相隱"之律。崔纂没有能够改變兩人被判

　　① ［北齊］魏收：《魏書》卷三〇《王建傳》，第 709 頁。
　　② ［北齊］魏收：《魏書》卷八八《良吏·竇瑗傳》，第 1909 頁。
　　③ ［北齊］魏收：《魏書》卷一〇一《刑罰志》，第 2887 頁。

流刑的結果，本人亦被免職。但是，這個結果只是因爲被毆傷流産的主角爲蘭陵公主，身份非同常人，所以詔書説："豈得一同常例，以爲通准。"①假如被毆流産者並非權貴，判罰必然以常例即"期親相隱"律爲准，智壽、慶和不必爲其妹之事負責，因爲按法律，他們本有隱匿其妹的權利。北魏孝文帝以後的有關史籍中，未見因隱匿親屬被治罪的案例，亦未見官吏逼迫親屬作證之事。這或許不是史料缺乏所致，很有可能意味着，隱匿親屬作爲一項權利，在司法實踐中得到了認真執行，這同樣與南朝徒具虛文的情況有別。隱匿親屬不被追究，並不意味着親親相隱之制的建立，但却是這一制度成立的先決條件。這一條件出現在北朝，而不是南朝，也隱約暗示着唐代親屬相隱之制與北朝相關規定存在着密切關係。

北朝從鼓勵親屬相告，到期親相隱成爲一項真正的權利，再到禁止子孫告父祖，經歷了相當長的時間。至於北方爲何發生這種轉變，以及爲什麼這一轉變發生在北方而不是南方，由於篇幅所限，在此就不予置論了。此處可以推測的是，唐朝親親相隱之制來自北朝，而不是南朝，因爲漢魏兩晋南朝本不存在這一制度。

——原刊《中國古代法律文獻研究》第 6 輯，題目略有改動。

---

① ［北齊］魏收：《魏書》卷一一一《刑罰志》，第 2886—2888 頁。

漢晉法律的清約化之路

《晉書·刑法志》曰:"文帝爲晉王,患前代律令本注煩雜,陳群、劉邵雖經改革,而科網本密,又叔孫、郭、馬、杜諸儒章句,但取鄭氏,又爲偏黨,未可承用。於是令賈充定法律,……蠲其苛穢,存其清約,事從中典,歸於益時。"①可以看出,西晉定律,主要是爲了改變"前代律令本注煩雜""科網本密"的狀況,從而達到"清約"的目的。晉律初成,晉武帝詔曰:"漢氏以來,法令嚴峻。故自元成之世,及建安、嘉平之間,咸欲辯章舊典,删革刑書。述作體大,歷年無成……今法律既成,始班天下,刑寬禁簡,足以克當先旨。"②武帝以"刑寬禁簡"概括晉律的特點,並非自誇,後人的評價亦大體如此。南齊律學家王植云晉律"文簡辭約,旨通大綱";③《隋書·刑法志》亦云:"實曰輕平,稱爲簡易。"④可以説,晉人修律追求的"清約"目標確實實現了。

晉律的清約,是相對於漢代"律令本注煩雜"、曹魏"科網本密"而言的。無論漢律的煩雜,還是晉律的清約,均爲治史者所習知,我們關注的問題是:漢晉法律是如何實現從煩雜到清約的轉變的? 具體説來,包括以下一些問題:漢律"煩雜"的本質是什麼? 爲什麼漢代删革刑書歷年無成,而西晉却可以做到一蹴而就? 爲什麼晉律在清約化之後不再出現反復? 在漢晉法律由煩雜到清約的轉變過程中,曹魏法律處於怎樣的地位? 本文不揣淺陋,擬對以上問題略陳管見。

---

① [唐]房玄齡等:《晉書》卷三〇《刑法志》,第 927 頁。
② [唐]房玄齡等:《晉書》卷四〇《賈充傳》,第 1167 頁。
③ [南朝·梁]蕭子顯:《南齊書》卷四八《孔稚珪傳》,第 835 頁。
④ [唐]魏徵等:《隋書》卷二五《刑法志》,第 696 頁。

一、"文書盈於几閣"與"典者不能徧睹"

漢代法律並非一開始就相當煩雜,而是經歷了一個由簡到繁的轉變過程。劉邦入關,删减秦律,創"三章之法",改變了秦法繁苛的狀況。但三章之法過於疏闊,可救一時之急,却"不足以禦姦",漢人因此制定了較爲系統的《九章律》,[①]這是漢律由簡到繁的一次轉變。《九章律》固然以秦律爲藍本,但西漢早期推行無爲而治的政策,對秦律有不少删减,班固稱讚文帝時代"風流篤厚,禁罔疏闊","刑罰大省,至於斷獄四百,有刑錯之風",[②]説明當時法律繁苛的問題並不特別嚴重。

漢律因煩雜遭受指斥和抨擊,始於武帝時代,此後,時人和後人關於這一問題的敘述屢屢見諸史籍。爲論述方便,今不憚繁復,按時代先後將相關資料迻録如下,其中與本節内容密切相關者加下劃綫,並在每段史料前標以序號:

(一)及至孝武即位,外事四夷之功,内盛耳目之好,徵發煩數,百姓貧耗,窮民犯法,酷吏擊斷,姦軌不勝。於是招進張湯、趙禹之屬,條定法令,作見知故縱、監臨部主之法,緩深故之罪,急縱出之誅。其後姦猾巧法,轉相比况,禁罔寖密。律令凡三百五十九章,大辟四百九條,千八百八十二事,死罪決事比萬三千四百七十二事。文書盈於几閣,典者不能徧睹。是以郡國承用者駁,或罪同而論異。姦吏因緣爲市,所欲活則傅生議,所欲陷則予死比,議者咸冤傷之。[③]

(二)昔秦法繁於秋荼,而網密於凝脂。然而上下相遁,姦僞萌生,有司治之,若救爛撲焦,而不能禁;非網疏而罪漏,禮義廢而刑罰任也。方今律令百有餘篇,文章繁,罪名重,郡國用之疑惑,或淺或深,自吏明習者,不知所處,而况愚民! 律令塵蠹於棧閣,吏不能徧

① 〔漢〕班固:《漢書》卷二三《刑法志》,第 1096 頁。
② 〔漢〕班固:《漢書》卷二三《刑法志》,第 1097 頁。
③ 〔漢〕班固:《漢書》卷二三《刑法志》,第 1101 頁。

睹,而况於愚民乎!①

　　(三) 于定國爲廷尉,集諸法律,凡九百六十卷,大辟四百九十條,千八百八十二事,死罪決比,凡三千四百七十二條,諸斷罪當用者,合二萬六千二百七十二條。後漢二百年間,律章無大增減。②

　　(四) 元帝初立,乃下詔曰:"夫法令者,所以抑暴扶弱,欲其難犯而易避也。今律令煩多而不約,自典文者不能分明,而欲羅元元之不逮,斯豈刑中之意哉。其議律令可蠲除輕減者,條奏,唯在便安萬姓而已。"③

　　(五) 成帝河平中,復下詔曰:"《甫刑》云'五刑之屬三千,大辟之罰其屬二百',今大辟之刑千有餘條,律令煩多,百有餘萬言,奇請它比,日以益滋,自明習者不知所由,欲以曉喻衆庶,不亦難乎! 於以羅元元之民,夭絶亡辜,豈不哀哉! 其與中二千石、二千石、博士及明習律令者議減死刑及可蠲除約省者,令較然易知,條奏。"④

　　(六) 寵又鈎校律令條法,溢於《甫刑》者除之。曰:"臣聞禮經三百,威儀三千,故《甫刑》大辟二百,五刑之屬三千。……今律令死刑六百一十,耐罪千六百九十八,贖罪以下二千六百八十一,溢於《甫刑》者千九百八十九,其四百一十大辟,千五百耐罪,七十九贖罪。《春秋保乾圖》曰:'王者三百年一蠲法。'漢興以來,三百二年,憲令稍增,科條無限。又律有三家,其説各異。宜令三公、廷尉平定律令,應經合義者,可使大辟二百,而耐罪、贖罪二千八百,并爲三千,悉刪除其餘令,與禮相應,以易萬人視聽,以致刑措之美,傳之無窮。"⑤

　　(七) 初,父寵在廷尉,上除漢法溢於《甫刑》者,未施行,及寵免後遂寢。而苛法稍繁,人不堪之。忠略依寵意,奏上二十三條,爲《決

---

①　王利器校注:《鹽鐵論校注》卷一○《刑德》,第 627—628 頁。
②　[北齊] 魏收:《魏書》卷一一一《刑罰志》,第 2872 頁。
③　[漢] 班固:《漢書卷二三《刑法志》,第 1103 頁。
④　[漢] 班固:《漢書》卷二三《刑法志》,第 1103 頁。
⑤　[南朝・宋] 范曄:《後漢書》卷四六《陳寵傳》,第 1554 頁。

事比》，以省請讞之敝。①

（八）漢承秦制，蕭何定律，除參夷連坐之罪，增部主見知之條，益事律《興》、《廄》、《户》三篇，合爲九篇。叔孫通益律所不及，傍章十八篇。張湯《越宫律》二十七篇，趙禹《朝律》六篇，合六十篇。又漢時決事，集爲《令甲》以下三百餘篇，及司徒鮑公撰嫁娶辭訟決爲《法比都目》，凡九百六卷。……叔孫宣、郭令卿、馬融、鄭玄諸儒章句十有餘家，家數十萬言。<u>凡斷罪所當由用者，合二萬六千二百七十二條，七百七十三萬二千二百餘言，言數益繁，覽者益難。</u>②

上述八條記載漢律煩雜的資料中，前五條反映西漢的狀況，分別對應武、昭、宣、元、成時期，後三條反映東漢的狀況，分別對應和、安、獻時期。這些史料組合在一起，確實構成了漢律煩雜的鐵證。不過，我們關注這些材料，並非因其反映了漢律的煩雜，而是對它們在説明漢律煩雜時所用的證據及煩雜導致的後果感興趣。

概括而言，漢律煩雜主要表現在以下兩個方面：第一，構成法律的各層級總數的增加，也就是章/卷、條、事數量的增加；③第二，總字數的增加，即“言數益繁”。煩雜帶來的後果主要有四個：第一，典藏困難，表現爲“文書盈於几閣”“律令塵蠹於棧閣”；第二，閲讀困難，表現爲“典者不能徧睹”“吏不能徧睹”“覽者益難”；第三，理解、應用困難，表現爲“郡國承用者駁”“郡國用之疑惑”“典文者不能分明”“明習者不知所由”；第四，姦吏因緣爲市，表現爲“所欲活則傅生議，所欲陷則予死比”。第四個後果屬主觀

① ［南朝·宋］范曄：《後漢書》卷四六《陳忠傳》，第 1555—1556 頁。
② ［唐］房玄齡等：《晉書》卷三〇《刑法志》，第 922—923 頁。
③ 關於漢代法律層級的組成、各層級的名稱及含義，學界尚無定論。相關討論可參張建國：《再析晉修泰始律時對兩項重要法制的省減》，《帝制時代的中國法》，北京：法律出版社，1999 年，第 106 頁；孟彦弘：《秦漢法典體系的演變》，《歷史研究》2005 年第 3 期，第 19—39 頁；楊振紅：《秦漢律篇二級分類説——論〈二年律令〉二十七種律均屬九章》，《歷史研究》2005 年第 6 期，第 74—90 頁；楊振紅：《從〈二年律令〉的性質看漢代法典的編纂修訂與律令關係》，《中國史研究》2005 年第 4 期，第 27—57 頁；王偉：《論漢律》，《歷史研究》2007 年第 3 期，第 4—19 頁；于振波：《淺談出土律令名目與“九章律”的關係》，《湖南大學學報》2010 年第 4 期，第 36—41 頁；張忠煒：《秦漢律令法系研究初編》，北京：社會科學文獻出版社，2012 年，第 86—91 頁。

故意,法律無論如何清約,在專制時代均難以避免,可以存而不論。第二、三個後果在某種程度上又分別是第一、第二兩個後果所導致的。

字數多意味着篇幅長,確實會給存放和閱讀帶來一定的困難,當然,後者主要指翻閱的難度,而不是法律内容的難度。究竟多少字數會給存放和翻閱帶來問題,很難有固定的答案。資料(一)、(二)記武、昭時代法律"文書盈於几閣,典者不能徧睹","律令塵蠹於棧閣,吏不能徧睹",無具體字數。資料(五)記成帝時代"律令煩多,百有餘萬言",武、昭時代字數不會多於百萬,這意味着,一百萬字的律令就會導致"文書盈於几閣","典者不能徧睹"的結果。

對今人而言,一百萬字不過是一部部頭較大的著作,其存放無論如何不會成爲問題。漢代的情況與今天大不相同,由於以簡牘爲書寫材料,同樣的字數所占空間會呈幾何級數增長。關於這一問題,邢義田曾專門進行過探討。按他的計算,漢代竹木簡本的白文《史記》體積是中華書局點校本三册《周書》的 225 倍,即一部不含注解的《史記》,存放所需空間爲《周書》的 225 倍。[1] 白文《史記》共 526,500 字,這意味着百餘萬字的律令所需空間是《周書》的 450 倍。按資料(八),東漢末年"凡斷罪所當由用者",共 7,732,200 字,爲成帝時期的 7.7 倍,所需空間是《周書》的 3,465 倍(450×7.7),相當於 10,395 册《周書》占用的空間。[2]

晋代"律以正罪名,令以存事制",[3]而資料(八)中的七百七十餘萬言係"斷罪所當由用者",僅相當於"正罪名"的晋律,沒有包括類似晋令"存事制"的法律條文。漢代律、令相混,但並不缺乏"存事制"的規定,它們以各種形式存在於當時的律令中,而且内容相當繁多。比較典型者如《二年

① 邢義田:《漢代簡牘的體積、重量和使用》,《地不愛寶:漢代的簡牘》,第 13—14 頁。
② 邢義田首先計算出 77 枚簡組成的《永元器物簿》的體積爲 1,579.5 立方釐米,然後以此爲基礎,計算出 13,855 枚簡組成的《史記》的體積爲前者的 180 倍,即 284,310 立方釐米。其實,如此計算《史記》的體積存在着一個問題,即《史記》存放時未必以 77 枚簡爲單位。假如以百枚簡(邢義田認爲百枚簡編聯爲一篇爲合宜長度的極限)爲單位存放,則其占用的空間會減少許多。不過,法律文書由於分類較爲繁瑣,每類字數較少,存放單位很有可能低於 77 枚簡的標準,所以,我們將錯就錯,律令亦按 77 枚簡爲一存放單位,以此計算出的存放空間肯定少於實際存放空間。
③ 〔宋〕李昉等撰:《太平御覽》卷六三八《刑法部》,第 2859 頁。

律令》，由二十七篇律和一篇《津關令》組成，除《賊》《盜》《具》《告》《捕》《亡》《收》《雜》《錢》九律外，其他律令多以"存事制"爲主，而《復》《賜》《傅》《置後》《徭》《秩》《史》諸律則是單純的"存事制"，與"正罪名"沒有任何關係。① 上引諸資料多以"罪同而論異""罪名重""欲羅元元之不逮""羅元元之民，夭絶亡辜"等形容律令煩雜，這似乎反映漢代收藏的律令僅爲"定罪名"的刑律，與"存事制"的法條無關。類似的現象也見於識字書《急就章》，其所涉及的律篇主要爲治獄定罪之事，"存事制"的内容則不見絲毫蹤迹。張忠煒認爲，這是因爲漢人對"正罪名"律篇的重視要超出那些"存事制"的律篇。② 雖然《急就章》僅涉及"正罪名"的律篇，但不能由此否定"存事制"律篇的存在；同樣，以刑律説明所藏律令的煩雜，也不能排除所藏律令中包含"存事制"的内容。如果將"存事制"的律條考慮在内，那麽，東漢末年存放法律文書的空間將遠遠超出 10,395 册《周書》占用的空間，"文書盈於几閣"也就是必然的結果了。

問題尚不止如此簡單。邢義田所舉竹木簡本白文《史記》13,855 枚簡占用的空間，是以每簡 38 字、簡簡足行爲前提條件的，但法條書寫是否簡簡足行，不無疑問。在現已發掘的法律簡牘中，王家臺秦簡《效律》條條接續書寫，簡簡足行，各條目之間以"⌣"符號隔開。③ 但考慮到查閲的需要，這種寫法大概並不常見。睡虎地秦律、《二年律令》均非簡簡足行，而是一條抄録完畢後，下條另起一簡書寫。法條是獨立書寫還是接續書寫，所需簡牘數量有很大差別。以《二年律令》中的《賊律》爲例，總字數不足 1,700 字，《二年律令》每簡容字 40 字左右，如接續書寫，《賊律》僅需 43 枚簡；但由於《二年律令》每條爲獨立書寫，《賊律》實際用簡多達 54 枚。

① 關於漢代律、令不分，可參程樹德：《九朝律考》，北京：中華書局，1963 年，第 11 頁；[日]冨谷至著，朱騰譯：《通向晉泰始律令之路》，中國政法大學法律史學研究院編：《日本學者中國法論著選譯》，北京：中國政法大學出版社，2012 年，第 124—163 頁；徐世虹：《九章律再認識》，馬志冰等編：《沈家本與中國法律文化國際學術研討會論文集》，北京：中國法制出版社，2005 年頁，第 695 頁；張忠煒：《秦漢律令法系研究初編》，第 138—140、164—165 頁。
② 張忠煒：《秦漢律令法系研究初編》，第 165 頁。
③ 王明欽：《王家臺秦墓竹簡概述》，艾蘭、邢文編：《新出簡帛研究》，北京：文物出版社，2004 年，第 28 頁；張忠煒：《秦漢律令法系研究初編》，第 122 頁。

這意味着,若律條獨立書寫,一百萬字需要 31,764 枚簡,是足行本白文《史記》的 2.29 倍、三册《周書》的 652 倍。也就是説,漢代存放一百餘萬字的律令,需要 1,957 册《周書》的空間,而七百七十餘萬字需要約 15,070 册《周書》的空間。

　　漢代律令分類繁瑣,這對文書存放的空間也可能造成一定的影響。《史記》五十二萬餘字,共 130 篇,武帝時代律令共 359 章。資料(三)説宣帝時于定國"集諸法律,凡九百六十卷",其下所列死罪條、事、決事比數量與武帝時代相同,①可見"章""卷"無別。余嘉錫謂:"兩漢竹帛並行,故篇與卷尚不甚分。……自簡策既廢,以卷代篇。"②所以,律令分章與《史記》分篇性質相同。篇之劃分有兩種情況:一是"凡以事與義分篇者,文之長短自著書時既已固定。雖僅數簡,亦可自爲一篇";二是"編次之時,大抵量字數之多寡,度絲章之所能勝,斷而爲篇"。③《史記》130 篇各有其隱含的主旨,律令 359 章大概由《賊》《盗》《囚》《捕》《雜》《具》等律以及《津關令》等令組成,各章内容雖有駁雜不純之嫌,④但名稱不同的律、令,大體上各有其不同的關注對象是可以肯定的。所以,《史記》130 篇、律令 359 章均屬"以事與義分篇者"。

　　以"事"與"義"劃分篇章,目的是方便查看和閲讀,所以存放時自然也兼顧這一目的,即"雖僅數簡",但在"自爲一篇"的情況下,也會單獨存放。按照這一原則,五十二萬字的《史記》分成 130 卷存放,而一百萬字的律令則需要分成 359 卷存放,爲《史記》的 2.76 倍。與紙本文書成長方體有所不同,竹簡編聯後成圓柱體,各卷排放在一起,左右不可能緊密相聯、毫無縫隙,這意味着單獨排放的卷數越多,浪費的空間越大。所以,更爲瑣細的律令分類會進一步增大其存放空間。當然,如果單純按照"量字數之多

---

　　① 資料(一)、(三)所載大辟及死罪決事比條數有異,但後者"大辟四百九十條"之"十"大概是衍文,而"死罪決比凡三千四百七十二條"之"凡"則可能是因與"萬"字音近而訛([北齊] 魏收:《魏書》卷一一一《刑罰志》校勘記[一],第 2889 頁)。

　　② 余嘉錫:《目録學發微》,成都:巴蜀書社,1991 年,第 30 頁。

　　③ 余嘉錫:《目録學發微》,第 28 頁。

　　④ 如晋人指責漢律:"《盗律》有賊傷之例,《賊律》有盗章之文,《興律》有上獄之法,《廐律》有逮捕之事,若此之比,錯糅無常。"([唐] 房玄齡等:《晋書》卷三〇《刑法志》,第 923 頁)

寡,度絲韋之所能勝"的分篇原則存放,律令和《史記》没有太大區別,其占用空間多少主要由字數決定。但此時接續書寫還是單獨書寫,仍然會在某種程度上影響存放空間。

單就字數而言,無論一百萬字還是七百七十萬字,均不會直接影响翻檢和閱讀,但若書寫在簡牘上,則需要極大的存放空間,這才造成了翻檢和閱讀的困難。以《資治通鑒》爲例,原文三百萬字,附帶胡注,多達六百萬字。如書架寬度以80釐米計,中華書局版《資治通鑒》所需空間僅半層多書架。對今人而言,不僅翻檢其書查閱資料十分容易,而且遍覽全書並做到對其中的史實了然於胸,也不會存在太大的問題。而在簡牘時代,情況完全不同,一部《資治通鑒》的存放,絕對稱得上"盈於几閣"。此時將全書閱讀一遍已十分不易,要做到對史實了然於胸就更爲困難。《史記》記載,東方朔初入長安,所上奏疏用牘三千,漢武帝"讀之二月乃盡"。① 奏牘字數不明,但肯定不會超過百萬,武帝用時兩月方讀畢,由此可以想見簡牘時代閱讀的困難程度了。

資料(一)強調"盈於几閣"對"徧睹"造成的障礙,實際上,除此而外,書寫的内容對閱讀同樣會有相當大的影響。相對而言,史書具體生動、通曉易懂,而文書則艱深晦澀、枯燥無味。正常情況下,閱讀後者較前者更爲費時吃力。武帝讀奏牘三千枚用時兩月,但如果讀同等字數的《史記》,時間應該會大大縮短。而法律條文的艱深晦澀、枯燥無味較一般文書有過之而無不及,閱讀難度自然甚於後者,如果與史書相比,相差更不可以道里計。舉一個比較典型的例子,中華人民共和國頒布的法律條文共六十五萬字左右,介於五十二萬餘字的《史記》與七十四萬餘字的《漢書》之間,但其可讀性遠不及《史記》《漢書》。將其瀏覽一遍,用時也必然遠超後者,更無須説掌握其中的基本内容和精神了。漢武帝以後,法律條文的總字數遠超現代,且以簡牘爲書寫載體,對當時人翻檢、閱讀造成的不便可想而知,"典者不能徧睹"或"不欲徧睹"是必然的結果。

---

① ［漢］司馬遷:《史記》卷一二六《滑稽・東方朔列傳》,第3205頁。

　　曹魏、西晉法律條文同樣以簡牘爲書寫載體，同樣艱深晦澀、難於理解，①但却基本沒有見到類似“律令塵蠹於棧閣，吏不能徧睹”的記載。這其中固然有法律字數大爲減少的原因，除此而外，魏晉法律分類的合理性也是一個不可忽視的因素。漢代法律自然有其分類，且各類也自有其主旨，不過與魏晉律比較，其分類的粗糙性顯而易見。

　　首先是分類過於繁瑣。曹魏《新律》18 篇、《州郡令》45 篇、《尚書官令》等 180 餘篇，共 243 餘篇；西晉律 20 卷、令 40 卷、故事 30 卷，共 90 卷。漢代律令在武帝時代已有 359 章，東漢末年則多達 906 卷。律文分類過少固然不利於查閱，而過多同樣不利於查閱，如果多到極致，幾乎等同於沒有分類，查閱其中的法條將變得相當困難。

　　其次，較分類繁瑣更成問題的是，法條歸類不合理。漢代法條的歸類固然有大體脉絡可尋，但分類混亂的情況也相當嚴重，即所謂“《盜律》有賊傷之例，《賊律》有盜章之文，《興律》有上獄之法，《廄律》有逮捕之事，若此之比，錯糅無常”。如《二年律令•賊律》本以殺、傷人及謀反等罪爲中心，但却存在不焚燒有毒肉乾以盜律論處的規定，《興律》本以徭成爲中心，又存在縣道官治獄的規定，②這是同一法律體系中具體法條分類的不合理性。而在不同法律體系中，又存在着性質相類的法條，如劫略、恐猲、和賣買人、持質，均爲劫略方面的内容，却分屬於律、科兩種法律形式。漢代律、令、科内容互相交錯的情況不一而足，對此晉人敍述得十分具體清楚。③試想，漢人欲查閱一條法律資料，在堆積如山的律令面前，千辛萬苦找到了相關分類，但查找的法條却沒有一絲蹤迹，該是何等沮喪！

　　宣帝以後律章句的出現，進一步加劇了查找資料的難度。這倒不純粹是因爲字數的增加，而是不同的律章句家對同一法條的解釋各有不同。

---

　　① 《南齊書•孔稚珪傳》載王植評價晉律“文簡辭約，旨通大綱”，係言其表述簡潔、概括宏觀，並非指律文淺顯易懂。王植對晉律作出這一評價后續云：“事之所質，取斷難釋。張斐杜預同注一章，而生殺永殊。”(第 835 頁)張斐、杜預同爲晉代最傑出的法學家，但他們對同一法條的理解已經是“生殺永殊”，由此可見晉律的艱深程度。

　　② 可參張忠煒：《秦漢律令法系研究初編》，第 161 頁。

　　③ ［唐］房玄齡等：《晉書》卷三〇《刑法志》，第 924 頁。

東漢早期,法律學家陳寵就指責當時"律有三家,其説各異",而東漢末年律章句多達十餘家,可以想見當時法律解釋紛紜混亂的程度。所謂"覽者益難",在相當程度上是由分類不合理導致的。

簡牘時代律令字數稍多,就可能出現存放"盈於几閣"的情況,加之法律本身艱深晦澀,從而給閱讀帶來了極大的障礙,這是"繁"帶來的負面影響。法律分類的不合理性——特别是性質相同的法條在律中分屬不同的門類以及分屬不同的法律形式,則使查找資料如同大海撈針,苦不堪言,這是"雜"帶來的負面影響。漢代法律"繁""雜"結合在一起,必然令人心生厭煩,甚至望而却步,並最終導致束之高閣、塵封蟲蝕的結果。

漢代法律存在的許多問題首先是由字數較多導致的,所以,删減字數即變"繁"爲"約",是必須要做的工作。僅就字數而言,《唐律疏議》多達185,000字,與令、格、式相加,總數未必少於百萬言,但很少有人指責唐代律、令、格、式字數繁多。因此,簡約化是簡牘時代的特定要求,只要以簡牘爲書寫材料,法律條文的字數走向簡約就是一個必然的結果。漢代删減法律的呼聲之所以相當强烈,很大程度上與書寫材料有關。其次,法律的分類必須進行較大的調整,也就是必須變"雜"爲"清"。字數減少後能否固定下來,相當程度上取決於分類是否合理,所以,對法律進行合理分類是一項更爲重要的工作。法律如何分類調整,與認識水準有關,而這並非僅取決於少數法學專家的素養,更需要相應的文化氛圍。顯然,合理分類較删減字數難度更大。漢代法律存在的問題主要在於分類的混亂,而漢人之所以删改律文"歷年無成",主要原因亦在於没有解決這一問題。

二、漢人"删革刑書,歷年無成"

前引晉武帝詔書云:"自元成之世,及建安、嘉平之間,咸欲辯章舊典,删革刑書。述作體大,歷年無成。"所謂"删革刑書,歷年無成",是就漢魏而言的。曹魏在法律建設方面是否毫無成就,下文再論,兩漢"删革刑書,歷年無成"確是事實。

漢代删革刑書的動議在宣帝時代已經初露端倪,並非如晉武帝所言,始於元成之世。宣帝初即位(前 73 年),廷尉史路温舒上書,建議"省法制,寬刑罰"。① 本始四年(前 70 年),宣帝下詔:"律令有可蠲除以安百姓,條奏。"②宣帝之後,元、成二帝繼續頒發删革刑書的詔書,内容見前引資料(四)、(五)。東漢時期,删革刑書的呼聲亦屢見記載。建武二年(26 年),光武帝下詔:"頃獄多冤人,用刑深刻,朕甚愍之。……其與中二千石、諸大夫、博士、議郎議省刑法。"③章帝永元六年(94 年),廷尉陳寵建議删削溢於《甫刑》的 1,989 條律令,見上引資料(六)。順帝陽嘉二年(133 年),又有郎顗上疏,請求"大蠲法令"。④

兩漢提議删革刑書的資料大致如上。光武帝詔執行情況如何,史無明文;陳寵的建議"未及施行";郎顗的上疏遭到有關機構的質疑,大概也没有付諸實施。宣帝詔結果如何,史籍亦未記載,但應該没有任何收穫。地節三年(前 67 年),爲杜絶官吏用法"巧文寢深""決獄不當",宣帝增設廷尉平之職。"巧文寢深""決獄不當"即前引資料(一)所説的"姦吏因緣爲市""罪同而論異"。這種情況的出現與法律煩雜密切相關,廷尉平的設立,反證法律的煩雜問題並没有得到真正解決。所以,涿郡太守鄭昌上疏,繼續建言删定律令:"今明主躬垂明聽,雖不置廷平,獄將自正。若開後嗣,不若删定律令。律令一定,愚民知所避,姦吏無所弄矣。今不正其本,而置廷平以理其末也,政衰聽怠,則廷平將招權而爲亂首矣。"⑤但史稱宣帝"未及修正",這説明宣帝最終放棄了删革刑書的努力。可以説,宣帝、陳寵、郎顗"删革刑書"的要求和提議,是以無果或失敗而告終的。

元、成删革刑書似乎有所收穫。初元五年(前 44 年)"省刑罰七十餘事",⑥大概就是回應元帝詔書的一次删減行動。針對成帝"蠲除約省"律令的要求,按班固説,有司"徒鈎摭微細,毛舉數事,以塞詔而已"。⑦ 哀帝

① [漢]班固:《漢書》卷五一《路温舒傳》,第 2371 頁。
② [漢]班固:《漢書》卷八《宣帝紀》,第 245 頁。
③ [南朝·宋]范曄:《後漢書》卷一《光武帝紀》,第 29 頁。
④ [南朝·宋]范曄:《後漢書》卷三〇《郎顗傳》,第 1065 頁。
⑤ [漢]班固:《漢書》卷二三《刑法志》,第 1102 頁。
⑥ [漢]班固:《漢書》卷九《元帝紀》,第 285 頁。
⑦ [漢]班固:《漢書》卷二三《刑法志》,第 1103 頁。

時期似亦有過刪減律令的舉措，東漢人梁統説："丞相王嘉輕爲穿鑿，虧除先帝舊約成律，數年之間，百有餘事，或不便於理，或不厭民心。"①按前引資料(七)，安帝時陳寵之子陳忠因"苛法稍繁，人不堪之，……略依寵意，奏上二十三條，爲《決事比》，以省請讞之敝"，史稱"事皆施行"，這可以算是一次付諸實際的刪減行動。元、成、哀或"省刑罰七十餘事"，或刪減數事，或虧除舊約成律"百有餘事"，表面看來似有成效，但總計大概不會超過 200 條，與宣帝時期的 26,272 條律令相比，可謂九牛一毛。所以，刪革刑書的三次行動對於繁蕪龐雜的漢律而言，可謂杯水車薪，没有多大意義。陳忠所奏 23 條《決事比》具體情況不明，武帝時代僅死罪決事比就多達 13,742 事，將數量如此龐大的決事比刪減至 23 條，可能性不大。郎顗請求"大蠲法令"在順帝時代，與陳忠奏《決事比》事相去不遠，似亦證明陳忠此次刪削收效不大。

值得注意的是昭帝時期的律令。按前引資料(二)，當時"律令百有餘篇"。武帝時期律令共有 359 章，若昭帝時律令僅有 100 餘篇，較武帝時期減少了 2/3，②這意味着，其間曾有過一次成效特別巨大的"刪革刑書"活動。不過，文學所説未必符合事實。《漢書·刑法志》敘述西漢法律沿革相當系統，但對昭帝刪革刑書没有任何記載。而且，如果律條確實刪減如此之多，文學所謂"文章繁""郡國用之疑惑""吏不能徧睹"的評價，應該會遭到桑弘羊的猛烈抨擊。但按《鹽鐵論》的記載，桑弘羊只是述説重刑的意義，並未對文學的説法進行反駁，似乎默認了文學對此時律令繁苛的評論。王利器懷疑"百有餘篇"之上脱"三"字，③如其説可信，就意味着昭

---

① 　[南朝·宋]范曄：《後漢書》卷三四《梁統傳》，第 1167 頁。同傳李賢注引《東觀記》記哀帝建平元年(前 6 年)，"輕殊死刑八十一事，其四十二事手殺人者減死一等"，應當就是王嘉"虧除先帝舊約成律"一事。按《漢書》卷八六《王嘉傳》，王嘉任丞相在建平三年，晚於刪律一事。刪律也許發生於王嘉任御史大夫期間，所謂"丞相王嘉"，係指其最終所任職務。

② 　匿名審稿專家提示，"章""篇"單位不同，兩相比較有再斟酌的必要。"章""篇"關係是目録學上的一個難題，我在上文根據武帝、宣帝時期法律章、卷數及法律條數、内容，推測章、卷意思相同；前引余嘉錫亦謂章、篇無别；下引王利器懷疑"百有餘篇"之上脱"三"字，似亦認章、篇不分，因此我認爲章、篇本質相同。本文對這個問題的論證比較粗疏，未必可以成爲定論，能够肯定的是，按資料(二)，昭帝朝法律較武帝時期，並無本質性的變化。

③ 　王利器校注：《鹽鐵論校注》卷一〇《刑德》，第 633 頁。

帝基本全盤繼承了武帝時期的律令，並未進行大的刪革活動。

　　兩漢君臣屢次發出刪減律令的呼籲，從前引資料（五）、（六）、（七）可以看出，其理想的法典條數是《尚書・呂刑》中的三千條。[①] 但在實際操作中，每次刪減的行動和提議或收效甚微，或不了了之。漢人追求《呂刑》三千條的目的不僅没有實現，相反，在刪減過程中，律令反而有漸趨增多之勢。從這個角度説，漢人刪革刑書的努力徹底失敗了。

　　東漢初年梁統上疏，評價宣帝在律令方面“因循先典”，[②]但從《魏書・刑罰志》的記載看，除“因循先典”外，宣帝時代的律令似乎又有所發展，而且顯示出更爲煩雜的迹象。按前引資料（三），宣帝時代于定國所集“諸法律”共 960 卷、大辟 490 條、1,882 事、死罪決事比凡 3,472 條，斷罪當用者共 26,272 條。資料（一）記武帝時律令 359 章、大辟 409 條、1,882事、死罪決事比凡 13,472 條。《魏書》“校勘記”懷疑，“大辟四百九十條”之“十”爲衍文，而“死罪決比凡三千四百七十二條”之“凡”可能是因與“萬”字音近而訛。[③] 如果確實如此，説明宣帝時時代的律、令、決事比涉及死罪的條數，與武帝時代没有任何不同，這可能就是所謂的“因循先典”。但以總卷數而言，于定國彙集的法律多達 960 卷，較武帝時期增加近兩倍；以具體條數論，前者 26,272 條，後者 15,763 條（律、令、比之和），增加亦幾近一倍。[④] 成帝時期，律令煩雜的情況似乎更爲嚴重。按前引

---

①　此觀點吸收了審稿專家的意見，在此謹致謝意。

②　［南朝・宋］范曄：《後漢書》卷三四《梁統傳》，第 1167 頁。

③　［北齊］魏收：《魏書》卷一一一《刑罰志》校勘記［一］，第 2889 頁。

④　《晉書・刑法志》記東漢末年法律總卷數及“斷罪所當用”的總條數與《魏書・刑罰志》基本相同，僅總卷數“凡九百六卷”與“凡九百六十卷”稍異，《晉書》脱“十”字或《魏書》衍“十”字均有可能。但《晉書》記載的總卷數尚包括“司徒鮑公撰嫁娶辭訟決爲《法比都目》”，總條數則包括了可以肯定爲東漢人馬融、鄭玄等所著的律章句，其與于定國所集卷、條的數量相同令人費解。唐人修《晉書》時，所見兩漢法律資料不會比魏收多，不排除其抄寫有誤的可能性。張建國認爲，906 卷係《法比都目》的卷數（張建國：《魏晉律令法典比較研究》，《帝制時代的中國法》，第 122 頁）。《後漢書》卷二九《鮑昱傳》載東漢司徒鮑昱撰《辭訟》7 卷、《決事都目》8 卷（第 1022 頁）。《晉書》所説“司徒鮑公”當即鮑昱，《法比都目》可能是關於嫁娶、辭訟、決的彙編。但《辭訟》《決事都目》共 15 卷，如 906 卷僅指《法比都目》，就意味着關於嫁娶方面的法律多達 891 卷，這似乎不太可能。審稿專家指出，宣帝朝的 26,272條法律條文内容不得而知，與武帝朝進行比較未必合適，這一看法值得重視。考慮到宣帝朝法律總卷數和條數在絶對數量上確實超過武帝時期，故此處比較仍予保留，以期待學界關注甚至解決這一問題。

資料(五),當時律令"百有餘萬言",武、宣時期律令無字數統計,無從比較多少,但僅就大辟刑而言,成帝時期有 1,000 多條,較武、宣時期的 409 條增長一倍有餘。

王莽篡位之後,似乎對法律有較大的調整,《晋書·刑法志》:"漢自王莽篡位之後,舊章不存。光武中興,留心庶獄,常臨朝聽訟,躬決疑事。是時承離亂之後,法網弛縱,罪名既輕,無以懲肅。"①據此,王莽篡位後,曾對漢律進行過調整,而且爲追求簡約,即使"舊章不存"亦在所不惜。東漢初立,繼承了新莽的法律,但由於太過簡約疏闊,以致光武帝即便臨朝聽訟決疑,亦無法懲治姦邪。對此,梁統呼籲,"刑罰在衷,無取於輕","不宜因循季末衰微之軌",主張"宜重刑罰,以遵舊典"。② 建武十四年(38 年),群臣以"憲律輕薄,故姦軌不勝",建議"宜增科禁,以防其源"。③ 這反映了東漢初年確曾有過一段法律相對簡約的時期。不過,這種情況並沒有得以維持下去。《後漢書·酷吏列傳》載:"自中興以後,科網稍密。"④前引資料(五)是陳寵的奏疏,事在和帝永元六年(94 年)。奏疏説"漢興以來,三百二年,憲令稍增",並具體提到當時"律令死刑六百一十"。這一數字較成帝時期有所下降,但較武、宣時期仍有較大程度的上升。所謂"憲令稍增,科條無限",確非虛語。此後,這一現象不僅沒有得到遏止,反而繼續發展。按前引資料(八),曹魏定《新律》之前,斷罪所用律文共 26,272 條,合 7,732,200 字,較成帝時的百餘萬言又多出七倍有餘。

自武帝以後,律令煩雜的問題一直困擾着兩漢君臣,删削律令也成了君臣揮之不去的永久話題。政府解決這一問題不可謂不努力,詔令屢下,奏疏頻上,從現實情況看,删革刑書走進了一個周而復始、循環往復的怪圈,即愈删愈繁,愈繁愈删。但律令最終却沿着煩雜的方向繼續發展下去,其中的原因何在呢?

---

① [唐]房玄齡等:《晋書》卷三〇《刑法志》,第 917 頁。
② [南朝·宋]范曄:《後漢書》卷三四《梁統傳》,第 1166—1167 頁。上引《晋書》記光武聽訟斷獄後,續言梁統上疏,讀者可以參看。
③ [南朝·宋]范曄:《後漢書》卷二七《杜林傳》,第 937 頁。
④ [南朝·宋]范曄:《後漢書》卷七七《酷吏列傳·序》,第 2488 頁。

　　删革刑書難收成效,在班固看來,與群臣敷衍塞責有關,這從其"毛舉
數事,以塞詔而已"的敘述中可以得到證明。臣僚敷衍應付的情況可能確
實存在,但在删革刑書的過程中,他們並非一直處於被動受詔的地位。實
際上,删減法律的不少提議出自臣僚的主動上奏,這其中包括了廷尉史路
温舒、廷尉陳寵、三公曹尚書陳忠等專門的司法官員。從上引文不難看出,
他們對法律煩雜的弊端痛心疾首,要求删減律令的心情也極爲迫切。特別
是陳寵,就如何删革刑書提出了比較具體的建議,而陳忠對其父删革刑書
的遺願也始終念念不忘。他們爲删減律令獻計獻策,可謂不遺餘力,但最
終均没有達到目的。陳忠所奏二十三條《決事比》固然得到執行,不過對於
改變律令的煩雜,没有太大意義,班固所謂有司"毛舉數事",未嘗不可以用
在相當敬業的陳寵、陳忠身上。反觀魏晋時代的大臣,敬業精神未必比陳
寵父子更高,但他們對法律的改革却成就斐然,垂範後世。班固將删革刑
書難以取得重大突破的原因歸於有司態度不認真,没有觸及問題的要害。

　　晋武帝説兩漢"辯章舊典,删革刑書,……歷年無成",是與西晋定律
的性質比較而言的。實際上,漢人解決法律煩雜的問題時,並没有進行過
"辯章舊典"——對原有篇章進行析分綜合——的嘗試;所謂"删革刑書",
也只是有删無革。兩漢詔令和奏疏要求、建議"删革刑書"的具體表達如
下:"律令有可蠲除以安百姓,條奏";"若開後嗣,不若删定律令";"議律令
可蠲除輕減者,條奏";"議減死刑及可蠲除約省者,令較然易知,條奏";
"中二千石、諸大夫、博士、議省刑法";"悉删除其餘令,與禮相應";"大蠲
法令"。在進行具體操作時,或"省刑罰七十餘事",或"毛舉數事",或"虧
除先帝舊約成律……百有餘事"。這説明,兩漢君臣對删革刑書的認識和
定位在删不在革,而"删"又以律令的最小組成單位——"事"——爲重點,
這與魏晋定律追求"都總事類,多其篇條""仍其族類,正其體號""周流四
極,上下無方"①的宏觀精神是有本質區別的。

　　漢代君臣把删減律條作爲解決法律煩雜問題的重點,顯然基於如下

---

　　①　[唐] 房玄齡等:《晋書》卷三〇《刑法志》,第 924、927—928 頁。

思路：由於律令字數多，導致"文書盈於几閣，典者不能徧睹"，不能發揮應有的作用，所以，解決問題的關鍵在於減少字數，而減少字數最有效的方法就是刪減律條。這一認識不能説没有道理。如上所論，簡牘時代字數稍多，就會給文書的存放、翻檢、閲讀帶來極大障礙，可以説，刪減字數確實是簡牘時代法律改革的必由之路。但是，字數過多即"繁"，僅僅是漢律存在的問題之一，更重要的問題是律令分類的混亂無序即"雜"。

漢人對律令各篇的特徵及應包含的具體内容缺乏清晰明確的認識，無法抽繹出各篇藴含的共同法律原則與精神，自然也無從制定一篇類似魏晉時代具有高度概括性、抽象性的《刑名律》。《刑名律》可以"明發衆篇之多義，補其章條之不足，較舉上下綱領"，①因此，魏晉時代無須增加具體條文，即可以防止"罪漏"。相反，漢代由於缺少類似的篇章，爲防止"罪漏"，只能增加條文，而這又會導致律令字數的膨脹。可以説，漢律之繁在相當程度上是漢律之雜導致的，不解決"雜"的問題，"繁"的問題也不可能從根本上得到解決。

漢人通過刪減法律條文以減少字數，未必不可以收一時之功效，但時間稍久，必然導致"罪漏"，要求增加法律條文的呼聲也會再起。西漢末年刪除律令不過一百餘條，東漢初年的梁統對此仍不無指責："至初元、建平，所減刑罰百有餘條，而盜賊浸多，歲以萬數。……由此觀之，則刑輕之作，反生大患；惠加姦軌，而害及良善也。"②刪除百餘條律令，對改變律令之繁無足輕重，却導致了"盜賊浸多"的後果。群臣因此建議增加科條："今憲律輕薄，故姦軌不勝。宜增科禁，以防其源。"③這一建議因杜林的反對未被采納，但通過增加律條以防"姦軌不勝"，却是漢人的共識。根據資料（一）可以知道，武帝時期律令條文的增加，同樣與"姦軌不勝"存在着密切聯繫，這即是班固的主觀認識，也可能是當時事實的客觀反映。只要

① ［唐］房玄齡等：《晉書》卷三〇《刑法志》，第928頁。
② ［南朝·宋］范曄：《後漢書》卷三四《梁統傳》，第1169頁。
③ ［南朝·宋］范曄：《後漢書》卷二七《杜林傳》，第937頁。群臣要求增加科禁在建武十四年，《資治通鑑》卷四三"光武建武十四年"條將其列於梁統上疏之後（第1383—1384頁），由此可見兩者之間的關係。

這種認識存在,那麼,不僅删減律條必然歸於失敗,而且律令還會繼續膨脹。

在漢人看來,律條增加,將導致"典者不能徧睹";律條減少,將導致"姦軌不勝"。這兩種互相矛盾、互相衝突的看法,使其在解決法律問題時難以做到兩全,最終無可避免地走進了由繁到簡,又由簡到繁的周而復始的怪圈。

漢律之繁是由漢律之雜決定的。漢律分類的雜亂無章以及由此導致的字數過多,漢人未必没有感受,但是,認識到問題的癥結所在,不等於有條件、有能力解決問題。要對律令進行正確的分類,必須明確每篇律應包含什麼内容、有何特徵,然後在此基礎上,制定出一篇"周流四極,上下無方"的法律通則,以涵蓋各篇藴含的法律原則與精神,以"補其章條不足"。兩項工作能否順利完成,又取決於"分類辨物"的方法論以及學術理論化的發展程度,而在這兩方面,漢人恰恰存在着先天不足。因此,即令漢人認識到法律合理分類以及法律通則的重要性,也無力做到對律令進行大刀闊斧的改革。① 漢人改律,只是機械地減少或增加法律條文,對篇章結構不做根本性改動,這種本末倒置的做法有其不得已的苦衷,與群臣敬業與否没有太大關係,而其失敗的原因亦在於此。

漢代删削律令難收成效,甚至愈删愈繁,也與律學章句的發展有關。律章句是伴隨着儒學章句的發達而出現的。錢穆認爲,《五經》設博士雖然始於武帝,但博士分家起於宣帝,諸經章句之完成,在宣帝之後。② 據此,律章句作爲一種法律形式,大概出現在元帝以後。成帝時期,僅大辟刑較武、宣時期就增長一倍有餘,這也許與其時律章句的發達有密不可分的關係。

---

① 徐世虹云:"(兩漢整理律令)始終没有突破律令體系的原有框架,人們無意對先帝成法作根本改動,無意尋求律令的内在聯繫而作合乎理性的分類,只是在'寬猛''繁簡'等道德倫理觀念的驅動下,在數量上做機械式的增减。"(徐世虹:《漢代法律載體考述》,楊一凡總主編:《中國法制史考證》甲編第三卷《歷代法制考·兩漢魏晋南北朝法制考》,北京:中國社會科學出版社,2003年,第166—167頁)其實,漢人對律令不進行合理分類,原因未必是"無意",更可能是"無力",即心有餘而力有未逮。

② 錢穆:《兩漢博士家法考》,《兩漢經學今古文平議》,北京:商務印書館,2001年,第224頁。

就律章句産生的基礎及發展情況看,與律令一樣,具有"繁""雜"兩個特點。儒學章句煩瑣支離,"一經説至百餘萬言","説五字之文,至於二三萬言"。①儒生注經既如此煩瑣,其引經注律的情況亦可想而知。律學章句基本亡佚,遺留下的律説一鱗半爪,也很難反映其原貌,但從中仍可看出律章句的繁瑣。《周禮·秋官·司刺》鄭玄注:"識,審也。不審,若今仇讎當報甲,見乙,誠以爲甲而殺之者。過失,若舉刃欲斫伐,而軼中人者。遺忘,若閒帷薄,忘有在焉,而以兵矢投射之。"②這種以例解律的方式必然導致律章句的繁瑣。律章句之繁在東漢末年達到頂峰,所謂"諸儒章句十有餘家,家數十萬言"。律章句之雜,主要指針對同一律條,不同律章句家各有不同的解釋。陳寵所謂"律有三家,其説各異",以及東漢末年針對"錯糅無常"的律令,"後人生意,各爲章句",即指此而言。

律學章句如此煩雜,兩漢政府不會意識不到。不過,君臣既無法打破儒學定於一尊的祖制,而法律内容又繼續朝着儒家化的方向發展,引經注律的風氣必然日甚一日,律學章句持續膨脹也就在情理之中了。即使删削不合時宜的舊章句,新章句也會不斷湧現。自西漢宣、元到東漢後期,爲經學極盛時代,③而律令的煩雜恰與其相始終。時間上的巧合,暗示着二者之間存在的密切關係。經學獨尊導致了律學章句的發展,從而進一步加劇了漢律的煩雜。

三、曹魏定律"都總事類"與"但用鄭氏章句"

《晋書·刑法志》:"文帝爲晋王,患前代律令本注煩雜,陳群、劉邵雖經改革,而科網本密,又叔孫、郭、馬、杜諸儒章句,但取鄭氏,又爲偏黨,未可承用。"根據這段敘述,魏律存在如下幾個問題:第一,没有從根本上改

---

① [漢]班固:《漢書》卷八八《儒林傳》,第3620頁;卷三〇《藝文志》,第1723頁。
② [清]孫詒讓:《周禮正義》卷六八《秋官司寇·司刺》,第2842頁。徐世虹認爲,類似鄭玄這種以律解經的成果,也有可能構成律章句學的内容(張晉藩總主編,徐世虹主編:《中國法制通史》第二卷《戰國秦漢》,北京:法律出版社,1999年,第234頁)。
③ 錢穆:《兩漢博士家法考》,《兩漢經學今古文平議》,第205頁;[清]皮錫瑞:《經學歷史》,北京:中華書局,1959年,第101頁。

變漢代律令本注煩雜的狀況;第二,陳群、劉邵等所定《新律》嚴苛細密;第三,於諸儒章句僅取鄭氏,有偏黨之嫌。最後的結論是,魏律"未可承用"。在此段之後,《刑法志》續言:"於是令賈充定法律,……就漢《九章》增十一篇,仍其族類,正其體號。"据此,晋律是直接在漢律的基礎上修訂而成的,與魏律没有任何承繼關係。這段記載深刻影響了學術界對魏律的看法。沈家本認爲,晋律就漢《九章》增定,與魏律不同,其新篇目或源自漢律,或係自創。① 祝總斌認爲曹魏改律"重點僅在整理、歸類,旨在解決内容之重複和混亂,至於條文數目、懲罰輕重,似乎變動有限,和漢代律、令没有明顯出入"。② 劉俊文説:"晋律係就漢《九章律》增定,其《法例律》非自魏《刑名律》析出,乃就漢《具律》分爲《刑名》《法例》兩篇。"③凡此種種,均忽略了魏律在漢晋法律變遷史上的重要地位。

　　魏律的不足無須否認,晋人指責其"科網本密"亦非無稽之談,近人程樹德對曹魏法制苛碎曾多所舉證。④ 不過,《晋書・刑法志》對魏律的否定,可能取自賈充等人所撰《晋律・序》,有曲筆之嫌。⑤ 實際上,曹魏對法律的改革成就斐然。劉邵等人修律,删、革雙管齊下,並將"革"作爲改律的重心,突破了漢人改律的瓶頸,法律由雜亂無章、參差不齊一變而爲條理分明、秩序井然,中國古代法律的基本體例由此得以確立。

　　與漢人單純删減律條不同,曹魏删革刑書的目光主要集中於法律篇目分類方面,這在《新律・序》中有明確體現。《新律・序》首先指出舊律的總體缺陷,並確定修律的主旨:"舊律所難知者,由於六篇篇少故也。篇少則文荒,文荒則事寡,事寡則罪漏。是以後人稍增,更與本體相離。今制新律,宜都總事類,多其篇條。"⑥然後一一指出舊律類目所含律條的名不符實之處,説明《新律》十八篇對舊律類目析分、調整的原則及具體

---

① ［清］沈家本:《律目考》,《歷代刑法考》,第 1350 頁。
② 祝總斌:《略論晋律的"寬簡"和"周備"》,《材不材齋史學叢稿》,第 460 頁。
③ 劉俊文:《唐律疏議箋解》卷一《名例律》,第 10 頁。
④ 程樹德:《九朝律考》,第 212 頁。
⑤ 張建國:《魏晋律令法典比較研究》,《帝制時代的中國法》,第 124—126 頁。
⑥ ［唐］房玄齡等:《晋書》卷三〇《刑法志》,第 924 頁。

情況。

　　當然，《新律·序》對"篇少則文荒，文荒則事寡，事寡則罪漏"的認識是有偏頗的。"篇少"未必一定導致"罪漏"，而"篇多"也未必能够涵蓋一切犯罪行爲，所謂"刑書之文有限，而姦違之故無方"，①單純增加篇條，是無法應對層出不窮的犯罪行爲的。漢律篇目較《新律》只多不少，但並未起到應有的作用；相反，《唐律》篇目較《新律》爲少，却更加周備完密。所以，能否防止"罪漏"，既在於篇目數量設置是否合宜，更在於篇目分類是否得當。《新律》之所以貢獻巨大，與"多其篇條"没有太大關係，而是因其以"都總事類"爲總原則，對法律篇目進行了合理的分類。

　　拋開篇目數量不論，《新律》與漢律相比，主要有兩個變化：第一，設置《刑名律》；第二，將漢律各篇所含名不符實的法條析出，另立新目。

　　《刑名律》是在漢《具律》的基礎上設立的，具有刑法總則的性質。《法經》中的《具律》位於篇末，主要規定刑罰的加重、减免原則，同樣具有總則的性質。但到漢代，一些規定犯罪行爲的具體條文如"證不言情"罪、"譯訊人爲詐僞"罪、"出賣呈"等，混入《具律》之中；②而《具律》位置"既不在始，又不在終"，所有這些都沖淡了《具律》的總則性質。曹魏設《刑名律》，剔除具體的犯罪條文，將死、髡、完、作、罰金、雜抵罪等所有罪名全部囊括其中，同時，將其"冠於律首"。經此修改，《刑名律》的内容、位置與其名稱得以相符，真正具有了刑法總則的性質，在《新律》中可以起到提綱挈領、統率全篇的作用。晉人張斐説《刑名律》"明發衆篇之義，補其章條不足，較舉上下綱領"，是就《泰始律》而言的，但這一特徵在曹魏修《新律》時就已完全具備，之后南北朝及隋唐《刑名律》的精神均來源於此。程樹德稱讚《新律》"改漢具律爲刑名第一，……開晉唐宋明諸律之先河"，③確非虛語。

---

　　①　［唐］房玄齡等：《晉書》卷三〇《刑法志》，第935頁。

　　②　彭浩等主編：《二年律令與奏讞書》，第136—137頁；［唐］房玄齡等：《晉書》卷三〇《刑法志》，第924頁。

　　③　程樹德：《九朝律考》，第193頁。

　　力求篇名與内容的一致,是《刑名律》的特點,也可以説是曹魏修律的主旨,《新律》對舊律其他篇目的析分、調整,莫不貫徹這一原則。舉例而言,《九章律》中的《盜律》有劫略、恐猲,《賊律》有欺謾、詐偽,《囚律》有詐偽生死,《金布律》有毀傷亡失縣官財物。修律者認爲這些内容與其所屬律目不符,所以從原篇目中析出,另立《劫略律》《詐律》《毀亡律》,其他新篇目也是在同樣的原則下設立的。

　　曹魏對舊律篇目的革命性調整,自有其歷史淵源。《新律》修成於魏明帝太和三年(229 年),而在漢獻帝建安元年(196 年),應劭曾“删定律令爲《漢儀》”,對漢律進行了較爲系統的整理。《漢儀》包括《律本章句》《尚書舊事》《廷尉板令》《決事比例》《司徒都目》《五曹詔書》以及《春秋斷獄》等諸種法律形式,共 250 篇。[①] 漢律由過去的 359 章、960 卷一變而爲 250 篇,僅靠删減律條是無法實現的,所以,這次撰修不同於以往枝枝節節的修改,對舊有律令篇目也應該有較大的調整。只是限於資料,應劭撰修《漢儀》的宗旨以及如何調整舊律,已經不太清楚。

　　《漢儀》修成後,應劭表奏於朝廷,《晋書・刑法志》曰:“獻帝善之,於是舊事存焉。”[②]不過,該志記載《新律》修成前,斷罪當用的律令共 906 卷,似乎《漢儀》在司法實踐中並没有得到實際應用。儘管如此,《漢儀》的意義是不能否認的。經過這次整理,漢律重複矛盾之處多有調整,篇目數量也大爲減少,與後來曹魏制定的律令篇數相近。[③]《新律》並非以《漢儀》爲基礎修成,但對其有所借鑒,應在情理之中。可以説,《漢儀》的出現,對曹魏修律具有筚路藍縷,以啓山林的功效。

　　《新律》對《漢儀》的借鑒不應否認,但是,曹魏修律“都總事類”,對舊律篇目進行大刀闊斧地改革,並取得成功,主要得益於其時獨特的學術氛圍,是漢魏之際學術理論化和分類學高度發展的産物。從以上的討論可以看出,曹魏制定《新律》有兩個追求目標:第一,置於律首的《刑名律》是

　　① ［南朝・宋］范曄:《後漢書》卷四八《應劭傳》,第 1612—1613 頁。
　　② ［唐］房玄齡等:《晋書》卷三〇《刑法志》,第 921 頁。
　　③ 張建國:《魏晋律令法典比較研究》,《帝制時代的中國法》,第 123 頁。

統率全律的綱領,應高度概括、抽象,其體現的法律原則和精神貫徹全律始終;第二,《新律》各篇具體内容與律名應名實相副。

脱離事物的具體事象而追求抽象原理,並非始自曹魏,東漢中葉以後儒學的發展已呈現出此種迹象。余英時云:"自馬、鄭以至荆州,皆以鄙章句之煩瑣而重經典之本義,爲其間一貫綫索。其流變所及則漸啓舍離具體事象而求根本原理之風,正始之音乃承之而起。"不唯儒學,人物評論、文學、音樂在這方面同樣有十分突出的體現。① 曹魏時期,學術界追求事物的最高原理既已蔚成風尚,劉邵等人撰修《新律》自亦不能置身度外,必然以探求法律的抽象原理爲第一要務,《刑名律》産生於此時,原因即在於此。

《新律》以"都總事類"爲原則,力求法律條文與律名的名實相副,則受到了名理學的深刻影響。漢魏之際興起的名理學,研究名與實的關係,力求循名責實,以使"官無廢職,位無非人"。② 對循名責實的追求,在時人著作中十分普遍。劉邵《人物志・效難篇》説:"夫名非實,用之不效。"③ 劉廙《政論・正名篇》説:"名不正則其事錯矣,物無制則其用淫矣。""行不美則名不得稱,稱必實所以然,效其所以成。故實無不稱於名,名無不當於實也。"④值得注意的是,當時擅長名理學者,亦多長於法制。⑤ 劉邵作爲《新律》的撰修者,固無須論,《三國志・魏志・劉廙傳》記載劉廙與丁儀共論刑禮,其他如魏明帝、盧毓、鍾會等人,亦兼名理學、律學於一身。⑥

名理學家就人之名實是否相稱及名實不副的消極後果立論,屬人倫識鑒的範疇。法律也不例外,各篇内容與篇名不一致,必然也會導致"用之不效""事錯"的消極後果。這種循名責實的原則對劉邵等人修律産生

① ［美］余英時:《漢魏之際士之新自覺與新思潮》,《士與中國文化》,第362—369頁。
② 唐長孺:《魏晋玄學之形成及其發展》,《魏晋南北朝史論叢》,第320頁。
③ ［三國・魏］劉邵:《人物志》,［明］程榮纂輯:《漢魏叢書》,長春:吉林大學出版社,1992年,第633頁。
④ ［唐］魏徵等編,吕效祖點校:《群書治要》,福州:鷺江出版社,2004年,第762頁。
⑤ 湯用彤在《讀〈人物志〉》中已涉及此點,但没有展開討論(湯用彤:《魏晋玄學論稿》,北京:人民出版社,1957年,第14頁)。
⑥ 韓樹峰:《魏晋法律體例的名理學化與玄學化》,《漢魏法律與社會》,第83頁。

的重大影響是不言而喻的，在劉邵等人看來，舊律存在的最大問題就是名實不副。以《具律》而論，位置既不在始，又不在終，同時其内容還包含一些具體犯罪的條文；其他各篇也都包含一些與律名不相符的法條，這都是"名非實"的體現。爲貫徹名理學强調的循名責實、名實相副的主旨，劉邵等人對舊律進行大刀闊斧地改革，可以説是勢所必至，理之固然。

　　所謂"名理學"，本質上就是分類學。按馮友蘭所説，分類學一般要用三個概念。一個是類，就是它所要分的類；一個是名，就是它所要分的類的名字；一個是實，就是屬於它所要分的類的具體的個體。分類學的工作，就是把某一類的名字，加在他所認爲的屬於這一類的個體的頭上。因爲要恰當，必須要明確某一類之所以爲某一類者，這就是這一類名字的定義。還要研究屬於這一類的個體是否有合乎那個定義的性質，這就是這一類事物的規定性。用邏輯的話説，名就是一類的名，它的定義就是它的内涵，屬於這一類的具體個體就是它的外延。它的外延必須合乎它的内涵，所謂"綜核名實"，就是要使一個名的外延合乎它的内涵。"實"就是一個類的名的外延。①

　　早在先秦時期，墨家、荀子等人對事物的分類已經有了較爲深入的認識，《墨經》把名分爲"達""類""私"三種；荀子分爲"共名""别名"，它們之間的關係是前者包含後者。②漢魏之際，伴隨名理學的興盛，分類學在各個文化領域取得了重大進展。

　　曹丕曾對文學體裁進行分類："夫文，本同而末異。蓋奏議宜雅，書論宜理，銘誄尚實，詩賦欲麗。此四科不同，故能之者偏也，唯通才能備其體。文以氣爲主，氣之清濁有體，不可力强而致。"③曹丕認識到，在文學體裁中，奏議、書論、銘誄、詩賦性質不同，各有特質，所以把文學作品分爲

　　①　馮友蘭：《中國哲學史新編》（第四册），《三松堂全集》（第九卷），鄭州：河南人民出版社，2001年，第336頁。
　　②　馮友蘭：《中國哲學史新編》（第二册），《三松堂全集》（第八卷），鄭州：河南人民出版社，2001年，第490、606頁。
　　③　［南朝·梁］蕭統編，［唐］李善注：《文選》卷五二《論·典論論文》，上海：上海古籍出版社，1986年，第2271頁。

四科；但同時意識到，四科又具有共性，即"以氣爲主"，所以，將其歸入"文"的範疇。文與四科、四科與各自包含的具體文章之間的關係，即荀子所講的共名與别名的關係。曹植對不同的文體同樣有清楚的認識，認爲"銘以述德，誄尚及哀"。① 所以，劉師培説："文章各體，至東漢而大備。漢、魏之際，文家承其體式，故辨别文體，其説不淆。"②西晋陸機在《文賦》中將作品分爲詩、賦、碑、誄、銘、箴、頌、論、奏、説十類，首先説明每類體裁的特點，而後總結説："雖區分之在兹，亦禁邪而制放。要辭達而理舉，故無取乎冗長。"③陸機對文體的分類更爲細緻精微，但本質上與曹丕並無不同，顯然是上承漢魏而來。

音樂分類同樣有痕迹可尋。嵇康《聲無哀樂論》曰："夫推類辨物，當先求之自然之理。理已定，然後借古義以明之耳。今未得之於心，而多恃前言以爲談證，自此以往，恐巧歷不能紀。"④在這裏，嵇康提出了一個方法論上的問題。他認爲凡是研究一類事物，首先要搞清楚這一類事物的"自然之理"即本來規律，而不能徒引古人爲權威。他對音樂曲調進行分類，認爲各種不同的曲調大致可以分爲猛、静兩類。樂曲雖有猛、静的不同，但"猛、静各有一和"，也都要"大同於和"。"樂"是一個大類名，"和"是這一大類的規定性，是這個名的内涵。猛、静是這一大類中的小類，雖有不同，但不能離開大類的規定性，不能不"大同於和"。⑤

上舉身兼名、法的劉邵、鍾會，都十分注重事物的分類。劉邵所著《人物志》一書，對人的性格、才能分門别類地加以論述。在《流業篇》中，他以德、法、術三材爲標準，首先將人物分爲三材、兼有三材、三材之流、非三材四大類，然後在此基礎上，將四大類分爲十二小類，並依次分析了十二類的本質特徵。劉邵在對人物進行分類時，首先注意區分性質迥異者。如

① ［三國·魏］曹植著，趙幼文校注：《曹植集校注》卷三《卞太后誄》，北京：中華書局，2016年，第 621 頁。

② 劉師培：《中國中古文學史·論文雜記》，北京：人民文學出版社，1959 年，第 23 頁。

③ ［南朝·梁］蕭統編，［唐］李善注：《文選》卷一七《賦壬·論文》，第 766 頁。

④ ［三國·魏］嵇康著，戴明揚校注：《嵇康集校注》卷五《聲無哀樂論》，北京：中華書局，2014年，第 349 頁。

⑤ 馮友蘭：《中國哲學史新編》（第四册），《三松堂全集》（第九卷），第 396—397 頁。

三材備其一的清節家"德行高妙,容止可法";法家"建法立制,强國富人";
術家"思通道化,策謀奇妙",他們之間的差别是顯而易見的。其次,他更
注重區分表面性質相同,但本質有别者。如國體、器能兩家,均兼有三材,
但前者"三材皆備,其德足以厲風俗,其法足以正天下,其術足以謀廟勝";
後者"三材皆微,其德足以率一國,其法足以正鄉邑,其術足以權事宜"。
三材之流,分别具備德、法、術的特徵,但與清節家、法家、術家不同,三材
之流俱有的德、法、術並不完備,均有所偏至,這些人因他們的偏至不同而
分爲臧否家、伎倆家、智意家。在《英雄篇》中,劉邵將世所習知的"英雄"
分爲"英"和"雄"兩類。他首先指出兩者的基本特質:"聰明秀出謂之英,
膽力過人謂之雄,此其大體之别名也。"然後進一步説明兩者各自具備的
素質:"聰能謀始,明能見機,膽能決之,然後可以爲英。""氣力過人,勇能
行之,智足斷事,乃可以爲雄。"如果一人之身,"兼有英雄,乃能役英與
雄"。① 通過他的辨析,何謂"英"、何謂"雄"、何謂"英雄",以及三者之間
的區别和聯繫得到了清晰地展現。在劉邵對人物的分類中,人物爲大類
名即《墨經》所説的"達名",三材等四類爲中類名即"類名",十二小類爲小
類名即"私名",所以,《人物志》是一部典型的人物分類學著作。

　　劉邵討論的人物分類問題,後來發展成爲當時所謂"才性"的問題。
《魏志》曰:"會論才性同異,傳於世。四本者:言才性同,才性異,才性合,
才性離也。尚書傅嘏論同,中書令李豐論異,侍郎鍾會論合,屯騎校尉王
廣論離。文多不載。"②除《魏志》所説的傅嘏、李豐、鍾會、王廣外,前文提
及的盧毓對才、性問題也有研究。《三國志·魏書》本傳説:"毓於人及選
舉,先舉性行,而後言才。黄門李豐嘗以問毓,毓曰:'才所以爲善也,故大
才成大善,小才成小善。今稱之有才而不能爲善,是才不中器也。'豐等服
其言。"③盧毓的見解與傅嘏相同,主張"才性同"。李豐是主張"才性異"

　　① 本段引文見[三國·魏]劉邵:《人物志》,第 625、628—629 頁。
　　② [南朝·宋]劉義慶著,[南朝·梁]劉孝標注,余嘉錫箋疏:《世説新語箋疏》卷上(下)《文學篇》注引《魏志》,第 195 頁。
　　③ [晋]陳壽:《三國志》卷二二《盧毓傳》,第 652 頁。

的，所以對盧毓的看法有懷疑，於是向盧毓提出問題，表示不同意見。①
類似的辯論大概在當時十分盛行，因此，鍾會在此基礎上撰寫了《四本
論》，把論才、性的思想分爲才性同、才性異、才性合、才性離四類。所以，
《四本論》是一種社會思想分類學。

曹丕等人就文學體裁進行分類，嵇康就音樂曲調進行分類，劉邵就人
物才能進行分類，鍾會等人就才、性思想進行分類，可以説，對事物進行詳
盡細緻地分類，並探討各類之間的相互關係，是曹魏學術界的普遍現象。
《新律》産生於這樣的學術背景之下，不可能脱離這一時代潮流，"都總事
類"的修律原則就是在分類學影響之下産生的。

更重要的是，劉邵作爲當時最爲傑出的分類學家，同時又是最優秀的
法律學家，他的分類學素養必然對其撰修《新律》産生決定性的影響。《新
律》今已不存，但從遺留的《新律·序》可以看出，曹魏修律處處體現着分
類學的精神和原則。《新律》即"達名"，其下的《賊律》十八篇等篇目即"類
名"，十八篇各自包含的具體律條即"私名"。當然，類似這樣的劃分，漢律
也已具備，但與漢律不同的是，《新律》制定者對十八篇律名的特性有清晰
的了解和認識。史籍未載劉邵等人對十八篇各篇所做的定義，但《新律·
序》對各篇目的設置解釋得相當清楚。如關於《劫略律》《詐律》的設置，
《新律·序》曰："《盜律》有劫略、恐猲、和賣買人，科有持質，皆非盜事，故
分以爲《劫略律》。《賊律》有欺謾、詐僞、踰封、矯制，《囚律》有詐僞生死，
《令丙》有詐自復免，事類衆多，故分爲《詐律》。"②將《盜律》《賊律》《囚律》
中的某些具體條文析出，另設《劫略律》《詐律》，必須以能够區分五類律名
的規定性爲前提條件，否則既無法析分舊篇目，也無法創置新篇目。《新
律·序》對《捕》《雜》《廐》《户》《興》《具》的析分調整以及其他新律名的設
置，也莫不如此。劉邵等人未必將各律名的定義形諸文字，但對其了然於
胸是無須置疑的。正是由於這個原因，《新律》一改漢律的駁雜不純，使具

體法條與其所屬的律名相符,這就是分類學所強調的每類的具體的個體即外延合乎每類的定義即內涵。因此,《新律》在本質上是一種法律分類學。

當然,漢人並非没有分類的觀念。劉歆著《七略》、班固著《漢書·藝文志》,代表漢人對知識體系分類所能達到的高度;許慎以"方以類聚,物以群分,同條牽屬,共理相貫,雜而不越,據形系聯"爲原則,著《説文》"分別部居,不相雜廁",①代表漢人對文字分類所能達到的高度。具體到漢律,應劭上奏《漢儀》曰:"集《駁議》三十篇,以類相從,凡八十二事。"②《二年律令》之下亦有《賊》《盜》等具體律名的區分,此即《晉書·刑法志》所説的"率皆集類爲篇,結事爲章",這代表着漢人對法律類别的認識所能達到的高度。凡此種種,均反映出漢人對事物分類的重視。

但是,分類是否科學,並不取決於是否認識到分類的重要性,而在於對每類事物的"自然之理"即規律是否有清晰的認識。事物之間的關係十分複雜,往往似是而非,似類非類,或似非而是,似非類而實類。如果不能根據多個個體歸納抽繹出每類事物的"自然之理",那麼即使作出了分類,也未必恰當。認識"自然之理"需要高度的抽象思維能力,而漢朝學者的抽象思維能力相對而言比較欠缺,其根本觀念還是具體思維的,思想方法是繁瑣的經驗主義。這種思維方式一直到鄭玄時代,才開始有所突破。具體思維不能幫助漢人對每類事物的根本特徵作出抽象的概括和總結,從而無法做到在分類過程中,使每類事物的外延合乎其内涵。反映在漢律中,就是許多具體法條與所屬律名存在着一定的矛盾,所謂"通條連句,上下相蒙,雖大體異篇,實相采入",即指此而言,具體表現則爲:"《盜律》有賊傷之例,《賊律》有盜章之文,《興律》有上獄之法,《廄律》有逮捕之事,若此之比,錯糅無常。"③

抽象思維能力的欠缺,使漢人無法制定出高度概括可以統率全律的

① 〔漢〕許慎:《説文解字》,第 319、316 頁。
② 〔南朝·宋〕范曄:《後漢書》卷四八《應劭傳》,第 1613 頁。
③ 〔唐〕房玄齡等:《晉書》卷三〇《刑法志》,第 923 頁。

《刑名律》，也無法對法律進行合理的分類，漢律之所以駁雜不純、支離散漫以及這一問題始終得不到解決，原因即在於此。曹魏制定《新律》，得益於其時名理學、分類學的發達，對律目的分類科學合理、有條不紊，真正做到了"分別部居，不相雜廁"，漢律雜而不清的痼疾終於得到了根本的解決。同時，困擾漢人的另一個法律問題——如何化繁爲約，在曹魏時期也得到了某種程度的解決，這是通過采用鄭玄章句實現的。

東漢末年，律章句十有餘家，曹魏下詔，"但用鄭氏章句，不得雜用餘家"。[①] "但用鄭氏章句"時間不詳，但在修《新律》之前是可以肯定的。[②] 曹魏此舉，意在解決法律"言數益繁，覽者益難"的問題，不過，晉人修律對此並不認同，認爲"但取鄭氏，又爲偏黨，未可承用"。漢末之所以存在十餘家律章句，是因爲各家對法律的解釋有所不同，曹魏"但用鄭氏章句"，不僅是爲了化繁爲約，同時也有變雜爲清，統一法律解釋的意圖在內。要統一法律解釋，只能取一家之說，或以一家爲主，取其他諸家以爲補充。但無論如何選擇，均難免"偏黨"之譏，所以，"偏黨"之說實際是晉人的偏見。問題是，曹魏於諸家章句中爲何選擇了鄭玄章句？

關於這個問題，張建國認爲，鄭玄作爲漢末大儒，做學問不拘門户，爲漢律作章句，必多吸收諸家律章句的成果，於義乃備，歧見較少，因此被曹魏選作權威的法律解釋。[③] 這一解釋自有其道理，但我認爲，除此而外，鄭玄律章句的簡約與其治學力求概括抽象的特點，是曹魏"但用鄭氏章句"更重要的因素。

鄭玄兼通今古文經學，范曄論其學術風格曰："漢興，諸儒頗修藝文；及東京，學者亦各名家。而守文之徒，滯固所稟，異端紛紜，互相詭激，遂令經有數家，家有數說，章句多者或乃百餘萬言，學徒勞而少功，後生疑而莫正。鄭玄括囊大典，網羅衆家，刪裁繁誣，刊改漏失，自是學者略知所歸。"[④]鄭玄

---

① ［唐］房玄齡等：《晉書》卷三〇《刑法志》，第 923 頁。
② 按《晉書·刑法志》，其事在修《新律》之前（第 923 頁）；《資治通鑒》卷七一將兩事均繫於魏明帝太和三年（229 年）十月，但同樣將"用鄭氏章句"置於修《新律》之前（第 2258 頁）。
③ 張建國：《魏晉律令法典比較研究》，《帝國時代的中國法》，第 125 頁。
④ ［南朝·宋］范曄：《後漢書》卷三五《鄭玄傳》，第 1212—1213 頁。

注經,雖難逃煩雜之譏,但他"删裁繁誣",獨創鄭學,較之"異端紛紜"的衆多章句之學,確實是一次大的簡化。鄭學既融匯衆家之長,爲士子學人所宗,其他諸家章句逐漸退出人們的視野,就是時間問題了。所以,皮錫瑞認爲,"鄭學盛而漢學衰"。① 對漢學而言,鄭學的出現可能是一場災難,但對繁苛的律令而言,則是一次解放。鄭玄律學章句作爲其經學章句的重要組成部分,自然也具有"删裁繁誣"、博采衆家之長的特點。② 鄭玄律章句在曹魏時期脱穎而出,主要與其"删裁繁誣"的學術風格有密切關係。魏人修律,欲收删裁律令之功,"但用鄭氏章句"是一個自然的選擇,這和經學方面士子學人崇尚鄭學,擯棄諸儒章句性質相同,屬於優勝劣汰,無所謂"偏黨"不"偏黨"。

與解經"括囊大典,網羅衆家,删裁繁誣,刊改漏失"密切相關的是,鄭玄著述,力求提綱挈領、綱舉目張。他在《詩譜序》中説:"舉一綱而萬目張,解一卷而衆篇明,於力則鮮,於思則寡,其諸君子亦有樂於是與?"③所謂"舉一綱而萬目張,解一卷而衆篇明",也就是"以一御多",即一般和特殊的關係問題。開一代風氣的玄學大師王弼對這個問題做了更爲深刻的闡述,他在《周易略例》中説:"物無妄然,必由其理,統之有宗,會之有元,故繁而不亂,衆而不惑。……故自統而尋之,物雖衆,則知可以執一御也。由本以觀之,義雖博,則知可以一名舉也。"④"理"即一般,"物"即特殊。按王弼之意,在某類事物共性基礎上抽繹出來的原理即"宗"和"元"統率着某類事物,這也是各類事物井然有序的主要原因。如果懂得了"理"即一般,就可以了解特殊、控制特殊。⑤ 在這裏,可以隱約看到思想學術從鄭玄到王弼的過渡痕迹。

---

　　① ［清］皮錫瑞:《經學歷史》,第148頁。
　　② 劉篤才認爲,鄭玄對法律概念的解釋屬於舉例性質,文字也相當繁瑣(劉篤才:《論張斐的法律思想》,何勤華編:《律學考》,北京:商務印書館,2004年,第107頁)。但是,這是與晋人張斐注律相比較得出的結論,如將鄭玄律章句與同時代其他諸家比較,其學説應該更爲簡潔。
　　③ ［漢］鄭玄箋,［唐］孔穎達疏:《毛詩正義·詩譜序》,［清］阮元校刻:《十三經注疏》,第264頁。
　　④ ［三國·魏］王弼:《周易注(附周易略例)》,北京:中華書局,2011年,第395頁。
　　⑤ 馮友蘭:《中國哲學史新編》(第四册),《三松堂全集》(第九卷),第365頁。

《後漢書・鄭玄傳》載有鄭玄與袁紹所邀賓客辯難的故事:"(玄)身長八尺,飲酒一斛,秀眉明目,容儀温偉。紹客多豪俊,並有才説,見玄儒者,未以通人許之,競設異端,百家互起。玄依方辯對,咸出問表,皆得所未聞,莫不嗟服。"①鄭玄儘管是一介儒生,但其儀容、表情、言談甚至包括飲酒,均已不類俗儒,反倒與長於玄談的魏晋名士比較接近。對此,侯外廬評價説:"'依方辯對',以駁所難,就是'正始之音'的清談方式。……鄭玄綜合了經學箋注之後,在萍浮的環境中,居然清談'玄'理,'通'而'達'之,把經學自我否定,形成魏晋的先趨人物。"②在鄭玄的言行中,依稀可見魏晋玄學的影子。

當然,這並不意味着鄭玄具有魏晋名理學家、玄學家那樣的抽象思辯能力,否則,他的經學注疏就不會遭受煩雜之譏了。金春峰認爲,鄭玄注《易》,認識的出發點和基礎仍然是經驗主義,采互體、消息、爻辰等方法以説《易》。但是,他同樣指出,鄭玄開始突破注《易》的經驗主義思想方法及象數模式,爲易學向義理方向的發展提示了新出路。王弼説:"象生於意,故可尋象以觀意。"③鄭玄對卦象的解釋做到了這一點,只不過没有能概括出這個原則觀點而已,所以,鄭玄的易注形式上是一種删繁就簡的過程,而實質上,則標志着魏晋玄學清醒的理性對漢代繁瑣的經驗主義思想方法的勝利。④ 我們所關注的,正是鄭玄作爲漢代學術思想向魏晋過渡的代表性人物所具有的學術風尚。作爲過渡階段的思想家,鄭玄無法完全擺脱兩漢章句學家治學繁瑣蕪雜的特點,但其所具有的抽象思維的意識,又可以使其在某種程度上與傳統章句學家區別開來。時人和後人對其治學有繁、簡兩種截然相反的看法,正是在這樣的背景下產生的。從學術發展史的角度分析,鄭玄學術中體現出的新風尚,其價值和意義遠高於舊傳統,而曹魏修律"但用鄭氏章句",也正是從這個角度着眼的。

---

① ［南朝・宋］范曄:《後漢書》卷三五《鄭玄傳》,第1211頁。
② 侯外廬、趙紀彬、杜國庠、邱漢生:《中國思想通史》(第三卷),北京:人民出版社,1957年,第41頁。
③ ［三國・魏］王弼:《周易注(附周易略例)》,第414頁。
④ 金春峰:《虞翻、鄭玄與兩漢經學哲學的終結》,《兩漢思想史》,北京:中國社會科學出版社,1997年,第636—639頁。

　　曹魏修律"都總事類",完成了法律從雜到清的轉變;"但用鄭氏章句",一定程度上實現了法律從繁到約的轉變,這是曹魏對中國古代法律的兩大貢獻。以後晉人修律的主要目標已經不是如何變雜爲清,而是如何化繁爲約,以徹底實現曹魏未竟的事業。

四、晋人修律"文辭簡約,旨通大綱"

　　《泰始律》修成後,時人對其多加讚譽,或曰在漢魏律基礎之上"蠲其苛穢,存其清約,事從中典,歸於益時";或曰"釐正名實……刑寬禁簡";或曰"條綱雖設,稱爲簡惠"。近現代學者對晉律在中國法律制度發展史上的地位和意義亦多所肯定。章太炎極力推崇晉律,認爲"商法既亡,刑名當從晉",稱其"賢於拜金之國遠矣",[①]意即遠超現代西方法律。楊鴻烈則謂晉律"爲中古時代法典大備的開始"。[②] 學界對晉律的肯定,主要集中在如下幾方面: 律、令界限分明,分魏《刑名律》爲《刑名律》《法例律》,篇目設置科學合理,法律解釋規範化,法律內容儒家化,法律條文大量省減。特別是律、令兩分,研究者屢屢提及,甚至認爲在這方面"具有劃時代意義"。[③]

　　晉人對《泰始律》的高度褒獎,雖不能盡視爲自我吹噓,但終不免有自家喝彩之嫌。近現代學者的某些評論,自是於史有據,如條文的大量省減、內容的儒家化等。但另外一些評論則未必符合事實,如律、令兩分及篇目的設置等,因爲這些變化在曹魏時代已經基本定型,晉人所做的工作,不過是進一步修改、補充,將其視爲晉律的劃時代貢獻,未免譽之過當。就體例和立法原則而論,《泰始律》與《新律》的不同只是程度的不同,

---

　　① 章太炎:《太炎文錄初編》卷一"五朝法律索隱",《章太炎全集》(第四冊),上海:上海人民出版社,1985年,第78、80頁。
　　② 楊鴻烈:《中國法律發達史》(上冊),影印本,上海:上海書店,1990年,第217頁。
　　③ 可參[日]堀敏一著,程維榮等譯:《晉泰始律令的制定》,楊一凡總主編:《中國法制史考證》丙編第二卷《日本學者考證中國法制史重要成果選譯·魏晉南北朝隋唐卷》,北京:中國社會科學出版社,2003年,第282—301頁;祝總斌:《略論晉律的"寬簡"和"周備"》《略論晉律之"儒家化"》,《材不材齋史學叢稿》,第459—508頁;韓玉林:《魏晉律管窺》,中國法律史學會編:《法律史論叢》第3輯,北京:法律出版社,1983年,第78頁。

而非本質的不同。從學術演變的角度看，魏晉之際的玄學是承襲曹魏時期的名理學而來的，《新律》的制定者劉邵等人爲名理學家，而《泰始律》的制定者裴楷、杜預、羊祜、荀顗、鄭沖、荀勖等人則深染玄風。一脈相承的學術背景，決定了晉律和魏律在法律體例以及立法原則方面同樣一脈相承。① 因此，在這兩方面，《泰始律》並不像論者所説，具有特別重大的意義。

　　我們認爲，《泰始律》主要的貢獻在於徹底解決了法律字數繁多的問題，即化繁爲約。法律的化繁爲約一般有如下三條途徑：一、删減某種法律形式的篇幅；二、删減具體法律條文；三、壓縮具體法律條文的字數。漢人追求法律的簡約，以第二條途徑爲主。但是，欲通過删減條文實現簡約的目的，必須以類似《刑名律》這種可以提綱挈領、統率全篇的法律總則存在爲前提，否則，删減後的法律條文必定會出現反彈。漢律中的《具律》並不具備《刑名律》的主要特點，因此，漢人化繁爲約的努力只能歸於失敗。曹魏化繁爲約雙管齊下，"但用鄭氏章句"，屬於删減律學章句這種法律形式的篇幅；減鞭杖之制、删定大辟減死罪，②屬於删減具體法律條文。而《刑名律》的存在，在某種程度上可以限制法律條文的反彈，所以，曹魏部分解決了化繁爲約的問題。不過，魏律"科網本密約"的情況依然存在。

　　晉人修律，把"蠲其苛穢"作爲主要目標。與漢、魏不同，晉人化繁爲約三管齊下：删減法律形式、法律條文以及壓縮條文字數同時進行。《晉書·刑法志》云曹魏"但取鄭氏，又爲偏黨，未可承用"，並非否定曹魏省減章句，而是對其"但用鄭氏章句"不以爲然。西晉定律，對漢代以來的十餘家章句大概取折中調和的態度，但必定同樣有大幅度的删減省併，否則，其律令字數無論如何不會只有十二萬餘字，這是對某種法律形式的删減。在删減律令條文方面，《泰始律》"合二十篇，六百二十條，二萬七千六百五十七言"，"凡律令合二千九百二十六條，十二萬六千三百言，六十卷，故事

────────────

　　① 韓樹峰：《魏晉法律體例的名理學化與玄學化》，《漢魏法律與社會》，第82—91頁。
　　② ［晉］陳壽：《三國志》卷三《明帝紀》，第101、104頁。

三十卷"。① 前引東漢陳寵上疏奏請省減法律條文,當時律文多達 4,989 條,而西晉定律減省了 2,000 餘條,這確實是一次大規模的省併。儘管如此,對西晉省併法律形式和法律條文的成就也不宜評價過高。删減律章句的成功,一方面是因爲律章句到漢魏之際其勢已衰,行將退出歷史舞臺;另一方面,曹魏已經對律章句進行過删減,晉人不過躡繼其後。至於其折中調和的效果,較"但用鄭氏章句"孰優孰劣,尚難下定論。漢人删減律文僅數十條,或百餘條,而且經常出現反復,而晉人減省律文 2,000 餘條,並基本固定下來,確實值得稱道,但其中的部分成就,仍要歸功於曹魏制定的《刑名律》。

　　晉人化繁爲約最重要的成就在於對具體條文字數的壓縮。不同的法條針對不同的犯罪行爲,每一法條的具體字數必然有所差異,但是,我們可以根據法條的平均字數來檢視法條是否簡約。晉律 620 條,27,657 字,平均每條 44.6 字;律、令合計 2,926 條,126,300 字,平均每條 43.2 字。西漢成帝時律令百餘萬言,具體條數不明,無從與西晉比較。東漢末年,"凡斷罪所當用者"共 26,272 條,7,732,200 字,平均每條 294.3 字,是西晉的 6.8 倍。假如晉律令每條平均字數亦爲 294.3 字,那麼,總字數可以達到 861,122 字,較成帝時期的百餘萬言不遑多讓。當然,東漢的 26,272 條律文包括了律章句,而律章句的繁瑣爲人所共知,似乎不宜以此爲標準計算兩漢律條的平均字數。但是,即使以純律令而論,兩漢平均字數也遠高於西晉。以《二年律令》爲例,27 種律共 280 條,16,000 字左右,平均每條 57 字。280 條律文中有不少條數殘缺不全,所以,其平均字數肯定高於 57 字。較完整的《津關令》共 20 條,1,500 字,平均每條 75 字;而晉令共 2,306 條,98,643 字,平均每條 42.8 字。兩相比較,晉人對條文字數的壓縮力度於此可見一斑。因此,晉律化繁爲約的成功,在相當程度上是通過壓縮具體條文的字數實現的。

　　法律文辭的簡約,是西晉律學家追求的一個重要目標,《晉書·杜預

---

① ［唐］房玄齡等:《晉書》卷三〇《刑法志》,第 927 頁。

傳》曰:"與車騎將軍賈充等定律令,既成,預爲之注解,乃奏之曰:'法者,蓋繩墨之斷例,非窮理盡性之書也。故文約而例直,聽省而禁簡。例直易見,禁簡難犯。易見則人知所避,難犯則幾於刑厝。刑之本在於簡直,故必審名分。'"①"文約例直"不僅可以減少字數,而且由於文字簡明,通曉易懂,百姓不會輕易觸犯法網。關於晋律條文的簡約,後人有不少評價。南齊律學家王植曰:"臣尋晋律,文簡辭約,旨通大綱,事之所質,取斷難釋。"孔稚珪曰:"律書精細,文約例廣,疑似相傾,故誤相亂,一乖其綱,枉濫橫起。"②孔稚珪所説"文約例廣"指南齊律,但南朝法律本以晋律爲藍本,其"文約例廣"自是承襲晋律而來。王、孔是就"文簡辭約""文約例廣"的弊端立論的,但他們的一致評論説明,"文簡辭約""文約例廣"正是晋律的主要特點。所謂"文簡辭約",顯然不是説法條數目之少,而是説具體條文的表達相當簡潔。唐初人評價晋律"實曰輕平,稱爲簡易",也是就此而言的。所以,晋人自云"條綱雖設,稱爲簡惠",並非完全自我誇耀,其文辭簡約爲後人公認。

　　晋人删減律條、壓縮條文字數,可謂大刀闊斧,這與法律自身的發展要求有關。湯用彤論漢晋思想變遷曰:"大凡世界聖教演進,如至於繁瑣失真,則常生復古之要求。"③法律同樣如此,繁瑣發展到極端,追求簡約的呼聲和行動也隨之出現了。漢武帝以來删減法律的活動雖然收效甚微,却一直未曾間斷,晋人繼續在這方面努力,自是題中應有之義。但更重要的是,魏晋之際追求簡約的學術風氣對删減法律起到了決定性影響,而魏末晋初玄學的出現,則保證了晋人删減法律特別是壓縮條文字數能够取得成功。

　　學術領域追求簡約的風氣,並非始於魏晋,早在兩漢之際,經學領域就出現了删減之風。《論衡·效力篇》云:"王莽之時,省五經章句,皆爲二十萬。"④

① [唐]房玄齡等:《晋書》卷三四《杜預傳》,第 1026 頁。
② [南朝·梁]蕭子顯:《南齊書》卷四八《孔稚珪傳》,第 835、837 頁。
③ 湯用彤:《王弼之〈周易〉、〈論語〉新義》,《魏晋玄學論稿》,第 87 頁。
④ [漢]王充著,黃暉校釋:《論衡校釋》卷一三《效力篇》,第 583 頁。

此後,删减經學的活動持續不衰。① 較經學稍後,史學領域也出現了同樣的傾向。東漢初年,衛颯"約《史記》要言,以類相從",撰《史要》十卷;②此後,又有應奉、伏無忌等人删减史書之作。③ 因此,胡寶國不贊成余英時删减經學之風興起於東漢中期的看法,對蒙文通所説的"言史貴約,實晉人之創論"亦表示懷疑。④ 余英時、蒙文通的表述或許並不準確,但需要注意的是,與法律的删减相似,兩漢對經學、史學的删减,同樣收效甚微。范曄云東漢經學"章句多者或乃百餘萬言",則經學章句之繁瑣與西漢並無本質差異。經學大師鄭玄以"删裁繁誣"著稱,但如余英時所言,"其説出於折衷調停,猶近章句之繁瑣",⑤所以"通人頗譏其繁"。史學方面,東漢早期班固所著《漢書》,敍西漢二百年事共八十萬言,末期劉珍所撰《東觀漢記》,敍東漢二百年事共 143 卷,均屬鴻篇巨制之作。兩書在追求簡約的西晉,亦頗受批評和指斥。

　　發展至魏晉,學術領域的删减運動終於發生巨變。經學方面,出現了劉表所倡導的荆州學派。《劉鎮南碑》云:"深愍末學遠本離直,乃令諸儒改定五經章句,删劃浮辭,芟除煩重。"⑥荆州學派上承鄭氏經學簡化運動的精神而來,但同時也是對鄭學的反動,爲魏晉玄學之濫觴。玄學是儒學簡化進一步發展的結果,其具體表現則爲舍具體而求抽象。⑦ 在某種程度上可以説,玄學代表着學術思想追求簡約的極致。史學方面,晉人追求簡約亦蔚成風尚,以簡約著稱的史學著作《三國志》即出現在西晉。除此而外,當時史家著史追求簡約的例子遠較漢代爲多,如孫盛所著《晉陽秋》,"以約舉爲能",干寶所著《晉紀》,"其書簡略,直而能婉,咸稱良史"。

　　① 參錢穆:《兩漢博士家法考》,《兩漢經學平議》,第 236 頁;[美] 余英時:《漢魏之際士之新自覺與新思潮》,《士與中國文化》,第 352—364 頁;胡寶國:《〈三國志〉裴注》,《漢唐間史學的發展》,北京:商務印書館,2003 年,第 83—84 頁。
　　② [唐] 魏徵等:《隋書》卷三三《經籍志》,第 961 頁。
　　③ 胡寶國:《〈三國志〉裴注》,《漢唐間史學的發展》,第 85 頁。
　　④ 胡寶國:《〈三國志〉裴注》,《漢唐間史學的發展》,第 84、88 頁。
　　⑤ [美] 余英時:《漢魏之際士之新自覺與新思潮》,《士與中國文化》,第 356 頁。
　　⑥ [漢] 蔡邕:《蔡中郎文集》卷七《劉鎮南碑》,北京:中華書局,1991 年,第 22 頁。
　　⑦ [美] 余英時:《漢魏之際士之新自覺與新思潮》,《士與中國文化》,第 356、375 頁;湯用彤:《王弼之〈周易〉、〈論語〉新義》,《魏晉玄學論稿》,第 86 頁。

撰寫《後漢書》的袁山松總結著史有五難，其中“煩而不整”居於首位。①
當時的史學批評也以繁簡作爲評價標準，張輔論司馬遷、班固之優劣云：
“遷之著述，辭約而事舉，敘三千年事唯五十萬言。班固敘二百年事乃八
十萬言，煩省不同，不如遷一也。”②

　　魏晋時期學術領域追求簡約既成風尚，晋人修律身處其時，自亦不能
例外。而且修律諸人或以玄學思想聞名當世，或深受玄學思想熏染，③對
法律和制度的設置多以崇尚自然、簡約爲宗。杜預作爲晋律的主要撰修
和裁定者，强調“刑之本在於簡直”，認爲“簡書愈繁，官方愈僞，法令滋章，
巧飾彌多”；④另一撰修人荀勖則有“三省一清”之説：“省吏不如省官，省
官不如省事，省事不如清心。”⑤由此不難理解，何以晋律甫一問世，即以
簡約爲時人肯定，並因此享譽後世了。

　　晋人删削律條、壓縮律條字數，在形式上與陳壽著《三國志》有相似之
處。與《後漢書》、《三國志》裴注比較，《三國志》的簡約主要是通過兩種方
式實現的：第一，直接删減史實；第二，不删減史實，但敘述更爲簡潔扼要。
删減史實，可以曹魏屯田一事爲例。《三國志·武帝紀》曰：“是歲用棗祗、
韓浩等議，始興屯田。”《任峻傳》曰：“是時歲飢旱，軍食不足，羽林監潁川
棗祗建置屯田，太祖以峻爲典農中郎將，[募百姓屯田於許下，得穀百萬
斛，郡國列置田官]，數年中所在積粟，倉廩皆滿。”⑥紀、傳叙述屯田由來、
原因及屯田效果，合計 73 字，如果排除方括號内的字數，只有 54 字。裴
松之注《武帝紀》《任峻傳》，徵引《魏書》《魏武故事》，對屯田制有很大的補
充，分別增加了 147、178 字。關於屯田原因，注引《魏書》除敘述“自遭荒
亂，率乏糧穀”的一般狀況外，又敘述了糧食缺乏對軍閥和百姓的具體影

　　① 晋人著史追求簡約的情況，可參胡寶國：《〈三國志〉裴注》，《漢唐間史學的發展》，第 86—88 頁。
　　② ［唐］房玄齡等：《晋書》卷六〇《張輔傳》，第 1640 頁。
　　③ 韓樹峰：《魏晋法律體例的名理學化與玄學化》，《漢魏法律與社會》，第 89 頁。
　　④ ［唐］房玄齡等：《晋書》卷三四《杜預傳》，第 1026 頁。
　　⑤ ［唐］房玄齡等：《晋書》卷三九《荀勖傳》，第 1154—1155 頁。
　　⑥ ［晋］陳壽：《三國志》卷一《魏書·武帝紀》，第 14 頁；卷一六《任峻傳》，第 489 頁。方括號
内的 19 字係清人何焯據《太平御覽》補入，是否屬於《三國志》原文，難以確定。具體情況可參《三國
志》“出版説明”（第 5—6 頁）及書末校記（第 1493 頁）。

響,並記載了曹操的屯田令文及屯田對曹操統一北方的作用。《魏武故事》則記載了"計牛輸穀"以及屯田組織的片段。陳壽撰史,將這些史實全部省略了。《三國志·魏書·袁紹傳》對袁紹的記載,是對同一史實的敘述更爲簡明扼要之例。此傳僅用 74 字就完成了對袁紹家世、容貌、性格的介紹;大體相同的内容,《後漢書·袁紹傳》則用了 167 字。[①] 比較而言,通過直接删減史實達致簡約,難度小於簡明扼要的敘述,因爲前者只需著者作出删減的判斷即可,而後者需要著者有較高的概括能力。

西晋修律,删減律條有類於删減史實;壓縮律條字數有類於敘述史實簡明扼要。當然,前者的難度同樣小於後者,因爲某律條是存是删,完全視其是否符合現實需要而定,合則留,不合則去,這是比較容易作出判斷的。曹魏修律,"改漢舊律不行於魏者皆除之",即照此原則執行。甚至《廄律》律目的删減也出於同樣的原因:"秦世舊有廄置、乘傳、副車、食廚,漢初承秦不改,後以費廣稍省,故後漢但設騎置而無車馬,而律猶著其文,則爲虛設,故除《廄律》,取其可用合科者,以爲《郵驛令》。"[②]

壓縮律條字數不僅難於删減律條,也難於壓縮史實字數,這是由法律和史學的不同特點決定的。史學主要記録人物、事件,對人物言行、事件過程進行壓縮,是比較容易實現的;而且史學的實用性較弱,史家著史,"辭約事舉"即爲成功,不必追求史實的面面俱到,因此,壓縮史實字數,只需史家有較强的概括能力,並不需要較强的抽象思維能力。壓縮律條字數則完全不同。法律的實用性極强,盡量覆蓋社會上的主要犯罪行爲,是一切法律追求的目標。曹魏設置的《刑名律》,"經略罪法之輕重,正加減之等差,明發衆篇之義,補其章條之不足,較舉上下綱領","自始及終,往而不窮,變動無常,周流四極,上下無方,不離於法律之中",可以説基本涵蓋了主要的法律原則和精神,具有統攝全律的作用,這確實爲西晋追求法律的簡約化提供了相當便利的條件。但是,只有在某種犯罪行爲無具體

---

① 可參[晋]陳壽:《三國志》卷六《袁紹傳》,第 188 頁;[南朝·宋]范曄:《後漢書》卷七四《袁紹傳》,第 2373 頁。

② [唐]房玄齡等:《晋書》卷三〇《刑法志》,第 924—925 頁。

條文對應的情況下,《刑名律》才可以作爲判罰的依據,正常情況下,仍以具體條文爲準。西晋三公尚書劉頌有言:"律法斷罪,皆當以法律令正文,若無正文,依附名例斷之,其正文名例所不及,皆勿論。"①因爲《刑名律》《法例律》畢竟只是法律精神的概括,彈性很大,容易給司法官吏留下舞弊枉法的空間。而且無論兩律如何概括抽象,也無法做到涵蓋所有犯罪行爲。要做到罪無遺漏,不但要完善《刑名律》《法例律》,更重要的是,具體法律條文應涵蓋更多的犯罪行爲。因此,律條在簡約化的同時,還必須具備周備性。而且律條删減越多,對剩餘律條的周備性的要求就越高。所以,法律的"簡約周備"並非像史學的"辭約事舉"那麼簡單,而是在簡約的前提下,"事""理"——具體犯罪行爲和法律原則——並舉,前者需要概括能力,後者需要抽象能力。要實現這個目標,修律者必須兼具概括能力與抽象能力。

湯用彤論新眼光、新方法對學術變遷的影響曰:"新學術之興起,雖因於時風環境,然無新眼光新方法,則亦只有支離片段之言論,而不能有組織完備之新學。故學術,新時代之托始,恒依賴新方法之發現。夫玄學者,謂玄遠之學。學貴玄遠,則略於具體事物而究心抽象原理。論天道則不拘於構成質料,而進探本體存在。論人事則輕忽有形之粗迹,而專期神理之妙用。"②兩漢學術沿襲傳統,重經驗,尚具體,無新眼光、新方法,因此,對法律的調整局限於單純删減律條,而不知或無力壓縮律條字數。魏晋之際,名理學、玄學興起,爲晋人修律提供了新眼光、新方法。名理學、玄學專注於言意之辨,不同之處在於,前者認爲言不盡意,主張意會忘言;後者認爲"盡象莫若言,盡意莫若象",主張言象爲工具,只用以得意,而非意之本身,故不能以工具爲目的,若滯於言象則反失本意。不過,兩者殊途同歸,最終均落實在"得意廢言"上。③

"得意廢言"重在追求事物的抽象原理,而非對事物進行具體描述,其

①　[唐]房玄齡等:《晋書》卷三〇《刑法志》,第938頁。
②　湯用彤:《言意之辨》,《魏晋玄學論稿》,第26—27頁。
③　湯用彤:《言意之辨》,《魏晋玄學論稿》,第29頁。

具體表現則爲"辭約旨達",即以最少的"言"表達最豐富的"意",這在當時名士的玄談中表現相當普遍。

《世説新語·文學篇》:"客問樂令'旨不至'者,樂亦不復剖析文句,直以麈尾柄确几曰:'至不?'客曰:'至!'樂因又舉麈尾曰:'若至者,那得去?'於是客乃悟服。樂辭約而旨達,皆此類。"①樂廣用麈尾表示了共相的"至"和具體的"至"的區别,這一系列的表示,是辯"至"之名,析"至"之理,馮友蘭謂其爲一篇典型的"辯名析理"的文章。② 但樂廣對於這個深刻道理的説明,幾乎没有使用任何語言,可謂深得"得意廢言"之旨,所以,劉義慶評價爲"辭約旨達"。

王衍推崇的兩位名士王承、庾敱,均以"辭約旨達"著稱。《世説新語·品藻篇》"王夷甫以王東海比樂令"條注引《江左名士傳》:"承言理辯物,但明其旨要,不爲辭費,有識伏其約而能通。太尉王夷甫一世龍門,見而雅重之,以比南陽樂廣。"《賞譽篇》:"庾太尉目庾中郎"條注引《名士傳》曰:"敱不爲辨析之談,而舉其旨要。太尉王夷甫雅重之也。"又同篇"謝公云:'長史語甚不多,可謂有令音'"條注引《王濛别傳》曰:"濛性和暢,能清言,談道貴理中,簡而有會。商略古賢,顯默之際,辭旨劭令,往往有高致。"③王承"言理辯物,但明其旨要,不爲辭費";庾敱"不爲辨析之談",僅"舉其旨要";王濛"談道貴理中,簡而有會"。他們因此受到當時人的讚譽和推崇,由此可見"辭約旨達""得意廢言"在時人心目中的重要地位。

學問"簡要"與否,甚至成爲區分南人、北人的標準:"褚季野語孫安國云:'北人學問,淵綜廣博。'孫答曰:'南人學問,清通簡要。'支道林聞之曰:'聖賢固所忘言。自中人以還,北人看書,如顯處視月;南人學問,如牖中窺日。'"注曰:"支所言,但譬成孫、褚之理也。然則學廣則難周,難周則

---

① ［南朝·宋］劉義慶著,［南朝·梁］劉孝標注,余嘉錫箋疏:《世説新語箋疏》卷上(下)《文學篇》,第 205 頁。
② 馮友蘭:《中國哲學史新編》(第四册),《三松堂全集》(第九卷),第 344 頁。
③ ［南朝·宋］劉義慶著,［南朝·梁］劉孝標注,余嘉錫箋疏:《世説新語箋疏》卷中(下)《品藻篇》,第 509 頁;《賞譽篇》,第 444、487 頁。

識闇,故如顯處視月;學寡則易覈,易覈則智明,故如牖中窺日也。"①"北人學問,淵綜廣博",指大河以北流行的漢儒經説傳注;"南人學問,清通簡要",指大河以南流行的玄學。② 漢儒舊學不如魏晉玄學簡約周備,是顯而易見的。

西晉修律諸人大多具有新學素養,學尚玄遠,貴在得意。杜預注《左傳》:"詩人之作,各以情言,君子論之,不以文害意,故《春秋傳》引詩,不皆與今説詩者同,他皆仿此。"③湯用彤謂:"不以文害意,蓋亦源於寄言出意之旨,而爲魏晉玄學注解之通則也。魏晉注疏恒要言不繁,自抒己意。"④所謂"魏晉注疏恒要言不繁",自然包括了《左傳》杜注。而且杜預注《左傳》,采用了"割裂傳文,附入經文"的做法,這是魏晉新學注解經傳的特點之一。正是由於這個原因,《春秋經傳集解》爲重視玄理的南方學術界所推崇。⑤ 晉律的另一重要修定者裴楷,《晉書》本傳謂:"尤精《老》《易》,少與王戎齊名。……善宣吐,左右屬目,聽者忘倦。……吏部郎缺,文帝問其人於鍾會。會曰:'裴楷清通,王戎簡要,皆其選也。'於是以楷爲吏部郎。"⑥所謂"清通""簡要",恰與南人學問相符,裴楷言談大概深得"辭約旨達"之意,所以使"聽者忘倦",本傳謂其"博涉群書,特精理義",亦可證明此點。

新時代出現的新眼光、新方法,修律者的新學素養,諸種因素結合在一起,使晉人修律不僅能對《新律》的體例繼續發揚光大,而且在删減律條、壓縮律條字數方面取得了前所未有的成功。特別是後者,成就尤其顯著。壓縮後的律條既簡約又不失周備,這就是王植所説的"文簡辭約,旨通大綱",與其時學術界倡導的"辭約旨達""得意廢言"有異曲同工之妙。

---

① 〔南朝·宋〕劉義慶著,〔南朝·梁〕劉孝標注,余嘉錫箋疏:《世説新語箋疏》卷上(下)《文學篇》,第 216 頁。
② 唐長孺:《讀〈抱朴子〉推論南北學風的異同》,《魏晉南北朝史論叢》,第 363—364 頁。
③ 〔晉〕杜預:《春秋經傳集解》隱公元年,第 10 頁。
④ 湯用彤:《言意之辨》,《魏晉玄學論稿》,第 30 頁。
⑤ 參湯用彤:《王弼之〈周易〉、〈論語〉新義》,《魏晉玄學論稿》,第 88 頁;唐長孺:《魏晉南北朝隋唐史三論》,武漢:武漢大學出版社,1992 年,第 226 頁。
⑥ 〔唐〕房玄齡等:《晉書》卷三五《裴楷傳》,第 1047 頁。

　　當然，晋律"文簡辭約，旨通大綱"並非没有缺點，如王植所説，這一特點帶來的消極後果是："事之所質，取斷難釋。"以至於當時的著名律學家杜預、張斐"同注晋律一章，而生殺永殊"。爲補偏糾弊，王植定南齊律綜合兩家之長，"取張注七百三十一條，杜注七百九十一條。或二家兩釋，於義乃備者，又取一百七條。其注相同者，取一百三條。集爲一書。凡一千五百三十二條，爲二十卷"。①"文簡辭約，旨通大綱"到了取斷難釋的地步，固然是晋律的一大不足，但這只能説明晋人改律有矯枉過正之嫌，並不代表壓縮律條字數這種做法本身是錯誤的，更不代表晋人追尋"文簡辭約，旨通大綱"的方向是錯誤的。儘管王植將"文簡辭約，旨通大綱"視爲晋律的弊端，但南齊並没有廢除晋律，王植所集之書也只是將杜、張兩注的衝突之處加以調和，而晋律在南朝一直行用至陳，直至唐初修《隋書·刑法志》，對晋律的簡易仍給予了較高評價。假如晋律條文不具備簡約、周備的特點，即使律條被大幅删減，即使律、令兩分，也斷難避免法律條文和字數的反彈。那樣，兩漢法律"文書盈於几閣，典者不能徧睹"的情況將再次重現，法律改革也會再次陷入删而復增、增而復删的怪圈。

　　如果説《新律》通過"都總事類"，徹底解決了漢律雜而不清的問題，那麽，《泰始律》則通過"辭約旨達"，徹底解決了漢律繁而不約的問題。所以，《泰始律》得以定型，爲南北朝所效法，並最終成爲中華法系的濫觴，除繼承《新律》的積極成果這一因素外，在相當程度上是通過"文簡辭約，旨通大綱"實現的。當然，它的"文簡辭約，旨通大綱"，在相當程度上又是由當時學術界出現的新眼光、新方法決定的。

五、結　論

　　自漢武帝以後，關於漢律煩雜的記載史不絶書。煩雜首先表現爲律令字數較多即"繁"。字數多意味着篇幅長，會給存放帶來一定的困難，"文書盈於几閣"即指此而言。但是，所有這些均是相對於簡牘作爲書寫

----

① ［南朝·梁］蕭子顯：《南齊書》卷四八《孔稚珪傳》，第835、836頁。

材料而言的，簡牘容字有限，其編寫方式給律令文書的存放造成極大的障礙。這是"繁"帶來的負面影響。其次是律令分類的繁瑣、混亂即"雜"。分類繁瑣必然要求更多的存放空間，而分類的不合理性——特別是性質相同的法條在律中分屬不同的門類以及分屬不同的法律形式，則導致查找資料如同大海撈針，苦不堪言。這是"雜"帶來的負面影響。

漢代法律"繁""雜"結合在一起，必然令人心生厭煩，甚至望而却步，從而導致束之高閣的結果。所以，漢律改革要取得成功，既需要删減字數，化繁爲約——這是簡牘時代的特定要求；又需要對法律的分類進行較大的調整，變雜爲清，而後者更爲重要，因爲字數減少後能否固定下來，在相當程度上取決於法律的分類是否合理。

自宣帝開始，漢人有感於法律的煩雜，開始了漫長的删改法律之路，但結果却是愈删愈繁，愈繁愈删，最終陷入了循環往復、不能自拔的怪圈。漢人改律失敗的根源在於對法律只删不革。其具體表現是：僅從删減律條入手，而未對法律體例尤其是律令分類進行大刀闊斧的改革。要實現對律令合理、正確的分類，必須明確每篇律應包含什麽内容、具有什麽特徵，然後在此基礎上，制定出一篇"周流四極，上下無方"的法律通則，以涵蓋各篇蘊含的法律原則與精神，"補其章條不足"。兩項工作能否順利完成，又取決於"分類辨物"的方法論以及學術理論化的發展程度。而在這兩方面，漢人恰恰存在着先天不足。因此，即便漢人認識到法律合理分類以及法律總則的重要性，也無力進行重大的調整。除此而外，其時方興未艾，正處於上升勢頭的律章句進一步加劇了法律的煩雜。這樣，漢人改律"歷年無成"，也就是一個必然的結果了。法律實現從煩雜到清約的轉變，只能有待學術氛圍發生巨變的魏晉時代。

曹魏修律突破了漢人的瓶頸，删、革雙管齊下，並將"革"作爲改律的重心。完成對法律篇目的合理分類，是"革"的主要目標，這在《新律·序》中有明確體現。《新律·序》指出舊律的總體缺陷，並確定修律的主旨爲"都總事類"。在這一原則主導下，修律諸人對舊律類目進行了革命性的析分、調整。與漢律相比，《新律》主要有兩個變化：第一，設置蘊含法律原則和法律精神的《刑名律》,將其置於律首,以起到統率全篇的作用;第二,將漢律各篇所含名不副實的法條析出,另立新目。

曹魏修律"都總事類",對舊律篇目進行大刀闊斧的改革,並取得成功,主要得益於其時獨特的學術氛圍,是漢魏之際學術理論化和分類學高度發展的產物。曹魏時期,學術界追求事物的最高原理既已蔚成風尚,劉邵等人撰修《新律》,自不能置身度外,亦以探求法律的抽象原理爲第一要務。《刑名律》產生於此時,原因即在於此。漢魏之際興起的名理學對《新律》的影響更是至深且巨。名理學以"綜核名實""名實相副"爲原則,而劉邵作爲名理學的代表性人物,又是魏律的主要撰修人,因此,《新律》對舊律篇目的析分調整,處處透露着循名責實的痕迹。名理學本質上就是分類學,受此影響,學術界對分類的認識達到了前所未有的高度,文學、音樂、社會思想以及人物的分類在當時均有突出的表現。劉邵是中國古代人物分類學的鼻祖,在他的主持下,《新律》對律目的分類有條不紊、科學合理,真正做到了"分別部居,不相雜廁",漢律雜而不清的痼疾終於得到了根本解決。

曹魏修律的另一貢獻是"但用鄭氏章句"。鄭玄作爲經學章句和律學章句的終結性人物,其治學具有"删裁繁誣,刊改漏失"的特點,已經隱約體現出新學綱舉目張的傾向。曹魏修律"但用鄭氏章句",也正是從這個角度着眼的。曹魏修律"都總事類",完成了法律從雜到"清"的轉變;"但用鄭氏章句",一定程度上實現了法律從"繁"到"約"的轉變:這是曹魏對中國古代法律的兩大貢獻。

西晉修律,一方面繼承曹魏的法律成果,另一方面獨闢蹊徑,除大幅删減法條外,還將壓縮法條字數作爲修律的重點。晉人在這方面能够取得成功,同樣有賴於其時的學術風尚。自兩漢以來,學術界在經學領域和史學領域出現了追求簡約的風氣,到魏晉時代,則發展到頂峰。晉人修律身處其中,追求簡約自是題中應有之義。

但是,同樣是壓縮字數,法律較史學難度更大。史學實用性較弱,而且其性質重在事實清楚,修史做到"辭約事舉",即可視爲成功,所以撰修一部簡約的史書，主要需要著者具有較强的概括能力，並不特別要求抽象思維能力。法律實用性極强，儘量覆蓋社會上的主要犯罪行爲，是其追求的目標。要做到罪無遺漏，在律條簡約化的同時，還必須具備周備性。而西晋對律條的大幅删減，對剩餘律條的周備性提出了更高的要求。法律的"簡約周備"與史學的"辭約事舉"有所不同，在簡約的前提下，要做到"事""理"——具體犯罪行爲和法律原則——並舉，前者需要概括能力，後者需要抽象能力。因此，要實現這個目標，修律者必須具備高度的語言概括能力與抽象思維能力。

其時新興的玄學倡導"得意廢言"，其具體表現則爲"辭約旨達"，即以最少的"言"表達最豐富的"意"。名士玄談"辭約旨達"，學者注疏"寄言出意"，所有這些都爲晋人修律追求"文簡辭約，旨通大綱"提供了新眼光、新方法。杜預、裴楷作爲晋律的撰修人，將其在學術、玄談方面所主張的"不以文害意""清通簡要"完全貫入了晋律之中，晋律在删減律條，特別是壓縮律條字數方面因此取得了前所未有的成功。壓縮後的律條，既簡約又不失周備，真正實現了"文簡辭約，旨通大綱"的追求，從而徹底解决了漢律繁而不約的問題。

經過數百年的探索和實踐，漢晋法律終於完成了從"煩雜"到"清約"的蜕變，中國古代法律的體例由此得以建立。

　　——原刊於《"中研院"歷史語言研究所集刊》第 86 本第 2 分

後　記

　　書中所收文章,大抵撰寫於 2010—2017 年間,曾先後在期刊上發表過。此次結集出版,個別文章的題名有所更動,語句亦有些微修改,至於觀點方面,則一仍其舊。

　　我做研究,既無固定計劃,亦無確定目標,更乏在某個領域深耕不輟的恒心,所寫所撰多隨心所欲,有感則發,無感則罷,因此往往缺少一以貫之的主題,更遑論整體性與系統性了。不過總的來看,在大的方面仍有綫索可尋。我近十餘年的研究主要集中在名籍制度以及與此密切相關的政治、社會、法律等歷史問題方面,嘗試對既往的重要定論提供一點新見解,對學界未曾關注的某些重要問題加以闡述,本書所收文章就是這方面工作的體現。由於篇幅所限,近年所撰有關户籍的文章未予收入。

　　書名《尺籍短書》並無深意。《論衡·謝短篇》云:"二尺四寸,聖人文語,朝夕講習,義類所及,故可務知。漢事未載於經,名爲尺籍短書,比於小道,其能知,非儒者之貴也。"我一向覺得,現在的學術工作不過是爲稻粱謀,算得上名副其實的"小道"。如果説高水平的學術論著屬於"聖人文語",本書中的文章則難登大雅之堂,屬於小道之下者。如今簡牘已經成爲研究秦漢史的基本材料,我對簡牘素無研究,但文章討論的問題多從簡牘資料出發,亦經常據以進行論證,也算是與"尺籍短書"有關,故以此爲題名。

　　在文章的編排方面,汪華龍先生提供了有益的建議,題名亦來自他的啟發,在此謹致謝意。上海古籍出版社余念姿女士一直秉持着嚴謹認真的態度對待本書的出版,使書中可能出現的錯誤得以減少許多,在此同樣要表達我的謝意。

2022 年 11 月 1 日

於時雨園

圖書在版編目(CIP)數據

尺籍短書：秦漢魏晋史論集 / 韓樹峰著. —上海：上海古籍出版社，2022.12
（中國人民大學出土文獻與中國古代文明研究叢書）
ISBN 978-7-5732-0487-5

Ⅰ.①尺… Ⅱ.①韓… Ⅲ.①政治制度史-中國-秦漢時代-魏晋南北朝朝代-文集 Ⅳ.①D691.21-53

中國版本圖書館 CIP 數據核字（2022）第 204238 號

尺籍短書

秦漢魏晋史論集

韓樹峰 著

上海古籍出版社出版發行

（上海市閔行區號景路 159 弄 1-5 號 A 座 5F　郵政編碼 201101）

(1) 網址：www.guji.com.cn

(2) E-mail：guji1@guji.com.cn

(3) 易文網網址：www.ewen.co

上海惠敦印務科技有限公司印刷

開本 700×1000　1/16　印張 17.25　插頁 2　字數 240,000

2022 年 12 月第 1 版　2022 年 12 月第 1 次印刷

ISBN 978-7-5732-0487-5

K·3281　定價：78.00 元

如有質量問題，請與承印公司聯繫